建筑企业PPP模式投资管理研究

王祖春　李　良　著

中国商业出版社

图书在版编目（CIP）数据

建筑企业PPP模式投资管理研究 / 王祖春, 李良著. -- 北京：中国商业出版社, 2021.5

ISBN 978-7-5208-1691-5

Ⅰ. ①建… Ⅱ. ①王… ②李… Ⅲ. ①政府投资—合作—社会资本—应用—建筑企业—投资管理—研究
Ⅳ. ①F407.967.2

中国版本图书馆CIP数据核字(2021)第133529号

责任编辑：于子豹　袁　娜

中国商业出版社出版发行
010-63180647　　www.c-cbook.com
（100053　北京广安门内报国寺1号）
新华书店经销
福建省天一屏山印务有限公司印刷
★
787毫米 ×1092毫米　16开　11.5印张　200千字
2022年3月第1版　　2022年3月第1次印刷
定价：48.00元
★★★★
（如有印装质量问题可更换）

前　言

PPP（Public Private Partnership）模式在我国被称为政府与社会资本合作模式，近年来，在政府投融资体制改革背景下，PPP 模式实现了大发展。PPP 模式是强调“运营”的一种基础设施管理模式，其交易结构的设计都是以运营为核心所发展出来的。PPP 模式重视运营，因此对项目全生命周期进行优化，可以达到节省成本，提高效率的效应。同时，政府的付款条件与运营绩效捆绑，可以延长政府的付款责任，并且将责任分摊到后续的每一届政府身上，而不会仅由某一届政府全部承担。相比传统施工项目，建筑类企业参与 PPP 项目的投资建设，介入项目的时间点提前，角色也由单纯的施工方转变为多重身份并存。

本书以“建筑企业PPP模式投资管理研究”为选题，在内容编排上共设置六章：第一章内容包括PPP模式的相关认知，PPP模式的正、负面特征，PPP模式的项目操作流程，PPP模式与EPC模式的比较研究；第二章围绕PPP模式交易结构的意义与组成、PPP项目投资审批程序与前期操作、PPP项目夹层融资、PPP项目全过程投资控制与优化四个方面展开；第三章对建筑企业基本建设、建筑企业基本建设项目资金来源、建筑企业基本建设投资核算、基本建设投资的导向重构与策略创新进行论述；第四章重点论述建筑施工企业直接投资决策管理、建筑施工企业证券投资管理、建筑施工企业项目投资管理；第五章探索建筑企业投资能力的提升、建筑企业投资PPP项目的F+EPC模式、建筑企业投资城市轨道交通PPP项目风险管理；第六章针对PPP模式下建筑企业经营特点与融资风险、PPP模式下建筑企业投资项目造价控制管理、PPP模式下建筑企业参与高速公路项目投资三个方面进行探究。

全书内容丰富详尽，结构逻辑清晰，客观实用，紧密结合建筑企业中 PPP 模式现状。另外，注重理论与实践的紧密结合，力图为建筑企业的投资管理研究提供一定的依据与参考。

本书的撰写得到了许多专家学者的帮助和指导，在此表示诚挚的谢意。由于笔者水平有限，加之时间仓促，书中所涉及的内容难免有疏漏与不够严谨之处，希望各位读者多提宝贵意见，以待进一步修改，使之更加完善。

作　者

2021年1月

目 录

第一章 PPP模式概论

近年来，PPP模式在我国得到了广泛的应用，是我国社会基础设施建设的重要合作模式，对推进我国社会经济发展具有重要的意义。本章内容包括PPP模式的相关认知，PPP模式的正、负面特征，PPP模式的项目操作流程，PPP模式与EPC模式的比较研究。

第一节 PPP模式的相关认知

PPP（Public Private Partnership）模式在我国被称为政府与社会资本合作模式。在PPP模式下，政府与企业之间相互配合，共同完成某个项目或服务。政府与社会资本合作模式是在基础设施与公共服务领域建立的一种长期合作关系，通常是社会资本承担设计、建设、运营、基础设施维护的大部分工作，并通过“使用者付费”与必要的“政府付费”获得合理投资回报；政府部门负责基础设施及公共服务价格和质量监管，以保证公共利益最大化。

一、PPP模式的特征与资金来源

（一）PPP模式的主要特征

PPP模式需要组建项目公司，并在项目执行过程中由政府部门与社会资本相互配合形成合作关系，这样既可以使政府按照公司章程和约定的合同，以结果为导向建立考核机制和激励措施进行直接监管，又可以使社会资本能够用市场手段实现自身的经济利益。政府与社会资本各司其职，目标一致，优势互补，能够提升项目实施的总体效率。具体来说，PPP模式具体有以下几个特征：

1. 伙伴关系

PPP模式下政府与社会资本需要组建项目公司，项目公司在实践中也习惯被称作SPV（Special Purpose Vehicle，特殊目的的载体）。政府与社会资本的合作关系依托项目公司而形成，双方在合作开始时需要签署PPP项目合同，在PPP项目的投资、融资、建设、运营、移交等阶段都要受到PPP项目合同的约束。通常，在项目公司中，政府不占或只占有少部分股权，对项目公司没有控制权，这样的安排使政府部门可以按照公司章程和约定的合同，以结果为导向建立考核机制和激励措施进行直接监管。社会资本是主要责任方，负责项目的具体执行。这样可以用社会资本的专业管理方式和前沿技术，发挥社会资本的专业能力和市场灵活性，从而节省项目运行的总成本，改善项目实施的风险状况，提高经济效率和实施效率，以取得提升项目总体质量的良好效果，从而实现合作的共赢。

2. 风险共担

PPP 模式下政府与社会资本需要承担的风险包括政治风险、施工风险、运营风险、市场风险、法律风险等，并且政府与社会资本各自分担的风险因 PPP 项目付费机制的不同也会有所区别，但是社会资本承担 PPP 模式过程中产生的主要风险。

3. 利益共享

从社会资本来看，PPP模式能够为社会资本提供稳定的现金流和利润，满足社会资本对合理的现金流和利润的需求，令社会资本获得合理的回报；从政府来看，PPP模式既能够使政府共享PPP项目执行获得的经济利益，又可以更好地帮助政府实现公共管理目标，从而取得双方利益共享的效果①。

（二）PPP模式的主要资金来源

PPP模式依托公共产品或服务，从外界获取资金支持，在拓展企业规模的同时，又为企业带来稳定利润，更是企业通过负债来扩展企业规模的一种途径。PPP模式下的项目公司可以根据项目的资产、收益情况以及政府的配合情况来发起融资，而PPP项目投资的社会资本也可以利用质押项目公司股权等方式为项目公司提供资金支持。

一般来说，PPP模式的主要资金来源包括以下五种：

1. 股权融资

股权融资是最基础的融资方式，初始为政府与社会资本共同投入，根据财政部的有关规定，政府的股权占比一般不超过50%，项目公司的控制权归属于社会资本。社会资本也可进行股权交易，在实现项目退出的同时补充资金，交易时间点一般在项目进入运营期之后，也有少部分发生在建设期。

2. 债券融资

债券融资包括发行各种债券、中期票据以及短期融资券等，是PPP模式中常见的获取资金的渠道。发行债券既可以通过项目公司发行项目收益债券，也可以通过社会资本发行特定用途的企业债券或公开募集的公司债券。

3. 银行贷款

银行贷款是PPP模式下最主要的融资渠道，主要形式有项目贷款、商业贷款、流动资金贷款等。项目贷款是PPP模式下核心的贷款形式，比较符合项目运行周期，但是项目贷款的放款周期较长，一般项目初期只能使用自有资金或商业贷款来进行前期垫资，待项目

---

① 赵廷辰. 我国PPP模式的发展前景、存在问题和政策建议[J]. 国际金融，2020（09）：68-74.

贷款发放后才能进行置换，但这会增加企业的财务风险。流动资金贷款则是为应对企业经营活动中的短期资金需求而提供的贷款。流动资金贷款具有期限短、贷款程序简单、利率较低等特点。在PPP模式下，流动资金贷款既可以用来解决项目贷款滞后于项目建设的问题，又可以在企业资金紧张的时候为维持PPP项目的执行而进行贷款。

4. 融资租赁

融资租赁包括两种形式：直租和售后回租。无论哪种形式，融资租赁都离不开实物资产。对于PPP模式来说，基础设施本身刚好满足融资租赁的这一特征，同时融资租赁周期和PPP项目周期时相性较好，是在PPP模式中逐渐兴起的又一种重要的融资工具。从业务形式上来说，直租是租赁公司从外部购买价值较高的实物资产，然后以租赁的形式租给项目公司，以达到获得资产的使用权和前期较少的现金流出的目的。回租则是将项目公司自有的价值较高的实物资产先出售给租赁公司，再从租赁公司以租赁形式租回，从而在不影响资产使用权的同时，又获得大量资金。事实上，直租中的“外部”也可以是社会资本自己，这属于变相的回租。PPP项目公司用于融资租赁的实物资产可以是一个或一组设备，也可以是建筑物等其他价值较高的项目资产。

5. PPP资产证券化

资产证券化是指将流动性较低但是能够产生未来稳定现金流的资产，通过金融手段转变为可交易的证券型资产。资产证券化是PPP模式再融资的重要手段。目前，虽然我国PPP模式有待优化，可供资产证券化的资产有限，但是PPP项目资产证券化却有很大的挖掘空间。

二、PPP模式的类型与参与方

（一）PPP模式的类型划分

PPP模式的类型有很多，具体执行方式多种多样，主要包括以下三类：

1. 外包类

通常，这一类项目由政府出资，并主导项目的执行，在对项目整体进行分解后，将一部分管理职能承包给社会资本，双方根据合同履行各自的职责。在这类PPP模式下，社会资本负担的风险是三个PPP模式大类中最低的一种。外包类PPP项目常见的模式有DB（设计—建设）、DBO（设计—建设—运营）、O&M（运营—维护）、BT（建设—移交）、MC（管理—合同）等。

2. 特许经营类

政府与社会资本代表出资设立项目公司作为项目实施的载体，社会资本拥有项目公司控制权，由政府进行监管，从而实现风险的分摊和收益的共享。在实践中，此类PPP模式的应用最为广泛。项目公司运营期的付费机制，通常有使用者付费、政府付费和可行性缺口补助三种。特许经营类项目能够结合政府与社会资本的优势，减少项目实施的成本，实现较高的服务水平和效率。PPP项目合同期满后，社会资本需要将项目资产按照合同约定移交给政府。特许经营类项目常见的模式有BOT（建设—运营—移交）、TOT（移交—运营—移交）、ROT（改建—运营—移交）等。

3. 私有化类

私有化类项目是指合同期满后，项目资产和相关权益不进行移交，继续归属于社会资本。该类PPP项目的所有权始终归属于社会资本，所以这种PPP模式下社会资本负担的风险是三种PPP模式类型中最大的，实际应用较少。私有化类常见的模式为BOO（建设—拥有—运营）。

（二）PPP模式的主要参与方

通常，PPP模式的主要参与方包括政府、社会资本、项目公司、金融机构、建设施工方、供应商等。现具体分析如下：

1. 政府

在实务中，政府通常是PPP项目招标的一方，是公共产品或服务PPP项目标的发起者。政府组织对PPP项目进行财政承受能力、物有所值论证和对社会资本的评审工作，并通过政府购买程序决定PPP项目的社会资本。在PPP项目运作实践中，政府一般会以国有机关单位或国有性质企业的形式成为PPP项目公司的政府合作方，但是不享有项目公司的控制权。政府除了以股权注资的形式为项目公司提供融资支持之外，还可以通过贷款、政府补助等形式为项目公司提供资金支持，以分摊项目公司的资金压力。

2. 社会资本

社会资本是PPP模式中另一个主要的参与者，在我国，社会资本企业既可以是民营性质，也可以是国有性质。在PPP项目的实施阶段，尤其是初期建设阶段资金需求量大，整个项目的执行周期长，这就要求社会资本具有雄厚的资金实力、强大的运营管理能力、专业的技术能力以及较强的融资能力。参与PPP模式的社会资本可以是一个企业，也可以是由一个大型企业牵头、几家企业组成的企业联合体。

3. 项目公司

在实践中，PPP模式下的项目公司通常被称作SPV公司，SPV公司是为保证项目的实施由社会资本单独出资或由政府代表企业与社会资本共同设立的公司出资。项目公司是PPP项目实施的主体，政府与社会资本双方签署PPP项目合同后，由社会资本控制项目公司并主导PPP项目的实施，完成项目实施阶段的各项工作。项目公司既可以以融资主体进行项目融资，也可以作为社会资本融资的对象进行股权质押融资。

4. 金融机构

在PPP项目执行初期需要注入大量的资金，而社会资本仅靠自有资金难以满足资金需求，需要金融机构的支持。PPP项目公司在初始建设期间的资金大部分来源于金融机构，如银行、券商和租赁公司等。PPP项目资金使用周期较长、金额较大，金融机构通常会要求融资方提供担保或质押。

5. 建设施工方

在PPP项目的建设阶段，需要专业的设计和建筑承包商参与进来。PPP模式的开展对社会资本要求较高，如果社会资本有能力负责PPP项目的主要设计、施工部分的任务，他们也可以兼任建设施工方，只将少量建设部分外包给其他工程类企业，这也是一些企业的习惯做法。作为联合体的社会资本可以选择将主体设计和施工部分在社会资本之间进行分配，从而分摊建设风险，提高施工效率。

6. 供应商

供应商是PPP项目公司在执行阶段的主要参与方，他们主要负责供应项目公司建设、运营所需的能源、物资和劳务等。

三、不同PPP模式的选择

外包类、特许经营类、私有化类三者中社会资本承担的项目建设风险和经营风险依次增大。在外包类中，社会资本一般不承担具体的建设或经营任务，故其承担的风险最小；在特许经营类中，由于特许权协议的约定，社会资本与政府部门共同承担项目建设风险和经营风险，故其承担的风险比外包类要大一些；在私有化类中，项目建成后项目的所有权归社会资本所有，并且不再移交给政府部门，项目建设和经营过程中的所有风险完全由社会资本承担，比前两者承担的风险要大许多。

在进行交易结构选择时，由于不同类型的项目需要考虑的因素也有所不同，如项目类型、政府部门与社会资本的投资目标、项目的风险结构、项目最终所有权的归属、政府对项目经营过程的监管、项目的回报机制、项目的收益方式、与项目建设有关的法律法规等，所以并非所有的PPP项目都适合同一种交易结构，要具体项目具体分析[①]。下面主要研究外包类、特许经营类、私有化类中具有代表性的PPP模式。

（一）BOT模式

BOT模式（Build-Operate-Transfer，建设—经营—转让）是政府部门与社会资本在签订特许权协议的基础上而建立的一种合作伙伴关系，这种合资方式允许社会资本参与到建设公共基础设施或是提供公共产品和服务的过程中来，社会资本在特许期内对基础设施享有融资和经营管理的权利，在项目竣工后通过向使用者收取服务费用来偿还项目贷款，而且还可以回收投资成本和适当盈利。在特许期届满后，项目的所有权最终将从社会资本转移到政府部门。

---

① 宋勇，齐景华，杨生梅. 建筑企业财务管理（第2版）[M]. 北京：北京理工大学出版社，2014.

目前，BOT模式在我国的公路、铁路、环保设施、地铁等公共基础设施项目中得到了运用。随着我国经济社会的迅猛发展和科学技术的进步，BOT模式已经丰富了其范围：①BOO（Build-Own-Operate，建设—拥有—运营）；②BOOT（Build-Own-Operate-Transfer，建设—拥有—运营—移交）；③BTO（Build-Transfer-Operate，建设—移交—运营）；④BOD（Build-Operate-Deliver，建设—经营—交付）；⑤TOT（Transfer-Operate-Transfer，转移—经营—移交）；⑥ROT（Rehabilitate-Operate-Transfer，改建—经营—移交），等等。

1. BOT模式的主要特征

BOT模式是其他模式的最初模型，相对其他模式而言，具有以下几个特征：

（1）BOT模式是社会资本与政府因签订特许权协议而建立的一种合营关系。在BOT模式项目中，社会资本与政府通过签订合同来约定（一般情况下，特许经营权期限为25年到30年）项目建设中的风险分担和收益分享。这一特许权协议是一种民事合同，故双方主体在项目建设中的权利义务应该受民事法律规范的调整和规范。

（2）在特许权协议规定的期限内，建设项目的经营权和管理权由社会资本享有。在特许权协议中，双方主体约定了一定的特许权经营期限。在这一特许期限内，社会资本按照合同条款对建设项目行使经营管理权，并且可以向服务者收费的方法回收投资成本和合理盈利，从而吸引社会资本在基础设施上进行投资和融资，以减少政府所要面临的投资压力。

（3）在特许权协议期限届满后，社会资本将建设项目的所有权转移给政府。按照特许权协议的约定，在特许经营权期满后，社会资本负有将项目所有权有偿或是无偿转移给政府的义务，双方主体必须严格遵守特许权协议条款的约定。

2. BOT模式的主要作用

BOT模式作为PPP模式中最典型的一种投资模式，对项目参与各方主体风险的分配和收益的分享都有重要的意义，其作用主要体现在以下四个方面：

（1）扩展了政府在基础设施建设融资上的渠道和范围。由于公共基础设施建设规模大、所需资金巨大、建造周期较长、投资收益回收慢，故基础设施或是公共产品的资金巨大投入与政府有限的财政支出、银行短期的贷款借出，不仅是政府财政所难以承受的一个负担，还是政府项目融资中一个难以摆脱的困境，而采用BOT投资模式可以有效缓解政府财政负担和项目融资困境。

（2）避免政府因投资基础设施或公共产品建设而产生的债务危机。在BOT项目中，项目建设所需的巨额资金主要由社会资本负责筹集，项目公司因此所产生的负债也不被纳入政府财政负债记录，对国家或政府的财政信用不会产生负面影响。因此，BOT模式可以有效缓解政府因投资基本建设而面临的债务危机。

（3）有利于合作项目运作效率的提高。BOT 模式作为 PPP 模式中最为典型的一种融资模式，更加注重社会资本和政府之间的配合与协作。由于双方主体在投资项目上共担风险、共享收益，故在项目建造过程中可以相互监督、相互负责，高效、高质量地完成任务。

（4）促进社会多方面、多领域的发展。通过引入BOT模式，一方面，可以有效缓解政府在投资上面临的压力；另一方面，还可以为当地居民提供大量的就业机会，带来巨大的商业发展机遇，最终达到带动地方相关产业发展，提高社会综合成效的目的。

3. BOT模式的主要参与方

BOT模式的主要参与方有政府、项目投资人、项目公司、贷款人、承包商、运营者、供应商、保险公司、使用方等。各主要参与方的主要职责如下。

政府是项目建设的招标者、监管者、所有者，在项目建设过程中的主要职责是：①颁布有关BOT项目的法律规范和政策规定；②对BOT项目进行招标和确定中标人；③签订特许权协议；④对项目进行监督、调控；⑤在特许期届满后，获得项目所有权。

项目投资人作为股东、发起人，在项目建设过程中的主要职责是：①为项目注入股本金，成为股东，但并不直接参与项目的经营管理；②成为项目的发起人。项目投资人不仅要为项目注入股本金，还要负责项目的承办，既是项目的主要股本注入人，又是项目公司的主要组建人。

项目公司作为项目主办方，在项目建设过程中的主要职责是：①在特许期内拥有特许权协议规定的特许权；②享有对项目进行经营和管理的权利；③负责贷款银行债务和利息的清偿以及在股东中的利润分配；④在特许权协议届满后，将项目的所有权转移给政府部门。

贷款人作为项目债权人，在项目建设过程中的主要职责是：①为项目需要的大部分资金贷款，是项目的债权人；②对贷款的使用进行监督。

承包商作为项目建造和施工者，其主要职责是同项目公司签订项目总承包合同，与具体的分包商签订分包合同。

运营者负责项目运营工作，其主要职责是接受项目公司委托，按照双方签订的运营合同对已经完成的项目进行运营、管理及设施的维护与收费。

供应商为项目建设提供原材料，其主要职责是为BOT项目提供原材料和燃料。

保险公司为项目建设分担风险，其主要职责是接受项目公司的保险费，为项目提供保险。

使用方作为购买方、使用者，在项目建设过程中的主要职责是使用项目产品服务。

4. BOT模式中的主要合同关系

BOT模式的合同与相关协议具体如下：

（1）特许权协议。特许权协议是指政府与项目公司之间签订的关于双方主体在特许权协议期限内所约定权利与义务的分配条款的总称，双方主体风险的承担和收益的享有主要是基于特许权协议的规定，同时它也是确保BOT项目得以顺利完成的关键所在。

（2）项目公司协议。项目公司协议是指项目建设的各方主体为项目的顺利进行，就成立项目公司而签订的协议。项目公司成员或股东可以由建设承包商、设备和物资供应商、运营商、股本投资者和金融机构等方面的人员组成。项目公司的具体形式必须参照我国法律法规。

（3）股东协议。股东协议是指股东之间为约定有关项目公司的运行、经营、管理、股权分配等而签订的协议。BOT项目一般需要的投资资本巨大，因而要由多方共同投资来进行开发和建设。在项目公司中，参与各方股权的分配要遵循公司法的相关规定，各方享有多少股权也取决于各方对项目投资资本的多少。

（4）贷款协议。贷款协议是项目公司为筹措BOT项目所需资金而向银行或银团贷款的协议。在项目公司与银行或银团签订的贷款协议中，借款方是项目公司，贷款人常常是多家金融机构组成的银团。贷款方可以以此来分散风险，作为借款方的项目公司也可用公司财产或权益为贷款做抵押。

（5）总承包合同。总承包合同是项目公司与承包商签订的项目建设合同。项目公司通过总承包合同将项目建造工程委托给总承包商来完成，然后总承包商会将项目的各个部分分包给各个分包人来完成。

（6）购买协议。购买协议是在项目建设完成后，项目公司与使用者签订买卖项目服务的合同。一般情况下，项目公司都会与一定数量的使用者签订购买协议。除此之外，项目公司还可以与政府主管部门签订购买协议，让政府保证以约定的价格购买项目公司最低数额的产出量。在特殊情况下，如收费高速公路，项目公司会要求政府保证高速公路最低车流量以及使用合适的收费结构，从而确保项目公司能够及时收回投资成本，并且获得合理的利润。

（7）运营合同。在一些BOT项目中，项目公司将项目的运营和维护外包给有经验的项目运营维护商。运营维护商对项目的日常运营和维护负责。营运商可能是项目公司的股本投资者之一。

（8）保险合同。BOT项目需要保险公司的参与。BOT项目保险包括事故险、第三方责任险及其他的商业保险。

5. BOT模式中各方的权利与义务

在BOT模式中，社会资本和政府在不同投资阶段具有不同的权利，承担着不同的义务，这些权利与义务具体如下：

（1）项目准备阶段的权利与义务。社会资本与政府在项目公司筹建阶段主要承担的义务是出资义务，如社会资本履行自己的资本认缴义务，政府也是项目的股东之一，有时，政府虽然不承担出资义务，但根据特许权协议规定，享有一定比例的股权。不过，政府必须承担提供项目用地以及其他方面的保证和支持的义务。

（2）项目建造阶段的权利与义务。在项目建造阶段，根据特许权协议的约定，社会资本主要承担有关技术支持、项目设计、项目建造等义务，政府主要承担项目监管等方面的义务。

（3）项目运行阶段的权利与义务。根据双方主体在特许权协议中的约定，在特许经营期内，社会资本有管理项目的权利和维护项目的义务，如向使用者收取费用，以收回投资成本和获得合理的利润，向保险公司投保等。在特许经营期届满时，社会资本承担按照合同约定，将建设项目所有权转移给政府的义务，政府则有根据协议条款而获得建设项目所有权的权利。

6. BOT项目的运作模式

（1）项目前期准备阶段的运作模式。项目前期准备阶段的运作模式为：政府决定实施BOT项目、公告BOT项目的招标情况，根据投标和竞标选出合适的投标人，与中标人签订特许经营权协议。

（2）项目中期建设阶段的运作模式。在项目中期建设阶段，其运作模式为：项目参与各方（发起人）成立项目公司，项目公司与市场其他参与建设的主体（承包商、咨询机构、工程监理公司）签订合作协议，进行项目设计和施工。

（3）项目建成后运营阶段的运作模式。项目公司在项目竣工后，对项目进行经营和管理、项目公司所收取的费用归项目公司所有；在特许经营期限届满后，将项目所有权转移给政府部门。

（二）BOOT模式

BOOT模式（Build-Own-Operate-Transfer，建设—拥有—运营—移交）实质上是BOT模式的变形模式，具体是指社会资本在规定期限内完成项目建设之后，项目的所有权便为社会资本所有，社会资本对其进行经营管理，但是在一定期限届满后，项目的所有权再由社会资本转移给政府。而BOOT所包含的“Own”指的是“拥有”，这意味着在规定的期限内完成项目建设后就可以拥有项目的所有权。

1. BOOT模式的主要特征

（1）BOOT模式是社会资本和政府根据合同约定而成立的一种合资关系。这种合同约定可以参照BOT的特许权协议，在此不再赘述。

（2）BOOT模式是一种在规定期限内对建设项目拥有所有权，在规定期限届满后将项目所有权转移给政府的投资方式。社会资本在BOOT项目规定的期限内对项目拥有所有权，这与社会资本在BOT模式中对项目仅有经营和管理的权利不同，也与社会资本在BOO模式中对项目拥有永久的所有权不同。在BOOT模式中，社会资本对项目拥有的是一种

"暂时的所有权"，需要在规定期限届满后将项目所有权转移给政府。

2. BOOT模式的主要作用

BOOT模式作为BOT模式的一种演变模式，除了具有一些BOT模式所具有的作用外，它自身还具有一些特别的作用，这些独有的作用主要体现在以下方面：

（1）有利于最大限度地激发投资者的投资热情。相对于BOT模式而言，BOOT模式将比BOT模式更有利于激发社会资本对项目的投资热情。这可以从两个方面来理解：一方面，BOOT模式给了私人投资者更大的自主经营权，特别是在项目建设完成后的约定期限内，社会资本拥有对项目的所有权，而不再是类似BOT模式中的经营权和管理权。社会资本在约定期限内的高度自主经营权和一定期限内的所有权，将有利于社会资本的技术优势和管理经验更好地被应用于项目建设中，从而为以后的融资项目打下良好的基础；另一方面，BOOT模式也给社会资本带来了相当可观的利润，从而使社会资本实现"自我双赢"。

（2）充分发挥社会资本在项目管理和经营过程中的技术和管理优势。在BOOT模式中，社会资本通过特许权协议取得了规定期限内完成项目后的项目所有权，可以使社会资本自身的技术和管理优势发挥到建设公共基础设施或所提供的公共产品的项目中。具体可以从两方面来理解：一是通过发挥自身的优势使得项目得以快速竣工；二是可以使公民享受到优质的公共产品或服务，从而实现社会资本与政府之间的互利共赢，也可以说是实现了社会资本、政府、公民三方主体之间的"三赢"。

（3）减少政府对BOOT模式的过度监管，实现BOOT融资的市场化。在市场经济中，往往因政府承担监管者的角色而可能形成对市场过度监管的局面，不过，在BOOT项目完成后，在协议约定的期限内由社会资本享有对项目的所有权，可减少政府对市场经济的过度监管，从而促进BOOT模式更好地融入市场经济体制中。

3. BOOT模式的主要参与方

BOOT模式中主要参与方的地位和主要职责，可以参照BOT模式中对主要参与方的相关论述。

而不同之处在于，在项目建设过程中，项目公司是项目的主办方。其主要职责是：①在项目建设完成后在规定期限内对项目拥有所有权，并且全面接管项目的管理和运营；②负责对贷款银行债务和利息的清偿，以及在股东中的利润分配；③在协议规定的期限内，社会资本对项目拥有所有权；④在规定的期限届满后，社会资本将项目的所有权移交给政府。

4. BOOT模式中的主要合同关系

BOOT项目中的主要合同关系可以参照BOT模式中的阐述，但与BOT模式中特许权协议的规定相比，也有很多不同之处，如社会资本在BOOT模式中协议约定的期限内对项目拥有所有权，而这与社会资本在BOT模式中特许权协议期限内仅拥有项目的建设、管理、经营权利是不同的。

5. BOOT模式中各方的权利与义务

BOOT模式中各方在项目准备和建造阶段中享有的权利和承担的义务与BOT模式中的阐述相一致，不同之处在于，在BOOT模式中，社会资本在项目运行阶段与在协议约定的期限内，拥有对项目的所有权，在约定期限届满后，社会资本负有将项目所有权转移给政府的义务；在BOT模式中，社会资本在协议约定的期限内享有对项目的建造、经营、管理的权利，期限届满后负有将项目所有权移交给政府的义务。

6. BOOT项目的运作模式

（1）项目前期准备阶段。在这一阶段：政府决定实施BOOT项目、公告BOOT项目的招标情况，根据投标和竞标决选出合适的投标人，与中标人签订特许经营权协议。

（2）项目中期建设阶段。在这一阶段：项目参与各方（发起人）成立项目公司；项目公司与市场其他参与建设的主体（承包商、咨询机构、工程监理公司）签订合作协议，进行项目的设计和施工。

（3）项目后期运营阶段。在这一阶段：项目公司在协议约定的期限内完工后对项目拥有所有权，并且全面负责项目的运营；在约定期限届满后，将项目所有权转移给政府部门。

（三）TOT模式

TOT模式（Transfer-Operate-Transfer，转让—运营—移交）是指一种政府将基础设施的所有权有偿转让给社会资本，然后社会资本承担项目的运行和管理事务。在合同约定的期限届满后，再将基础设施的所有权交付给政府的投资模式。

1. TOT模式的主要特征

（1）TOT模式是一种社会资本在一定期限内有偿取得基础设施所有权并经营的融资模式。作为BOT模式的一种演变模式，但TOT模式与BOT模式的不同在于，社会资本通过与政府签订特许权协议的方式，有偿取得特许期限内的项目所有权。

（2）在TOT模式中，与其他PPP投资方式不同，社会资本在TOT模式中经营和管理的项目是政府已经建造完成的基础设施，而并不是将要建造或正在建造的项目。

（3）TOT模式是在经营期限届满后将基础设施所有权再度转移给政府，整个投资过程经过了两次所有权的转移。社会资本与政府通过有偿转让的协议实现了项目所有权的第一次转移，项目所有权的第二次转移是在双方主体约定的期限届满后，社会资本将基础设施的所有权再一次转让给政府。

2. TOT模式的主要作用

TOT的结构比较新颖，除此之外，它在运作流程、特征等方面也与其他结构有所不同：

（1）有利于与公共产品相关的权利进入市场进行流转。与以往的公共基础设施或是公共产品相比，PPP项目实现了公共产品进入市场进行交易的目标。它之所以实现这一目标，主要是因为：一方面，政府通过将项目的所有权转移给社会资本来换取对应的成本和收益；另一方面，社会资本通过对公共产品或是服务的管理以及经营寻求新的市场和商机，让公共产品得以进行市场交易。

（2）通过对现有公共产品进行转移，使得社会资本的投资风险减小。对于特许权协议的部分投资结构而言，其他结构一般是通过特许权协议的方式将建造项目的任务交由社会资本或项目公司来完成，在特许期限届满后再取回项目的所有权，这往往会导致双方在项目的建造、经营和管理的过程中存在风险分担不均、收益分配不公平等问题。而TOT模式可以在一定程度上解决或是防范此类问题的出现。由于政府有偿转移的项目是已经建造完成的工程，那么，在其他投资模式中原本应该由私人承担的建造风险，也因此转移至政府，从而平衡了双方在风险分担和收益分享上的不均衡状态。

（3）有利于化解政府的融资难题。从我国实际国情出发，政府在以基础设施进行投资时总是存在融资难题，PPP融资模式的出现打破了这样的窘迫局面。而这种困境得以摆脱的原因是TOT模式让公共基础设施和公共产品进入市场经济进行交易，这主要表现在两方面：一方面，TOT模式给市场经济注入了新鲜的血液；另一方面，TOT模式在一定程度上解决了政府在财政上资金紧缺的问题。

3. TOT模式的主要参与方

TOT模式中对主要参与方的地位和职责的界定可以参照BOT模式中的规定。而政府作为项目最终所有者，在项目建设过程中负有主要职责。这些职责具体为：①颁布支持TOT项目的政策和措施；②确定TOT项目的执行程序以及对项目的选定；③以有偿转让的方式将项目的所有权转移给社会资本；④对项目进行监督、调控；⑤接受项目公司在约定期满时移交的项目。

项目公司作为项目的主办者，在项目建设过程中的主要职责具体为：①社会资本在项目建设完成后约定的期限内拥有项目的所有权；②全面负责项目的运营；③负责对贷款银行债务和利息的清偿以及在股东中的利润分配；④在约定期满时将项目移交给政府。

4. TOT模式中的主要合同关系

TOT模式中的主要合同关系可以参照BOT模式中对主要合同关系所进行的论述，两者的不同之处体现在特许权协议方面：

在BOT模式中，政府与项目公司签订的特许权协议，社会资本在特许权协议签订之后获得项目的经营和管理权利，但是并没有将项目的所有权转移给社会资本。

而在TOT模式中，社会资本依据有偿转让协议即取得项目的所有权，在协议约定期限届满后将项目的所有权再一次转让给政府。

由此看来，特许权协议在BOT模式和TOT模式中的内涵有很大的不同。

5. TOT模式中各方的权利与义务

对TOT模式中各方的权利与义务可以根据阶段不同来分析。通常，在政府批准项目、发布招标公告、确定中标人后，社会资本与政府签订有偿转让项目的合同；在项目运营阶段，由社会资本负责项目的经营和管理事项；在项目约定期限届满后，社会资本负有将项目所有权再转移给政府的义务，政府也有权利根据第一次转让协议中的约定要求社会资本在经营期满后移交项目的所有权。

6. TOT项目的运作模式

（1）项目前期准备阶段的运作模式。在这一阶段：政府确定TOT项目，发布招标公告、投标、确定中标人；与中标人签订TOT项目有偿转让合同。

（2）项目中期建设阶段的运作模式。在这一阶段：社会资本负责项目的建造、经营和管理以及维护等职责。

（3）项目后期运行阶段的运作模式。在这一阶段：社会资本承担项目运行期间的风险、收取项目的收益；在约定期限届满后，将项目所有权转移给政府。

（四）ROT模式

ROT模式（Rehabilitate-Operate-Transfer，重构—运营—移交）是指政府通过协议的方式将现有公共基础设施有偿转让给社会资本，社会资本既负责项目的重建和整改，又负责项目的经营和管理。在协议约定的期限届满后，社会资本再将项目的所有权转移给政府。

1. ROT模式的主要特征

第一，ROT模式的基础是政府与社会资本之间签订的有偿转让协议。在项目前期准备阶段，政府通过有偿协议将项目所有权转移给社会资本。在项目中期整改阶段，社会资本对现有基础设施进行整改和扩建，并负责项目竣工后的经营和管理。在协议约定期限届满后，政府再通过有偿转让协议的方式获得项目的所有权。

第二，ROT模式是对现有基础设施项目进行整改和扩建的融资方式。与BOT、BOOT、BOO等模式相比，ROT模式的建设对象是完全不同的。ROT模式融资的对象是需要整改和扩建的现有基础设施，而BOT、BOOT、BOO等模式中融资的对象都是亟待建设的基础设施。

2. ROT模式的主要作用

ROT 模式作为 BOT 模式的一种演变投资模式，其具有的作用和 BOT 模式大体相同，但是由于结构的具体内容有所不同，故在社会实践投资中，ROT 模式比 BOT 模式所发挥的作用更为独特一些，尤其是在恢复国民基础设施的建设上。虽然 PPP 模式运用各种投资方式积极致力于基础设施的开发和建设，但是对城市和农村基础设施进行修复和扩建，是它提高和改善国民公共服务体系水平的重要路径，而 ROT 模式的这种投资功能是 PPP 模式中其他投资方式所不能比拟的。

无论是对政府还是对社会资本而言，ROT模式都非常重要。ROT模式既是一种修复基础设施的重要方式，又是实现政府与社会资本互赢的经典案例，更是提升社会资本的社会责任感和增加政府声誉的重要方法。

3. ROT模式的主要参与方

在ROT模式中，对主要参与方地位的界定和职责的分配可以参照BOT和TOT模式中的规定。在BOT、TOT、ROT模式中，由于各种模式的融资对象存在差别，项目公司所承担的具体职责也有所不同。

项目公司作为项目主办方，在项目建设过程中的主要职责是：①负责项目的建造、经营和管理；②负责贷款银行债务和利息的清偿以及在股东中的利润分配；③在特许期期满时，将项目移交给政府。

在BOT模式中，项目公司在特许经营期限内承担对项目进行建造和经营的职责。而在TOT模式中，社会资本通过与政府之间的转让协议获得项目的所有权，在协议约定期限届满后，再根据转让协议的相关约定将项目的所有权转移给政府。在ROT模式中，ROT投资的对象是需要等待整改和扩建的现有公共基础设施，而TOT投资的对象是政府已经筹建完备的基础设施。

4. ROT模式中的主要合同关系

有关ROT模式中的主要合同关系可以参照BOT模式和TOT模式中的相关规定，三者不同之处在于有关特许权协议的内容规定：

在ROT模式中，政府通过转让协议将需待修缮项目的所有权转移给社会资本，社会资本因此获得在约定期内项目的所有权。

在BOT模式中，政府与社会资本通过签订特许权许可协议来规范双方主体的权利、义务以及风险分担和权益分配。

在TOT模式中，政府与社会资本之间通过签订有偿转让合同将项目所有权转让给社会资本，社会资本以现成设施开展经营和管理工作。

5. ROT模式中各方的权利与义务

在ROT模式中，各方的权利与义务可参照BOT、TOT模式中的规定确定，不同之处在于各结构适用的对象不同。

6. ROT项目的运作模式

（1）项目前期准备阶段的运作模式。在这一阶段：社会资本政府确定ROT项目，颁布ROT特许权、招标、确定中标者；与政府部门签订有偿转让协议。

（2）项目中期建设阶段的运作模式。在这一阶段：社会资本负责项目的整改和重建。

（3）项目后期运营阶段的运作模式。在这一阶段：社会资本负责项目的运行、维护以及管理；承担项目运行风险和享有项目收益；在协议约定期满后，将项目所有权转移给政府。

（五）BOO模式

BOO模式（Build-Own-Operate，建设—拥有—经营）也是BOT模式的一种演变模式，具体是指以政府与社会资本之间签订的与基础设施建设相关的特许权协议为基础，然后由本国公司或外国公司作为项目的投资者和经营者安排融资、承担风险、开发建设，并且经营该项基础产业项目，但是并不将此项基础产业项目移交给相应的政府或所属机构。

1. BOO模式的主要特征

（1）BOO模式是由政府与社会资本之间以签订特许权协议的方式而成立的一种融资模式。在BOO模式中，政府不再以类似BOT模式中的出资为融资基础，而是将项目建设颁发的特许经营权作为出资，项目所需要的资本完全由社会资本承担。

（2）在BOO模式中，在项目建设完成后，社会资本全权负责项目设施的经营和管理事务。对比BOT和BOOT模式而言，社会资本在完成BOO项目后即拥有对项目的所有权，而且还是一种“永久性的所有权”。由于社会资本对项目拥有所有权，项目经营和管理以及维护事项也全部由社会资本负责。

（3）在BOO项目竣工后，项目的所有权便为社会资本所拥有。项目运营期间的事务完全由社会资本负责，政府承担的更多是市场监管者的角色，不再参与具体的项目运行。这种融资结构在给社会资本极大自主权的同时，也使社会资本面临巨大的投资风险。

2. BOO模式的主要作用

BOO模式是私有化类模式中的典型代表，与外包类和特许权协议类模式相比，它具有独特的作用或优势，这种独特的作用或优势主要体现在以下三个方面：

（1）有利于促进PPP模式的市场化转型。以往的公共基础设施等项目的建设和经营以及所有权完全由政府所拥有，而随着市场经济体制的改革和PPP模式在我国的发展，慢慢允许社会资本参与到公共基础设施的建设、经营之中，这在一定程度上促进了PPP模式的市场化。不过，BOO模式的出现，基础设施等项目的完全私有化，加快了PPP模式的市场化步伐。

（2）有利于鼓励社会资本参与基础设施等公共项目的建设。虽然BOOT模式也有利于吸引社会资本投资于公共基础设施，但是BOO模式比BOOT模式更具吸引力。因为在BOO模式中，社会资本对项目有绝对所有权。仅仅这一点，就足以吸引社会资本尝试抛弃传统的投资项目，而将目光转向公共基础设施和公共产品的投资沃土上。

（3）有利于社会资本提高对公共基础设施的建造技术和积累管理经验。在特许权协议类项目中，虽然社会资本通过参与项目的一定经营与管理，可以促进自身相关技术的提高和经验的积累，但是就BOO模式的高度私有化而言，BOO模式比其他模式对社会资本更有吸引力。

3. BOO模式的主要参与方

项目公司是项目主办方，在项目建设过程中承担着很多重要的职责，不同的主体所负的主要职责不同：

（1）项目投资人的主要职责。项目投资人作为股东、发起人，在项目建设过程中要承担这些主要职责：①为项目注入股本金，成为股东，但并不直接参与项目的经营管理；②可成为项目的发起人，不仅为项目注入股本金，还负责项目的承办，既是项目的主要股本注入人，又是项目公司的主要组建人。

（2）项目公司的主要职责。项目公司是项目所有者和主办者，在项目建设过程中，它的主要职责是：①在项目建设完成后便对项目拥有“永久性所有权”；②全权承担项目的经营和管理事项；③负责贷款银行债务和利息的清偿以及在股东中的利润分配。

（3）贷款人的主要职责。贷款人作为项目债权人，在项目建设过程中的主要职责是：①为项目需要的大部分资金贷款，是项目的债权人；②对贷款的使用进行监督。

（4）承包商的主要职责。承包商作为项目承建者，在项目建设过程中的主要职责是：与项目公司签订承包合同。

（5）运营者的主要职责。运营者负责项目运营工作，其主要职责是接受项目公司委托，按照双方签订的运营合同对已经完成的项目进行运行、管理，对设施进行维护以及收费。

（6）供应商的主要职责。供应商为项目建设提供原材料，其主要职责是为项目提供原材料和燃料。

（7）保险公司的主要职责。保险公司为项目建设分担风险，其主要职责是接受项目公司的保险费，为项目提供保险。

（8）使用方的主要职责。使用方作为购买方、使用者，在项目建设过程中的主要职责是使用项目产品服务。

4. BOO模式中的主要合同关系

BOO项目参与方主要的合同关系可以参照BOT项目中的相关规定。不同之处在于，社会资本在完成BOO项目后即永久地拥有项目的所有权，而社会资本在完成BOT项目后只负责对项目进行经营和管理，并不拥有项目的所有权，即在特许权协议期限届满后将项目所有权转移给政府。

5. BOO模式中各方的权利与义务

在BOO模式中，政府不是以项目参与方的身份出现，而是以行政部门的市场监管者的身份出现。社会资本全面负责项目的建设和运营，在项目完成后即成为项目的永久所有者，项目的风险和收益全部由社会资本承担和享有。

6. BOO项目的运作模式

（1）项目前期准备阶段的运作模式。在这一阶段：社会资本确定BOO项目；颁布BOO特许权、招标、投标、中标。

（2）项目中期建设阶段的运作模式。在这一阶段：社会资本全权负责项目的设计、建造、维护。

（3）项目后期运营阶段的运作模式。在这一阶段：社会资本全权负责项目的经营、管理、风险承担、收益收取。

第二节　PPP模式的正、负面特征

由于PPP模式是一种合作模式，因此对于PPP模式的特征描述可以以合作为核心，分别从正面与负面进行表述。

一、PPP模式的正面特征

（一）PPP模式的合作主体

PPP模式是政府主体与市场主体合作的一种模式，政府从市场引入良好的管理、创意及资金，由市场主体来为政府提供公共服务，以解决过去传统模式所存在的问题。基于上述理念，可以从以下三个角度来讨论。

第一，采取PPP模式后，政府与市场的界限有了改变，形成了“国退民进”的情形，政府只做自己擅长的事，把市场擅长的事交给市场做。由于政府把很多事情都交给市场去做了，只剩下了需要完成的核心任务，卸下了很多不必要的负担，从而提升了公共服务的效率。因此，将“大政府”转变为“小政府”，是推动PPP模式发展的重要理念。

第二，采取PPP模式后，政府的角色有了改变，从过去公共服务的提供者转变为公共服务的购买者与监督者。在PPP模式中，提供服务的主体是市场而不是政府，但是很多PPP项目的政府没有清楚地认识到这点，依然以传统模式的心态做PPP项目，例如：在传统模式中政府是项目的建设方，而在PPP模式中项目公司才是项目的建设方，可是政府在PPP项目中还是以项目的建设方自居，要求承包商听从政府的指挥。自然，这种操作方式是违背PPP模式理念的。政府在PPP模式中应该要学会放手，管该管的事情，不该管的事情不要去管，要让项目公司享有一定自由的空间，并且承担起相应的责任。

第三，由于PPP模式强调政府与市场主体的合作，不是政府与政府的合作，因此，区分谁是政府谁是市场主体，就成为很重要的事。我国的情形是政府对于市场管制涉入甚多，政府与市场的界限并不十分清楚，因此如何明确政府与市场主体的界限，就成为国内PPP制度中一个很特殊的环节。目前，这些问题集中体现在国有企业与融资平台公司，应该定位成政府方还是社会资本方。如果是政府方，不需要经过采购程序，应该代表政府行使政府职能，履行政府在PPP协议中的权利与义务。如果是社会资本方，需要通过采购程序，按照一定的程序中标后组成项目公司，履行项目公司在PPP协议中的权利与义务①。

（二）PPP模式中政府的目的

政府采取PPP模式，就是为了购买社会资本所提供的公共服务，因此购买公共服务是政府采取PPP模式的一个首要目的，以这个目的为标准，可以将其分为公共性质、服务性质及购买性质三个部分。

1. 公共性质

政府必须是购买"公共服务"才能采用PPP模式，如果政府采购非公共服务，如纯粹的地产项目，就不能采用PPP模式。虽然PPP模式强调以公共服务为核心，但是这并不代表整个服务内容都必须是公共服务。目前，政策上允许"项目+物业"模式，也就是项目中允许有一部分公共服务再加上一部分物业的模式，通过物业的收益来补贴项目投资的支出。其实，这种方式是通过资源补贴减少政府财政预算的支出，但是在操作时必须注意，公共服务才是主角，应该谨防出现"小项目+大物业"这种喧宾夺主的情况。

由于PPP模式强调服务的"公共性"，因此在制度安排上，有时会特别需要考虑公共服务的特殊需求，如有关法规规定当项目公司发生无法提供公共服务的情形时，政府可以行使单方的公权力以及强制力，强制接管项目资产，并且由政府运营提供公共服务，使公共服务可以持续不中断；或是公共服务使用者的收费价格，必须要经过政府审议以及听证会的程序确定，项目公司不可以单方定价；或是项目资产性质属于公法上的公物，不能自由地流通、转让、处分等。这些特殊的环节都充分凸显出公共服务的特性。

2. 服务性质

由于PPP模式是政府购买服务的模式，政府购买的内容是"服务"而不是"工程"，政府付费时计算的是服务量，支付的是服务费，而不是计算工程量，支付工程款。因此，服务是PPP的核心，PPP项目的重点在运营而不是在建设。只有将运营项目的全生命周期都交由项目公司操作，项目公司才能进行全项目的优化，进而节省项目成本。通常，建设期只是提供服务的一个过程与环节，政府监管的重点在运营期而不是在建设期。没有运营期的项目、只有一点点运营内容的项目，或是通过抽屉协议将运营返包给政府的项目，都是与PPP模式的精神相违背的。

推行 PPP 制度的目的是改善传统模式提供服务效率不高的情形，所以相关法规要求，PPP 项目必须要通过物有所值论证，证明采用 PPP 模式能改善服务效率，项目才可以采用

① 梅钢．PPP模式三大特征的应用研究[J]．农家参谋，2018（17）：291.

PPP 模式。很多人反对采用 PPP 模式是因为从 PPP 模式内部收益率角度来看，PPP 模式的融资成本比其他融资方式的成本高，会给政府带来更大的负担。事实上，相比于其他融资工具（一般是 3% ~ 5%），实践中 PPP 模式的全项目内部收益率（一般是 6% ~ 8%）确实比较高。不过，PPP 模式是无担保表外的融资，其他融资是担保表内的融资，因此 PPP 模式融资利率稍高是正常的。除此之外，不能只看到 PPP 模式中内部收益率高于其他贷款利息的部分，还必须看到 PPP 模式中少的部分，也就是项目公司以市场化管理节省成本的部分，只要经过一加一减后的总成本低于传统模式的总成本，就值得采用 PPP 模式。

3．购买性质

政府在推动PPP模式的同时，也禁止继续使用BT模式的，BT是一种表内融资模式，即承包商垫资施工竣工验收合格后，承包商与政府之间就进入了类似借贷的债务关系。而PPP模式是一种表外模式，项目公司在竣工验收后，项目公司与政府之间不会进入借贷的债务关系中。

PPP 模式是先投资后买卖的一个过程，先投资是指社会资本投资成立项目公司的过程，而后买卖是指由政府付费和项目公司购买服务的过程。社会资本投资且成立项目公司后，由项目公司对银行贷款，政府对项目公司不控股，项目公司的债务不会合并到政府的财报中，而未来政府对项目公司购买服务，政府的付费条件基本上是和服务的绩效捆绑在一起的，而不是和工程竣工验收捆绑在一起的。即便工程竣工验收后，政府与项目公司也不会形成债务关系，而是形成服务的买卖关系。因此，PPP 模式不会出现表内融资的情形。

（三）PPP模式中社会资本的目的

从意义上来看，PPP项目对社会资本与政府所产生的意义是刚好相反的，社会资本投资PPP的目的在于出售公共服务。出售公共服务是社会资本的核心目的，而PPP模式是先投资后买卖的过程，这个过程可以更细致地分解成两个部分：第一，投资才能贷款：只有社会资本投资成立项目公司，才能由项目公司从银行贷款；第二，买卖才能回报：项目公司贩卖公共服务并且收取服务费用，就能从中获得投资回报。以下就这两部分展开说明：

（1）投资才能贷款。项目公司的融资方式，一般分为股权融资与债权融资，股权融资指的是社会资本为项目公司出资，债权融资指的是融资机构为项目公司进行债务性贷款融资，唯有这两种融资方式顺利完成，项目才能得以推进。而从债权融资的角度来看，银行贷款的基本条件，通常要求项目必须有稳定的现金流，因此确保项目现金流的稳定是非常关键的问题。目前，PPP项目中有关确保现金流稳定的保障性制度包括中长期的财政计划、分层次的付费机制、上级的扣款制度等。

（2）买卖才能回报。关于社会资本获取回报的问题，我们首先要探讨的是在PPP模式中，社会资本所获得回报的性质是什么？由于PPP模式具有投资与买卖的性质，项目公司只有进行有效的管理，节省成本与控制风险，才有机会获得回报。项目公司如果管理不善，不但不会有收益，而且还有可能会亏钱，而项目公司所得到回报的多寡则取决于管理水平的高低，在性质上属于不固定回报。由于回报具有不固定的性质，能激励项目公司做好管理工作，如根据PPP政策严禁项目中出现固定回报、回购以及明股实债等固定收益变相融资的情形，其目的就是让项目公司承担项目管理的风险与责任。

在讨论回报时，企业必须要同时考虑风险承担的问题。通常，一个项目的投资风险越高，投资回报也就会越高；投资风险越低，投资回报也就相对较低。由于项目回报不固定产生的风险，高于项目回报固定所产生的风险。所以，PPP项目的回报只有高于中长期的贷款利率，才能吸引社会资本投资。

（四）PPP模式的合作基础

在PPP项目中，双方当事人的目的可以是相反的，即政府想购买公共服务，社会资本想出售公共服务，一个想买一个想卖，双方就有机会达成交易。但是交易能否顺利进行则有个很重要的前提，那就是双方必须讲诚信，谈好的事要能够做到。因此，一般企业会通过签订合同来确保交易的效力。在这里合同有两个功能：一个是双方谈好的事，可以留下记录，也就是白纸黑字，双方不能耍赖；另一个是双方谈好的事，可以具有法律效力，谁要是不遵守便可以通过一定的法律程序强制执行，我们称之为合同拘束力。

如果将合同作为PPP项目各方之间合作的基础，则需要梳理好以下几个问题：

1. 诚实信用原则

诚实信用原则是合同的基本条款，不遵守诚实信用原则的合同难以执行，由于PPP模式中合同是双方合作的基础，所以，只有合同顺利执行，才能确保PPP项目可以顺利运作。

其实，在市场上交易中，合同即契约精神这一理念已经深入人心，但是对于政府而言，到市场上购买公共服务进行交易却是一个新尝试。过去政府采取由自己提供服务的传统模式，属于单方的行政行为，也就是要怎么做都是政府自己说了算，政府用自己的规则，做自己想做的事。如果政府反悔不想做了，可以随时终止，不需要承担责任。但在采取PPP模式后，政府要遵守市场的交易规则，通过双方谈判以及交易行为来换取服务。政府的位置从高高在上，变成了与社会资本处于平等的地位。另外，根据行政一体原则，下届政府也必须承接上届政府的合同义务，不能不认账。在PPP模式下，政府必须调整自己的心态，因为要成为市场上大家可以信赖的交易主体，就必须遵守市场的规则，如平等、诚信、合作等原则。因此，政府必须重视合同，必须要按合同中的相关规定行事。可以说，只要合同内容没有明显的违规，当事人所约定的合同内容，就是双方交易的最高规范性文件。

2．PPP合同的选择与调整

目前，合同有多种类型与性质，PPP模式应该选择哪一种性质的合同，是一个非常关键的问题。私法合同比较适合我国目前的情况，这主要是因为：第一，我国行政诉讼的法律结构尚不完整，如果将合同定性为行政合同，当项目公司违约时，将不利于政府通过诉讼程序进行责任追究；第二，我国对行政合同没有专门进行立法，因此有关行政合同有别于私法合同的特殊法理，并无相关的可以适用的法律法规。

PPP合同是长期合同，合作期间按照现在的法规规定，最长可达30年，如果要求合同当事人预想到未来合作期间可能发生的各种问题，并且在合同中预先约定，可以说是相当困难的。当合作期间发生不可预见的情况时，双方如何通过协商来调整合同，或是依据情势变更原则进行合同的调整，或是因客观条件变化太大，合同已经没有调整的空间，必须提前终止合同，这些问题都值得进行深入的研究与讨论。

二、PPP模式的负面特征

PPP模式的运作类型有很多，交易结构也因项目的条件以及合作方的需求不同而有所不同，PPP模式的性质属于无法标准化的一种管理模式。但这种无法标准化的管理模式如何建立合规性审查的标准，是一个非常值得关注的问题。可以考虑采用负面表述的方式，即将实践中几种常见的违背PPP模式最核心特征的事，通过表格列出来，如具体的PPP项目构成这些负面表述的事由，即可认定为不合规。以PPP模式关键特征为核心，可以分为以下四种负面表述事由：

（一）PPP项目不得表内融资

《政府与社会资本合作项目财政管理暂行办法》第35条第1款的规定："各级财政部门应该会同行业主管部门加强对PPP项目的监督管理，切实保障项目运行质量，严禁以PPP项目名义举借政府债务。"由此可知，不得以PPP模式之名，行举债之实，这里的举债性质上属于表内融资。

此外，《政府与社会资本合作项目财政管理暂行办法》第35条第2款的规定："财政部门应该会同相关部门加强项目合规性审核，确保项目属于公共服务领域，并按法律法规和相关规定履行相关前期论证审查程序。项目实施不得采用建设—移交方式。"由此可知，PPP项目不得采用BT模式。而禁止采取BT模式的主要原因为：第一，BT模式没有运营阶段。在PPP模式下，政府购买的是服务而不是工程，因此希望通过社会资本提供服务，由社会资本承担运营管理与风险责任，从而可以更有效率地对全项目生命周期进行优化，进而达到节省成本、提高服务效率的目的；第二，BT模式是表内融资模式。当项目竣工后，实施机构与项目公司之间就进入债务关系，此债务在实施机构的财报上必须登载，属于表内融资。

（二）PPP模式不承担投资责任

PPP模式是一种先投资后买卖服务的模式，投资是PPP模式的核心特征，投资者必须做好管理才能获取回报，因此投资对于PPP项目有促进效率的作用。PPP模式不得采用固定回报，其原因在于投资必须通过有效率的管理，节省成本分担风险，以此获得回报。也就是说，社会资本可以获取多少回报，主要取决于社会资本管理到位的程度以及所承担投资的多寡，所以社会资本在PPP模式中的回报性质属于不固定回报。

另外，需要特别说明的是，禁止固定回报的真正含义是指禁止政府承诺在社会资本实际投资的金额或是实际花出成本的基础上给予固定回报。如果政府做出固定回报的承诺，社会资本就没有做好管理的动机，这与PPP模式物有所值的理念是相违背的，因此规定禁止固定回报。

（三）PPP模式不承担运营责任

运营阶段是PPP模式不可缺少的部分，由于PPP模式政府是购买服务不是购买工程。所以，必须要有运营期项目公司。只有有运营期项目公司，才能提供服务，才能够以买卖服务的形式达到表外融资的目的。

根据《政府与社会资本合作项目财政管理暂行办法》第35条第3款的规定："政府与社会资本合资设立项目公司的，应该按照公司法等法律规定以及PPP项目合同约定规范运作，不得在股东协议中约定由政府股东或政府指定的其他机构对社会资本股东的股权进行回购安排。"由此可知，PPP项目禁止采取明股实债。需要特别说明的是，禁止明股实债指的是禁止政府向社会资本承诺以股权买回的方式间接返还债务，但是并不会禁止社会资本之间，或是社会资本与基金之间有明股实债的约定。

在实践中，常见政府与社会资本在签订PPP协议之外，又签订其他协议，将原本应由项目公司承担的运营服务，全部返包给政府承担，此即运营返包。事实上，PPP模式还应当禁止运营返包，原因在于PPP模式的重点在运营不在工程，项目公司应该积极地承担运营管理风险。如果项目公司把运营返包给政府，也就等于项目公司没有承担自己应该承担的运营责任。

（四）规避PPP模式相关评价与论证

规避PPP模式相关评价与论证是指规避PPP模式物有所值评价与财政承受能力论证。物有所值评价是为确定具体项目在采用PPP模式中能否发挥效用，而财政承受能力论证是为确定政府是否可以负担具体PPP项目的支出责任，两者都是PPP模式中非常重要的管理环节。根据《政府与社会资本合作项目财政管理暂行办法》第35条第4款的规定："财政部门应该根据财政承受能力论证结果和PPP项目合同约定，严格管控和执行项目支付责任，不得将当期政府购买服务支出代替PPP项目中长期的支付责任，规避PPP项目相关评价论证程序。"由此可知，我国禁止以政府购买服务模式代替PPP模式，禁止政府购买服务是指禁止政府根据《政府购买服务管理办法》的程序，规避财政承受能力论证以及物有所值评价。

第三节　PPP模式的项目操作流程

依据一般的PPP操作实务经验，可总结出PPP投融资项目的操作流程。PPP投融资项目主要按项目识别、项目准备、项目采购、项目执行、项目移交五个流程进行操作。

一、项目识别

PPP项目识别是指政府为满足社会识别的需求，从备选的项目方案中选出一种可能满足这种社会需求方案的过程。通常，项目识别流程主要包括以下两个方面：

（一）项目的发起方式

以PPP的投资时间为标准来划分，PPP项目的发起方式可分为两种：政府发起方式和社会资本发起方式。

（1）政府发起方式。PPP项目采用政府发起方式，其项目征集的来源主要有两种：一是由政府财政部门（PPP中心）向行业主管部门征集潜在的项目；二是从国民经济和社会发展规划、行业专项规划中征集潜在的项目。在我国，政府发起的主体一般是政府的财政部门或是行业的主管部门而非单纯的私人部门。从发起方式来说，政府发起方式比社会资本发起方式具有更大的强制力和主动性。

（2）社会资本发起方式。社会资本发起方式是指社会资本以项目建议书的方式向财政部门推荐潜在的项目。这种发起方式比政府发起方式更能体现基础设施建设的巨大社会需求性和投资模式的市场化①。

（二）项目的筛选

项目的筛选是指政府部门按照一定的标准，对以政府发起或社会资本发起的方式提交的备选项目进行挑选，最终挑选出最符合要求的项目的过程。目前，PPP项目的筛选程序可以分解为以下三个：

（1）确定备选项目。财政部门会同行业主管部门对以政府发起或社会发起方式提交的潜在PPP项目进行评估，然后根据一定的标准确定符合要求的备选项目，以便进行进一步的筛选。

（2）制订年度和中期发展计划。在财政部门会同行业主管部门确定备选项目后，财政部门会在备选项目的基础上再根据一定的标准确定最终的可待实施的项目，最后根据筛

① 柳正权，李章波，徐勇伟，等. 公私合营模式（PPP）理论与实务. 武汉：武汉大学出版社，2016.

选出的项目制订年度和中期开发计划，以保证筛选出来的项目得以有规划地执行和实施。

（3）提交相关材料。财政部门在根据筛选结果制定年度和中期开发计划的同时，还应该公布筛选结果和对应的发起单位。项目发起方应当在确定自己所发起的项目入选后，在财政部门规定的时间内按照财政部的要求提交相关资料。这样既可以留下项目实施的备案依据，又可以为项目实施过程中的完善工作提供参考意见和建议。

二、项目准备

项目准备流程是在PPP项目实施前为确保项目顺利实施而进行的一系列准备工作，主要包括以下几项内容：

（一）管理架构体系的组建

管理架构体系是政府为规划项目和组织协调等工作而建立的协调机制。管理架构体系具体是由县级以上人民政府专门建立的协调机制，县级以上人民政府主要负责项目评审、组织协调和检查督导等工作。另外，本着实现简化项目审批流程、提高工作效率的目的，政府或指定的有关职能部门或事业单位可以作为项目实施机构，该机构主要负责项目的准备、采购、监管以及移交等工作。

（二）风险分配方案的选择

在项目准备阶段，如何选择各方主体均愿意接受的风险分配方案，关系到每一个项目参与主体的核心利益，甚至在一定程度上决定着项目是否能够顺利实施。在一个项目的具体实施过程中，政府扮演的是招标者、监管者的角色，而社会资本承担的更多是经营者、建造者的角色，因双方主体在项目建设中所扮演角色的差别，故在风险承担上，双方需要寻求一个更加合理的风险分配方案，以平衡双方主体之间的利益。

在项目风险的分担方面，原则上由社会资本承担有关项目设计、建造、财务、运营维护等商业风险，由政府承担有关法律、政策和最低需求等风险，由政府和社会资本共同承担有关不可抗力等风险。之所以这样规定，是基于以下方面的原因：

首先，考虑到作为投资主体的社会资本一般是跨国公司或是国内实力雄厚的公司，它们往往拥有先进的技术、管理经验和足够的资金，由它们来承担项目设计、建造、运营等方面的风险更为合理。

其次，考虑到社会资本对国家法律、法规、政策变化的应对能力远远低于政府本身。为确保政府的公信力和诚信力，由政府承担法律、法规、政策和最低需求等风险更为合适。通过这样的风险分配模式，可以有效弥补双方主体因地位上的不平等性所造成的损失。

（三）PPP运作方式的选择

根据PPP各项目不同的实施和运行情况，可选择以下这些运作方式中的一种进行运作：

（1）BT（建造—移交）。

（2）BOT（建造—运营—移交）。

（3）BOOT（建造—拥有—运营—移交）。

（4）BTO（建造—移交—运营）。

（5）BOO（建造—拥有—运营）。

（6）O&M（运营与维护合同）。

（7）TOT（移交—运营—移交）。

（8）BBO（购买—建造—运营）。

（9）RC（区域特许经营）。

（四）交易结构的选取

一般来说，PPP项目交易结构主要包括项目投融资结构、回报机制、相关配套安排三个方面。现具体分析如下：

（1）PPP项目投融资结构的内容包括项目资本性支出的资金来源、性质和用途，项目资产的形成和转移等。对项目投融资结构的正确理解和把握是确保项目投融资过程顺利进行的基础，项目公司公开项目资本性支出的资金来源以及项目资金的用途，可以使项目资金在阳光下高效运行，确保项目所有权转移过程的顺利衔接。

（2）PPP项目回报机制是指社会资本获取投资成本和收益的来源。目前，从我国的PPP投资实践来看，回报机制主要包括使用者付费、可行性缺口补助、政府付费三种。

（3）PPP项目相关配套安排。项目相关配套安排具体包括：项目以外相关机构所提供的土地、水、电、气等配套设施和项目所需的上下游服务。PPP项目的实施不是一个项目公司所能完全承担的，而是需要设计公司、建筑公司、采购部门等相互协调以保证该项目的顺利竣工。不过，在项目的建设过程中，项目公司不可能全部承担项目的建设，也需要借助项目参与方以外的相关机构的协助，如相关土地部门、水利部门、电力部门等，只有这样，才能实现项目外部协调和内部协调的最终统一。

（五）项目合同体系的制定

项目合同体系是在项目建设过程中由项目各方所签订的合同形成的体系，该体系主要包括项目合同、股东合同、融资合同、工程承包合同、运营服务合同、原料供应合同、产品采购合同和保险合同等。其中，项目合同在整个合同体系中占有重要地位。

项目合同的核心内容是项目边界条件，项目边界条件主要包括权利义务边界、交易条件边界、履约保障边界、调整衔接边界。现具体分析如下：

（1）权利义务边界体现在项目资产权属、社会资本承担的公共责任、政府支付方式和风险分配结果等方面。项目各方主体在项目风险分配上明确各自的权利义务，是对各方所享有的收益进行合理分配的前提。而明确项目各方在项目移交前后的权利与义务，则可以清晰地区分项目于协议期内和协议期满后的所有权主体。

（2）交易条件边界体现在合同期限、回报机制、收费定价调整机制和产出说明等方面。项目各方主体的权利义务的具体化，可通过各方于合同中所约定的合同期限、具体回报机制等来体现。

（3）履约保障边界体现在强制保险方案、履约保函体系中。项目在建设过程中和运行过程中所遇到的一些不可抗力风险，主要是以项目公司和保险公司签订保险合同的方式来实现的。通常，当项目公司的保险利益得到保障的时候，合同各方履行协议的积极性和可能性就会得到极大的提升。

（4）调整衔接边界体现在应急处置、临时接管和提前终止、合同变更、合同展期、项目新增改扩建需求等应对措施方面。调整衔接边界涉及项目所有权的归属问题，而项目资本所有权的转移是通过合同期届满、临时接管等方式来实现的。

（六）项目架构的监管

在项目建设过程中，由于政府扮演着招标者、授权者、监管者的三重角色，故与项目有关的监管职责主要由政府来负责和承担，而政府对项目的监管主要体现在授权关系和监管方式上。

在授权关系方面的监管主要体现在政府对项目实施机构的授权监管以及政府直接或以项目实施机构对社会资本进行授权与监管。

在监管方式方面，政府对项目的监管主要体现在履约管理、行政监管和公众监督三个方面。所谓履约管理是指政府作为项目监管者，对合同当事人的违约行为进行规制；行政监管是指政府作为行政机关对项目建设过程中出现的一些违法操作和施工进行行政处罚；公众监督是指政府代表社会主体对关系到所有主体切身利益的基础设施工程的进展状况等进行监督。

（七）项目的采购方式

在项目建设所需材料的采购上，项目公司可选择多种采购方式。其中，最为典型的采购方式有公开招标采购、竞争性谈判采购、邀请招标采购、竞争性磋商采购、单一来源采购。

1. 公开招标采购

公开招标采购是指招标人（政府采购中心）公开发布招标公告，社会公众享有平等竞标政府项目权利的采购方式。

通常，项目公司采取公开招标采购方式进行采购应该满足以下几个条件：

（1）合同价值五万元以上的物资。

（2）合同价值五十万元以上的工程。

（3）合同价值五万元以上的服务。

（4）采购目录中规定应该集中采购而未达到上述标准的项目。

公开招标方式充分体现了市场机制公开信息、规范程序、公平竞争、客观评价、公正选择以及优胜劣汰的本质要求。公开招标因为投标人较多、竞争充分，且不容易串标、围标，有利于招标人从众多的竞争者中选择合适的中标人，并且获得最佳的竞争效益。对于依法应该采取公开招标的项目，项目采购商应该按照法律规定发布资格预审公告或招标公告，所有符合投标标准的主体均平等享有投标权。

2. 竞争性谈判采购

竞争性谈判采购是指采购人或者采购代理机构直接邀请三家以上供应商就采购事宜进行谈判的方式。

一般来说，竞争性谈判采购方式具有以下五大优势：

（1）可以缩短准备期，使采购项目更快地发挥作用。在竞争性谈判采购中，采购商和供应商采取直接谈判的方式，通过谈判式的沟通，可以减少谈判前期双方各自所需的准备期，从而迅速达成采购项目合同。与其他方式相比，竞争性谈判采购方式减少了一些不必要的流程，提高了采购的效率。

（2）可有效减少工作量，节省大量的开标、投标工作，有利于提高工作效率，减少采购成本。从一般的采购来看，在采购商确定采购之前，需要进行大量的招标、投标工作，而竞争性谈判可以使这些程序缩短，甚至省略，这种采购方式可在采购方案达成后，直接进入项目建设阶段。

（3）供求双方能够进行更为灵活的谈判。通过面对面的谈判模式，使得采购商和供应商双方以谈判顺利进行的方式进行谈判，这种谈判模式突破了以往谈判方式的局限性。

（4）有利于对民族工业进行保护。竞争性谈判模式在促进谈判各方进行有效交流的同时，也使得采购商能挑选出最合适的供应商。一个符合标准的供应商必定也是基础设施领域比较优秀的企业，从而有利于对民族工业进行保护。

（5）能够激励供应商自觉地将高科技应用到采购产品中，同时又能降低采购风险。采购合同中的供应商往往具有先进的科学技术和良好的管理经验，而供应商通过与政府达成采购协议，可以有效地将自己生产的产品输入到公共基础设施的建设中，反过来也会提升供应商自身的商业声誉。

一般来说，适用竞争性谈判采购方式进行采购的情形主要有：①招标后没有供应商投标、没有合格标的或者重新招标未能成立的；②技术复杂或性质特殊，不能规定详细规格或者具体要求的；③采用招标所需时间不能满足使用者紧急需求的；④不能事先计算出价格总额的；⑤投标截止时间结束后，参加投标的供应商不足三家的或在评标期间出现符合专业条件的供应商，以及对招标文件做出实质响应的供应商不足三家的情形的，经报政府采购监督管理部门批准，可以采用竞争性谈判采购方式的。

3．邀请招标采购

邀请招标采购是指项目公司作为采购商按照事先规定的条件选定合格供应商或承包商并邀请其投标，只有接到投标邀请的供应商才可以参与采购的竞标。这有效地缩小了供应商的范围。供应商范围的缩小有两方面的作用：一方面，确保了供应商的优质化；另一方面，使得项目采购的成功率和后期项目建设的工作效率得以提升。

4．竞争性磋商采购

竞争性磋商采购方式是指项目采购商在采购之前组成竞争性磋商小组（以下简称磋商小组），首先由磋商小组与符合采购条件的供应商就采购相关事宜进行协商，并且制定磋商文件，然后供应商按照磋商文件的要求提交响应文件和报价，最后由采购人从磋商小组评选出的候选供应商名单中确定最终供应商的采购方式。

通常，符合下列情形的项目，可以采用竞争性磋商方式开展采购：

（1）政府购买服务项目。

（2）技术复杂或者性质特殊，不能确定详细规格或者具体要求的。

（3）因艺术品采购、专利、专有技术或者服务的时间、数量事先不能确定等原因不能事先计算出价格总额的。

（4）市场竞争不充分的科研项目，以及需要扶持的科技成果转化项目。

（5）按照招标投标法与其实施条例进行招标的工程建设项目以外的工程建设项目。

5．单一来源采购

单一来源采购也称直接采购，是指达到了限额标准和公开招标数额标准，但是所购商品的来源渠道单一，或属专利、首次制造、合同追加、原有采购项目后续扩充、发生了不可预见紧急情况不能从其他供应商处采购等情况，只能从某一供应商处采购的方式。

单一来源采购方式的最主要特点是没有竞争性，适用单一来源采购方式必须具备以下条件：

（1）只能从唯一供应商处采购的。

（2）发生了不可预见的紧急情况不能从其他供应商处采购的。

（3）必须保证原有采购项目一致性或者服务配套的要求，需要继续从原供应商处添购，并且添购资金总额没超过原合同采购金额10%的。

（八）实施方案审核

实施方案审核是指财政部门（PPP中心）对实施方案进行物有所值和财政承受能力验证。通过验证的，由具体的项目实施机构报经政府审核、批准。未通过审核、批准的，可以在实施方案调整后重新进行验证。经重新验证仍然不能通过的，不再采用PPP模式。

三、项目采购

项目采购流程主要包括资格预审、采购文件的编制、采购文件的评审、谈判与采购合同文件签署四个方面。

（一）资格预审

在项目公司发布采购公告前，需要对相关主体的资格进行初步的审查工作，以确定相关主体是否具有相应的资格和能力，从而确保后续采购合同的顺利进行。

资格预审公告应该在省级以上人民政府财政部门指定的媒体上发布。预审公告包括：项目授权主体、项目实施机构和项目名称、采购需求、对社会资本的资格要求、是否允许联合体参与采购活动、拟确定参与竞争的合格社会资本的数量和确定方法，以及社会资本提交资格预审申请文件的时间和地点。

（二）采购文件的编制

采购文件应该包括采购邀请通知、竞争者告知、竞争者应该具备的资格以及相应的证明文件、项目的具体采购方式、政府对采购项目的授权、政府对项目采购实施方案的批复和项目相关审批文件、项目采购程序、提交项目采购响应文件开始时间、终止时间与地点、保证金应交纳数额和标准以及保证形式、项目评审方法、项目评审标准、政府采购政策、项目的采购合同草案及其他法律文件等。

如果采用竞争性谈判或竞争性磋商采购方式的，还应该考虑采购项目评选小组对项目所做出的实质性调整，如项目采购合同中的特殊条款等。

（三）采购文件的评审

采购文件的评审由项目采购文件评审小组评审。项目采购文件评审小组由项目实施机构代表和评审专家组成，且组成人数必须为5人以上单数，评审专家人数不得少于（包括本数）评审小组成员总数的2/3，否则，评审小组所作的决议无效。

（四）谈判与采购合同文件的签署

在项目采购过程中，采购各方主体之间的谈判以及合同文件的签署是项目采购任务得以完成的关键因素。通常，先由项目实施机构成立专门的采购结果确认谈判工作组，然后将候选供应商按照一定的标准依次进行排名，再进入由谈判工作组与各供应商进行合同签署前的确认谈判程序，最终率先与谈判工作组达成一致意见的候选供应商成为中标社会资本。

项目采购的谈判和合同文件的签署具体包括以下三个步骤：

（1）确保谈判中不得涉及合同事先约定的禁止谈判的核心条款，不得重复谈判，即谈判工作组不应该再与之前已经终止谈判的社会资本进行谈判。

（2）在谈判工作组与社会资本确认谈判完成后，双方签署确认谈判备忘录，并将备忘录的相关内容予以公示。

（3）社会资本在公示期满对公示内容无异议后，应该将项目合同报政府审核同意后签署，项目采购合同在政府审核同意并签署后生效。

四、项目执行

项目的执行是有一定流程的，其流程主要包括项目公司设立、融资管理、绩效监测与支付、项目履约管理、中期评估五个方面。

（一）项目公司设立

项目公司可以采取以下三种方式设立：

（1）社会资本按照相关法律法规的要求设立项目公司。

（2）政府采取行政方式指定相关机构依法参股项目公司。

（3）项目实施机构和财政部门（PPP中心）监督社会资本按照合同约定，依约全面履行出资义务设立项目公司。

（二）融资管理

融资管理主要包括以下内容：

（1）项目建设所需资金主要由社会资本或项目公司负责筹集；

（2）财政部门和项目实施机构应该承担行政监督管理职责，对项目公司的运行行为进行监督，以防止企业债务向政府转移，从而损害项目公司利益；

（3）对于项目合同中涉及的政府支付义务，财政部门应该结合中长期财政规划统筹考虑，纳入同级政府预算，按照预算管理相关规定执行；

（4）财政部门和项目实施机构应该建立PPP项目政府支付平台或系统，严格控制财政风险。在政府综合财务报告制度建立后，PPP项目中的政府支付义务应该纳入政府综合财务报告。

（三）绩效监测与支付

绩效监测与支付主要包括以下三方面内容：

（1）财政部门或是项目实施机构履行督促社会资本或项目公司的义务，并且定期检查项目产出绩效指标，编制季度报表和年度报表，最后将季报和年报向财政部门报送和备案。

（2）政府有支付义务的，按照实际绩效付费；设置超额收益分享机制的，社会资本或项目公司应该根据项目合同约定向政府支付应享有的超额收益。

（3）项目实际绩效优于约定标准的，应该执行奖励条款，以此作为合同内容能否实施的依据；对其中未达到约定标准的，应该执行惩处条款或补救措施。运用这种奖惩分明的机制，可以有效地促进项目的实施和完成。

（四）项目履约管理

政府作为建设项目的监管者，必然承担监管各方在项目建设中履行合同行为的职责。

若社会资本或项目公司违反合同约定，威胁公共产品和服务稳定安全供给，或危及国家安全和重大公共利益的，政府有权临时接管项目，直至启动提前终止程序。对于在合同履行过程中，合同双方发生争议且无法协商一致解决的事项，可以依法向司法机关申请启动民事诉讼程序解决。

（五）中期评估

中期评估是政府对项目设施进行持续监管职责的体现，主要包括以下内容：

（1）项目实施机构对项目进行中期评估的周期为三到五年。

（2）政府相关职能部门依法履行行政监管职责，以确保项目的顺利进行。

（3）对政府职能部门的行政监管处理决定不服的，社会资本或项目公司可以依法申请行政复议或提起行政诉讼。

（4）政府、社会资本或项目公司应该依法公开披露相关信息，保障公众知情权，并且要接受社会与群众的广泛监督。

五、项目移交

项目移交流程主要包括移交准备、性能测试、资产交割、绩效评价。

（1）移交准备。在项目移交准备阶段，项目实施机构或政府指定的其他机构应该组建项目移交工作组，根据约定确认移交情形和补偿方式，来制订资产评估和性能测试方案。在具体的项目移交工作中，项目移交工作组应该委托具有资质的资产评估机构，按照约定的评估方式，对移交资产进行资产评估，以作为确定补偿金额的依据。

（2）性能测试。在项目性能测试中，项目移交工作组应该严格按照性能测试方案和移交标准对移交资产进行性能测试。当性能测试结果不达标时，移交工作组应该要求项目公司按照协议约定对项目进行恢复性修理和更新性重置或提取移交维修保函，以确保测试结果达标。

（3）资产交割。在项目特许经营期限届满后，社会资本或项目公司应该将符合性能测试要求的项目资产、知识产权和技术法律文件，连同资产清单移交给项目实施机构或政府指定的其他机构，办妥法律过户和管理权移交手续。同时，社会资本或项目公司应该配合做好项目运营平稳过渡相关工作。

（4） 绩效评价。绩效评价是有一套完整机制的，该机制主要包括两方面的内容：一方面，项目移交完成后，财政部门应该组织有关部门对项目产出、成本效益、监管成效、可持续性、PPP 应用等进行绩效评价，并且按照相关规定公开评价结果；另一方面，评价结果是政府开展 PPP 管理工作的决策参考依据。

PPP投融资模式的核心是在公共服务领域引入市场机制，因此，它不仅是单纯的融资方式，还是一种机制和制度设计。推广PPP模式进行城市基础设施的建设与运行，可以适度地将市场竞争引入城市基础设施领域，在实现社会福利、提高基础设施服务质量的同时，也给企业带来合理的投资回报，以增强公共基础设施可持续运行的效率和能力。

从PPP模式的操作流程来看，一个具体的PPP投资模式的运行是以项目发起为起点，然后进行项目筛选、物有所值评价，最后再到项目的执行和移交。对PPP操作流程的熟练掌握以及理解，既是将PPP模式理论应用于实践的过程，又是确保PPP项目能否成功和完成的关键所在。由于我国有关PPP投资模式的应用还处于初级阶段，如何探索PPP实践投资经验以及如何完善在PPP项目投资中的不足之处，是我们必须认真对待的一个问题。

第四节　PPP模式与EPC模式的比较研究

一、PPP模式

PPP模式可以使所有合作方都能够获得比单独行动更为有利的结果：政府的财政支出比预期的更少，企业的投资风险比预期的更轻。

政府和社会资本合作模式是在基础设施及公共服务领域建立的一种长期合作关系。通常，PPP模式是由社会资本承担设计、建设、运营，以及完成基础设施维护的大部分工作，并通过“使用者付费”与“政府付费”获得合理投资回报。政府部门负责基础设施与公共服务价格和质量监管，以保证公共利益最大化。目前，我国正在实施新型城镇化发展战略。城镇化是现代化的要求，也是稳增长、促改革、调结构、惠民生的重要抓手。立足国内实践，借鉴国际成功经验，推广运用政府和社会资本合作模式，是国家确定的重大经济改革任务，这对于加快新型城镇化建设、提升国家治理能力、构建现代财政制度具有重要意义。其意义主要体现在以下几个方面：

（1）推广运用政府和社会资本合作模式，是促进经济转型升级、支持新型城镇化建设的必然要求。政府通过政府和社会资本合作模式向社会资本开放基础设施和公共服务项目，可以拓宽城镇化建设融资渠道，形成多元化、可持续的资金投入机制，有利于整合社会资源，盘活社会存量资本，激发民间投资活力，拓展企业发展空间，提升经济增长动力，促进经济结构调整和转型升级。

（2）推广运用政府和社会资本合作模式，是加快转变政府职能、提升国家治理能力的一次体制机制变革。规范的政府和社会资本合作模式能够将政府的发展规划、市场监管、公共服务职能与社会资本的管理效率、技术创新动力有机结合，从而减少政府对微观事务的过度参与，以提高公共服务的效率与质量。政府和社会资本合作模式要求平等参与、公开透明，政府和社会资本按照合同办事，这有利于简政放权，更好地实现政府职能转变，弘扬契约文化，从而体现现代国家治理理念。

（3）推广运用政府和社会资本合作模式，是深化财税体制改革、构建现代财政制度的重要内容。根据财税体制改革要求，现代财政制度的重要内容之一是建立跨年度预算平衡机制、实行中期财政规划管理、编制完整体现政府资产负债状况的综合财务报告等。政府和社会资本合作模式的实质是政府购买服务，要求从以往单一年度的预算收支管理，逐步转向强化中长期财政规划，这与深化财税体制改革的方向和目标高度一致。

二、EPC模式

EPC（Engineering Procurement Construction，工程—采购—建设），是国际通用的工程总承包产业的总称，是一种公司受业主委托，按照合同约定对工程建设项目的设计、采购、施工、试运行等实行全过程或若干阶段的承包模式。通常，公司在总价合同条件下，对其所承包工程的质量、安全、费用和进度负责。

（一）EPC模式的优势

相对于传统承包模式而言，EPC模式具有以下三个方面的基本优势：

（1）强调和充分发挥设计在整个工程建设过程中的主导作用。对设计在整个工程建设过程中的主导作用的强调和发挥，有利于工程项目建设整体方案的不断优化。

（2）有效解决了设计、采购、施工相互制约和相互脱节的矛盾，有利于设计、采购、施工各阶段工作的合理衔接，有效地对建设项目的进度、成本和质量进行控制，让它们都符合建设工程承包合同中的相关规定，以确保获得较好的投资效益。

（3）建设工程质量责任主体明确，有利于追究工程质量责任和确定工程质量责任的承担人。

（二）EPC模式的合同形式

在EPC模式下，总承包商对整个建设项目负责，但是并不意味着总承包商必须亲自完成整个建设工程项目。除法律明确规定应该由总承包商必须完成的工作外，对于其余工作，总承包商可以采取专业分包的方式分包给他人。在实践中，总承包商往往会根据其丰富的项目管理经验，工程项目的不同规模、类型和业主要求，将设备采购（制造）、施工及安装等工作采用分包的形式分包给专业分包商。所以，在EPC模式下，其合同结构形式通常表现为以下四种形式：

（1）交钥匙总承包。

（2）设计—采购总承包（E—P）。

（3）采购—施工总承包（P—C）。

（4）设计—施工总承包（D—B）。

最为常见的是（1）（4）两种形式。

三、PPP模式、EPC模式的区别

其实EPC模式只是工程发包的模式，而PPP模式的本质是政府向社会资本购买公共服务，二者存在本质上的差别。具体区别见表1-1[①]：

表1-1 PPP与EPC模式的区别

对比项	PPP模式	EPC模式
项目本质	政府购买公共服务	发包人购买工程
发包主体	政府实施机构	建设单位
签约对象	社会资本（投资人）	工程总承包商
内容	对于新建项目，PPP模式下，社会资本需要承担项目融资，工程建设（不一定包含设计责任），运营维护，期满移交	按照合同约定，主要根据功能性要求、可研或初设图纸，完成项目的设计、采购、施工工作
合作期限	时间较长（10年以上），包括建设期和运营期	完成设计（含报批）后方可进行施工、正式采购。鉴于设计—施工—采购配合等风险因素，工期延误风险较大
合同相对方所需承担风险因素	社会资本：融资风险、工程建设风险、部分材料价格上涨风险、运营风险、需求量风险等	EPC工程总承包商：设计风险，采购施工风险、部分材料价格、上涨风险等
合同性质	PPP合同	总价合同（总价相对固定）
变更因素	根据PPP合同约定确定	一般只有触发有关边界条件才会构成合同变更，如不可预见风险、业主提供设计存在方案性错误等

由上表可知，EPC模式是工程发包的一种形式，只是由于设计责任由发包人或是承包商承担的区别，导致了工程合同条款、合约边界、风险分配等方面的差异。而PPP模式本质上是政府购买服务，最终购买对象是社会资本（项目公司）所提供的服务，而工程建设只是社会资本为提供上述服务而必须承担的责任与义务。

① 车军．城市基础设施应用PPP+EPC模式研究[J]．中国住宅设施，2017（01）：111-112.

第二章　PPP模式投资管理与优化

PPP模式是一种新型的融资模式，并且具有吸收社会资本、减轻财政压力、分散风险等优势。目前，PPP模式已经被很多国家运用于城市基础设施的建设中。本章围绕PPP模式交易结构的意义与组成、PPP项目投资审批程序与前期操作、PPP项目夹层融资阐释、PPP项目全过程投资控制与优化四个方面展开论述。

第一节　PPP模式交易结构的意义与组成

由于经济社会的快速发展，市场交易越来越频繁和复杂，主体与主体之间合作已经是交易的常态。如何通过一系列交易的有机组合促成主体之间的合作，是合作关系能否确立的关键因素，这一系列交易的组合，统称为交易结构。换言之，交易结构就是通过交易群的安排，处理合作上的相关问题，其中包括服务如何提供、款项如何分配、项目如何筹资等。具体内容如下[①]：

如何提供优质而又有效的服务？目前，市场上常见的交易形态，主要是根据专业分工的考量，即由多个主体各自负责一个服务环节，最后将这些服务环节串联起来，形成一条完整的服务供应链。因此，如何根据使用者的需求，结合各主体之间的条件与优势，将相关人员或外包商，安排在适当的服务环节，是设计交易结构的关键因素。

关于款项如何分配的问题，还涉及整个服务过程如何获利和现金流走向的问题，其具体内容包括金额如何计算、付款条件为何，以及各主体之间款项分配的优先顺序。运用怎样的分配机制，可以将款项分配给服务供应链上的各合作主体；合作主体之间如何安排款项的分配比例，以及各主体之间款项分配的优先顺位，这些都是交易过程中至关重要的问题。

项目筹资是提供服务的前提条件，也就是说投资人必须先完成筹资，才能购买材料设备、组织人员及外包商，有了人、机、料之后才能进入生产环节并提供服务。目前，常见的筹资方式，一般可以分为股权融资与债权融资。股权融资指的是股东投资项目的资金，股权融资涉及股权、经营权、高管派任权以及分红权如何安排的问题。而债权融资指的是投资人跟银行贷款所获得的资金，它涉及贷款人的信用、资金用途、还款来源、债权担保

① 余文恭．PPP模式与结构化融资[M]．北京：经济日报出版社．2017.

以及授信展望等问题。

一、PPP模式交易结构的意义

PPP 模式交易结构主要由四大交易群组成，分别是 PPP 交易群、履约外包交易群、股权融资交易群、债权融资交易群。交易群由数个交易构成，每个交易代表着一个合同关系，因此 PPP 模式交易结构的组成形式有了上下层之分，从上层至下层分别是：交易结构→交易群→交易（合同关系）。

四大交易群可以分为主要交易群与次要交易群，主要交易群指的是PPP交易群，次要交易群指的是履约外包交易群、股权融资交易群与债权融资交易群。而区分主要交易群与次要交易群的主要原因在于：第一，次要交易群是为了主要交易群而存在，如果主要交易群不存在，次要交易群也没有存在的意义与价值；第二，次要交易群的交易内容是在主要交易群的基础上进行设计的，或是说次要交易群中所需要的交易条件，必须在主要交易群设计时一并考虑。

四大交易群看似独立，实则互有作用，相互联系，如政府是PPP交易群的主体，如果政府投资项目公司，也可能同时成为项目公司股东，和其他股东发生股权融资的交易关系。当政府、银行、项目公司三方签订资金管理协议或是直接介入协议，政府又可能同时成为债权融资交易群的交易主体。当项目公司将项目中的建设工程部分外包给承包商，项目公司在与承包商之间发生了履约外包交易关系的同时，承包商又成为项目公司的股东，彼此之间因此又具有了股权融资的交易关系。因此，在PPP模式的交易中，一个主体有多重身份。①

PPP模式交易结构的安排最主要是为了解决服务分工、项目筹资与款项分配的问题，如果这三大问题可以解决，所有合作主体之间就能够建立良好的合作关系，项目也可以顺利地运作，从而保证交易的顺利进行。而这三大问题的解决与交易群的安排有着密切的关系，PPP交易群与履约外包交易群基本上是处理服务分工与款项分配的问题，而股权融资交易群与债权融资交易群基本上是处理项目筹资的问题。

二、PPP模式交易结构的组成

PPP 模式交易结构主要由 PPP 交易群、履约外包交易群以及股东融资交易群、债权融资交易群组成，而各交易群是由数个交易或是数个合同关系所构成，具体内容如下：

（一）PPP交易群

交易群可以区分出三个重要的交易元素：

（1）交易主体、数量与性质。如果是政府付费的项目，实施机构与项目公司之间的

① 王帅力，单洎源．PPP模式在我国公共事业项目管理中的应用与发展[J]．湖南师范大学社会科学学报，2006，35（1）：85-87.

交易关系可以有六种，但是如果是政府付费加上使用者付费的项目，则可以根据付费方式的不同将使用者付费部分细分为两种关系，再乘上先前的六种政府付费类型，总共是12种类型。

（2）项目运作方式。在这个环节中需要先确认项目运作方式类型，是九种具体类型中的哪一种类型，确认项目运作方式的类型后，再分析每种类型项目的区间以及各方的权利义务。

（3）付费机制。在这个环节中需先确认付费机制的类型是11种类型中的哪一种类型，再确认三个配套的问题。而在将交易元素组合后，就可以建构成PPP交易群。

1. 交易主体、数量与性质

PPP交易群中的交易主体基本上包括了政府、使用者与项目公司，交易数量是由主体的数量与子项目的数量决定，交易的性质是指每个具体交易的类型，主要包括PPP协议、子约或服务合同等。交易的主体、数量与性质如何组合成具体的交易关系，则可以从政府付费项目、政府与使用者付费项目两部分进行说明：

（1）政府付费项目。政府付费项目的交易主体是由实施机构与项目公司两方所构成，而具体的交易关系，可以区分为以下六种类型：

①单一项目+单一行管+单一实施。单一项目没有子项目，由该项目的行业主管部门担任实施机构，签订PPP合同，如单一污水处理厂的项目。

②单一项目+单一行管+主次实施。单一项目没有子项目，由该项目的行业主管部门担任主要实施机构，与项目公司签订PPP合同（母约），授权第三方担任次要实施机构，由第三方与项目公司签订子约。以垃圾发电项目为例，住建局是主要实施机构，由住建局授权的电力公司是次要实施机构，电力公司与项目公司签订购电合同（子约）。

③单一项目+多个行管+推一OR业委（Operation Room，业务室）。单一项目没有子项目，由于该项目涉及多个行业主管部门，多个行业主管部门需要协调，因而要由某一行业主管部门为代表的实施机构，或是由多个行业主管部门组成业主委员会担任实施机构，如地下管廊项目。

④多个子项目+同一行管+单一实施。单一项目由多个子项目所组成，该多个子项目由单一行业主管部门主管，该行业主管部门是实施机构，它要与项目公司签订多个子PPP合同，或是签订单一PPP合同，但是该合同中有很多部分，要分别约定子项目交易内容，如由数个污水处理厂组成单一项目。

⑤多个子项目+不同行管+平行实施。单一项目由多个子项目所组成，该多个子项目由多个行业主管部门主管，由于子项目相对独立，或是子项目彼此之间虽然有关系但可以清楚地区分。因此，由各自行业主管部门分别担任平行的实施机构，分别与项目公司签订子合约，但是未来需要委任某一部门承担统一采购的工作，如一项目中分别兴建学校、体育

馆、图书馆、博物馆。

⑥多个子项+不同行管+推一OR业委。单一项目由多个子项目组成，该多个子项目由多个行业主管部门主管，由多个行业主管部门协调，由某一行业主管部门为代表担任实施机构，或是由多个行业主管部门组成业主委员会担任实施机构。由实施机构与项目公司签订数个子PPP合同，或是签订单一PPP合同，但是该合同中有多个部分，要分别约定子项目交易内容，如污水处理厂项目中的再生水是供暖项目中的供暖水，供暖水又是某新区公园项目湖泊的景观水。

（2）政府与使用者付费项目。如果项目的付费主体，除了实施机构付费外还有使用者付费的，可以在上述六种类型中，再加上使用者的交易关系。使用者付费可以分为直接使用者付费与间接使用者付费。

2. 项目运作方式

（1）项目运作方式的类型。项目运作方式由项目资产产权归属以及合作期间的类型组合而成。常见的项目运作方式有九种类型，其中有两种类型要做如下的特别说明：

①ROT模式。在合作期间，其项目资产产权归属于项目公司，但是对于项目资产产权的归属，实施机构并没有做出直接的规定，而是根据实践中此种模式运作的需求来界定。因此，又称为“产权归甲的ROT模式”；②DBFOT模式指的是“设计—建造—融资—运营—移交”模式。目前，在实践中，经常使用这种模式。

新建+存量项目经排列组合后有12种模式，但是比较常用的模式有两种，它们分别是“BOT+TOT模式”和“BOT+O&M/MC模式”。在合作期间，如果建筑物、构筑物的所有权属于项目公司，则采取最保守的法律见解。这需要具备的条件主要包括：土地使用权、立项人以及项目资产非公物；如果合作期间的产权属于项目公司，应该清楚说明该产权的性质是所有权、使用权、特许经营权或运营权等。

（2）安排权利与义务。关于PPP交易群中各方的权利与义务的安排，可以从以下三个方面来说明：

第一，在社会资本中标后至完成融资交割期间，需要确认双方签署的文件、缴交的保证金以及完成义务的时间。

第二，确认项目运作方式类型后，可根据合作的时间段，将各种项目运作流程分为若干类型，如准备期、建设期、运营期、保修期，并且对各区间各方的权利与义务、产权归属状况进行分析。

第三，有些权利与义务不属于特定区间或是贯穿各区间的，要以单纯交易主体为中心，来分配权利与义务，如以主要实施机构、次要实施机构、政府出资方代表、项目公司、社会资本等为核心，分配权利与义务。

3．付费机制

（1）付费机制的类型。有关付费机制的类型，基本上是由付费主体、付费标的与计费方式等三种元素所组成，总共可以排列组合出11种付费机制类型，而在设计交易结构方案时，可以从中选取合适的类型作为项目的付费机制。

（2）付费机制的配套。在付费机制中，有三个配套问题需要注意：

第一，计量问题。如果付费机制中涉及以单价计价的部分，那么服务数量该如何计算，这是要做个案判断的。

第二，控制问题。也就是如何维持现金流稳定的问题，现金流不能太高、太低或是忽高忽低，就需要进行控制。控制方式主要有事前控制和事后控制两种方式。

第三，调价问题。从计费方式上来看，不管是单价计费还是总价计费，每个计费单位要能够分析出成本结构，并且给予相对应的调价系数。

4．PPP交易群分图表

（1）结构图。结构图的功能在于体现三部分重要信息：第一部分是体现项目交易的主体、数量与性质；第二部分是体现项目运作方式以及付费机制类型；第三部分是体现实施机构与政府的关系，这其中包括政府、项目指挥部以及工作小组等。

（2）签约箭线图。签约箭线图的功能体现在社会资本中标后至完成融资交割这段时间，可以标示各方应签订的合约文件、签约的主体、签约的时间、签约保证金金额、履约保证金金额以及未完成签约的合约效果。

（3）履约箭线图。履约箭线图的功能在于，当确定项目运作方式类型后，自签订PPP合约起至完成履约为止，在图形上标示以下信息：①画出合作期间的每段期间，以及每段期间开始与结束的认定方式；②箭线图上方标示每段期间实施机构的权利与义务；③箭线图下方标示每段期间项目公司的权利与义务，以及项目资产产权归属所涉及的事项。

（4）各方权利义务汇总表。签约箭线图、履约箭线图与各方权利义务汇总表，是从不同的层面描述各方的权利与义务。权利与义务汇总表是以交易主体为核心，将全部权利与义务，尤其是不属于特定区间或是贯穿各区间的权利与义务整理成表格。

（5）分层付费机制表。分层付费机制表的功能是解决单价计费的项目，处理数量与计费的风险该如何分配的问题。

（6）调价公式表。调价公式表是以静态计算的方式，分析出每个计价单位中的成本结构，并且根据需要调价的成本寻找调价的系数。因此，调价公式表应该设计一个调价公式，让调价公式的调价系数有一个对应表格。在表格中，要注明在每一调价周期内调价系数所引用的数据来源。

（7）PPP交易群财测数据表。在进行财务测算时，通常需要一个基本的步骤，这个基本的步骤包括：①收集数据；②建立财务模组；③将收集的数据输入财务模组中，以得出结果。而确保财务测算结果正确性的前提条件是必须先保障所收集数据以及确定财务模组的正确性，而财测数据表就是为了财务测算应该输入的数据所建立的表格。设计这个表格对厘清需收集的数据、需建立模组的工作界面以及确保测算的正确性具有相当重要的意义。因此，在财务测算前，将财测数据表中的数据交由各相关单位，并且在确认无误后输入财务模组中，以确保财务测算结果的正确性。PPP交易群财测数据表是为了测算全项目内部收益率、论证财政承受能力以及评估物有所值时，需要输入数据所设计的表格。

5. PPP交易群交易或合同关系

PPP交易群是PPP模式交易结构的核心，主要由以下交易或合同关系所构成：

（1）母约（PPP协议）。母约指主要实施机构代表政府与项目公司所签订的PPP协议，项目公司依据协议向使用者提供公共服务，主要实施机构则依据协议向项目公司支付服务费用，PPP协议是PPP交易群中最核心的交易。

（2）子约。子约指的是主要实施机构授权次要实施机构与项目公司签订协议，协议的性质可能是政府购买服务、购电协议、租赁合同、管理合同、股东协议等，子约具体属于哪一种性质的合同，取决于次要实施机构从主要实施机构中获得了哪些权利与义务、主要实施机构与次要实施机构所涉及的相关问题等。

（3）服务合同。服务合同指项目公司与使用者之间所成立的合同关系，通常这种合同关系成立的双方并没有签订书面的文件，但是从履约过程却可以看出双方是有合意的。如果服务合同中约定，使用者必须向项目公司付费，则PPP项目的类型有可能是经营性项目或是准经营性项目，付费机制也很可能是使用者付费或是可行性缺口补助。

（二）股东融资交易群

股东融资交易群中首先必须先确定是单层投资人权利结构还是多层投资人权利结构。一般来说，在多层的投资人权利结构中，比较常见的是采取引入基金的双层投资人权利模式，下面我们以双层投资人权利结构为例，来说明股东融资交易群中每一层投资人结构的交易元素。有关双层投资人权利结构一般可以分为第一层投资人权利结构与第二层投资人权利结构，具体内容如下：

1. 第一层投资人权利结构

第一层投资人权利结构是指项目资本金的权利结构，可以分为两种：①采取“股权+债权”模式；②采取纯粹股权模式。如果采取“股权+债权”模式，则项目资本金不等于注册资本金，第一层投资人权利结构包含股权结构与股东贷款结构。而社会资本在中标后，必须签订“股权+债权”投资协议，并且根据该协议，由社会资本与政府的出资方代表签订股东协议（如果政府有出资），由社会资本与项目公司之间分别签订股东贷款协议；如果采取纯粹股权模式，则项目资本金等于注册资本金，第一层投资人权利结构中只有股权结构，由社会资本与政府的出资代表签订股东协议（如果政府有出资）。

股权结构与债权结构。确定股权与债权结构有两个问题需要梳理：第一，确定项目总投资的组成部分，这涉及建设期利息的还款来源以及采用流动资金或是铺底流动资金；第二，确认各投资人股权与债权的投资比例，一般是通过协商确定，实践中常见的占比方式为战略投资人投资股权比例较高，投资债权比例较少；财务投资人则是投资债权比例高，投资股权比例小。而股权结构的内容又可以分为四个部分，它们分别是：第一，投资三阶段；第二，控股四类型；第三，股东四权利；第四，股权五比例。

2. 第二层投资人权利结构

第二层投资人权利结构比较常见的方式，是由社会资本引入PPP基金，故可以将第二层投资人权利结构视为投资人投资基金的份额结构。由于PPP基金经常采用明股实债的方式，在设计份额结构时，基本上要以借贷关系为实质，份额投资为形式，一般份额结构可以分为三部分：第一，以借贷关系为实质；第二，以份额投资为形式；第三，保底承诺的设计。

3. 股东融资交易群分图表

（1）投资人关系结构图。投资人关系结构图具有表现单层投资人结构或是多层投资人结构，以及投资人之间关系的功能。

（2）投资金额结构图。投资金额结构图具有表现项目资本金股权与债权的比例，以及投资人投资金额比例的功能。

（3）投资人各期所投资金额表。如果投资人的投资金额不是一次到位而是分批到位，则需要一张投资人各期投资金额表，以显投资人在各期所投资的金额数目。

（4）股东融资交易群财测数据表。股东融资交易群财测数据表是为了测算项目资本金内部收益率、投资人内部收益率时所需要输入的数据而设计的。股东融资交易群财测数据表和PPP交易群财测数据表都是为了确保输入数据的正确性所设计的。

4. 股东融资交易群交易或合同关系

股东融资交易群主要是指处理股东融资的问题，有的时候是指单纯股权，有的时候是指“股权+债权”，主要是由以下几种交易或合同关系构成：

（1）股东协议。股东协议是指项目公司成立之前，为解决与股权出资以及筹办项目公司相关的问题，由多方股东所作出的共同约定。一般股东协议的内容包括股权融资的三个阶段（投资、经营、退出）、四权利（所有权、经营权、派任权、分红权）与五比例（出资比例、股权比例、席位比例、表决比例、分红比例）。

（2）股东贷款协议。股东贷款协议是指股东在为项目公司进行贷款时所签的协议。通常，股东在采取“股权+债权”模式融资时，需对采取债权融资模式的部分和项目公司签署贷款协议。

（3）公司章程。公司章程是指依照法定程序，召开股东大会，发布与公司运作组织、基本活动以及重要事项基本规则相关的文件。因此，公司章程的成立与生效条件取决于股东大会的法定决议程序和其他采购文件，与中标社会资本与政府签署后立即生效的文件有着显著的区别。因此，公司章程不应该成为采购文件的一部分。

（4）PPP基金（夹层融资）。在PPP项目中，PPP基金以股权融资的方式投资项目公司的情况相当多，一般基金的类型可以分为公司型基金、合伙型基金以及契约型基金三种：公司型基金投资人之间要签订股东协议，要通过公司章程；合伙型基金又可分为有限合伙型基金与无限合伙型基金，合伙型基金投资人之间要签订合伙协议；契约型基金投资人之间要签订基金契约。由于在还款或分配的顺位上，PPP基金是债权融资，但比社会资本的股权投资优质。因此，在实践中，又称PPP基金为夹层融资。

（三）债权融资交易群

债权融资交易群主要处理债权融资的相关问题，可以进一步将其划分为主要债权融资交易与次要债权融资交易，其具体内容可以分述如下：

（1）主要债权融资交易。主要债权融资交易是指项目公司与金融机构以银行贷款（项目融资、银团融资、PPP 融资、并购贷款）、发债（项目收益债券、项目收益票据）、信托计划、基础设施债权投资计划、资产证券化（资产支持专项计划、资产支持票据）、融资租赁等固定收益的方式，向融资机构或是其他投资人筹集资金的一种法律关系。

（2）次要债权融资交易。次要债权融资交易主要是主要债权融资交易而存在，其内容基本与担保、增信或是监控资金流有关。而有些交易由项目公司与融资机构签订，如担保协议，资金控管协议、直接介入协议等。

（四）履约外包交易群

履约外包交易群指的是项目公司履约过程中，对于某些项目履约环节外包给外包商来代为履行，至于其中包括了哪些交易或合同关系，具体与项目公司的外包方式有关，但是项目公司外包的形态繁多，不同的PPP项目，外包的形态也大不相同。不过，外包形态主要受以下三个因素的影响：

（1）利益分配.谁对项目公司控股，基本上就决定了某项工作发包给哪个外包商以及发包的价格、方式。

（2）相应资质。项目公司对于履约的某些环节缺乏相应的资质，因此部分工作外包给有相应资质的外包商履约。

（3）专业分工。PPP项目涉及的专业众多，项目公司不可能什么样的专业能力都具备，因此将专业的工作交给专业的人来完成，对保证项目公司的服务质量会有很大的帮助。履约外包的交易群中常见的交易类型有建设工程合同、运营服务合同、原料供应合同、物业开发合同、设备供应与安装合同等。

第二节 PPP项目投资审批程序与前期操作

一、投资审批与报建程序

PPP项目办理采购程序，特别是在选择社会资本之前，实施机构需要通过项目的审批程序，统称为PPP项目前期程序。

（一）投资审批程序

1. 投资体制的基本原则

投资体制的基本原则为“谁投资、谁决策、谁收益、谁承担风险”，并根据此原则将政府在投资项目中的管理制度分为三种，它们分别是审批制、核准制与备案制，现将具体内容说明如下：

（1）审批制。第一，政府投资项目采用全部审批制。政府投资项目可以分为直接投资和资本金注入两种方式。从投资决策角度，则要求审批项目建议书和可行性研究报告，除特殊情况外不再审批开工报告，同时应该严格按照政府投资项目的初步设计、概算审批工作来执行。

第二，企业使用政府补助、转贷、贴息投资建设的项目采用部分审批制。政府对于项目采用投资补助、转贷和贷款贴息方式的，只审批资金申请报告，具体的权限划分和审批程序由国务院投资主管部门会同有关方面研究制定，报国务院批准后颁布实施。

（2）核准制。对于企业投资项目，政府仅对重大项目和限制类项目进行核准，以维护社会公共利益。对于企业投资建设实行核准制的项目，仅需要向政府提交项目申请报告，不再经过批准项目建议书、可行性研究报告和开工报告等程序。政府对企业提交的项目申请报告，主要从维护经济安全、合理开发利用资源、保护生态环境、优化重大布局、保障公共利益、防止出现垄断等方面进行核准。

（3）备案制。企业投资建设项目，除实行核准制的项目外，其他项目无论规模大小，均采用备案制。除国家另有规定之外，由企业按照属地原则向地方政府投资主管部门备案。备案制的具体实施办法由省级政府自行制定。国务院投资主管部门要对备案工作加强指导和监督，防止以备案的名义变相审批，如表2–1所示①。

表2–1 投资类型与决策方式对照表

项目投资类型	决策方式
政府投资项目（直接投资、资本金投入）	全部审批制（项目建议书和可行性研究报告）
政府对于项目采用投资补助、转贷和贷款贴息方式的	不分审批制（资金申请报告）
《政府核准的投资项目目录》内的企业投资项目	核准制（项目申请报告）
企业投资建设项目，除实行核准制的项目外	备案制

① 本节表格均来自：余文恭. PPP模式与结构化融资[M]. 北京：经济日报出版社. 2017.

2. 政府投资项目的审批程序

目前，虽然国内没有对PPP项目投资审批直接进行规定，但是财政部要求新建项目必须完成城市规划、立项、可研的审批程序，因此PPP项目在实践中经常参照政府投资项目的审批程序办理。除此之外，项目审批与城市规划还存在一定的联系。现在将与之相关的内容具体分析如下：

（1）城市规划程序。城市规划应该依据国民经济与社会发展规划，与土地利用总体规划相连接（国民经济与社会发展规划→城市规划→土地利用总体规划）。

通常，城市规划内容可以分为以下四种：

第一，城市总体规划。城市总体规划是指城市政府依据国民经济和社会发展规划，以及当地的自然环境、资源条件、历史情况、现状特点等，统筹兼顾、综合部署，以确定城市的规模和发展方向、实现城市的经济和社会发展目标等。城市总体规划是城市规划编制工作的第一阶段，也是城市建设和管理的依据，一般简称为“总规”。

第二，分区规划。分区规划是指在城市总体规划的基础上，对局部地区的土地利用、人口分布、公共设施、城市基础设施的配置等方面所做的进一步安排。

第三，控制性详细规划。控制性详细规划指以城市总体规划或分区规划为依据，确定建设地区的土地使用性质和使用强度的控制指标、道路和工程管线控制性位置，以及空间环境控制的规划要求，一般简称为“控规”。

第四，修建性详细规划。修建性详细规划是指以城市总体规划、分区规划或控制性详细规划为依据，制定用以指导各项建筑和工程设施的设计和施工的规划设计，是城市规划中较为详细的一种规划，一般简称为“修规”。通常有了总规、控规与修规之后，项目单位才能根据这些规划指标进一步设计项目。

（2）立项程序。立项程序指的是确定某个项目由哪个单位负责，并进行项目的初步分析。通常，立项阶段要求项目单位编制项目建议书，对项目建设的必要性、主要建设内容、拟建地点、拟建规模、投资匡算、资金筹措以及社会效益和经济效益等内容进行初步分析。项目建议书编制完成后，由项目单位按照规定程序将项目建议书报送给审批部门审批。项目审批部门对符合有关规定、确有必要建设的项目给予批准，并将批复文件抄送城乡规划、国土资源、环境保护等部门。

PPP项目的项目单位（或称为立项人）应该由实施机构担任，不应该由项目公司担任。原因在于：第一，立项阶段还没进入采购程序，意味着没有确定社会资本，更不可能有项目公司的存在。因此，只能由实施机构申请立项并担任项目单位；第二，逻辑上应该认为项目可行且有实施的必要，而后可行性研究报告也通过了审批，才有成立项目公司实施项目的需要，不应该出现可行性研究报告还没审批通过就成立项目公司的情况。因此，在立项阶段可行性研究报告尚未完成审批的情况下，只能由实施机构完成申请立项审批。

纳入 PPP 项目库的投资项目，应该在批复可行性研究报告或核准项目申请报告时，明确规定可以根据社会资本选择结果依法变更项目法人。这可以解释为，应该先由实施机构担任立项人，未来选出社会资本，并且成立项目公司后，再将立项人变更为项目公司。

（3）可行性研究报告审批程序。项目建议书批准后，项目单位依据项目建议书批复文件，组织开展可行性研究，并且要按照规定向城乡规划、国土资源、环境保护等部门申请办理规划选址、用地预审、环境影响评价等审批手续。在编制可行性研究报告时，应该对项目的技术和经济的可行性以及社会效益、节能、资源综合利用、生态环境影响、社会稳定风险等进行全面分析论证，以落实各项建设和运行保障条件，并且按照有关规定取得相关部门的许可、审查意见。

可行性研究报告编制完成后，由项目单位按照规定程序报送项目审批部门审批，并附相关文件，这些相关文件为：①城乡规划行政主管部门出具的选址意见书；②国土资源行政主管部门出具的用地预审意见；③环境保护行政主管部门出具的环境影响评价审批文件；④项目的节能评估报告书、节能评估报告表或者节能登记表；⑤根据有关规定应该提交的其他文件。

要特别讨论的问题是，目前的可行性研究报告是为固定资产投资审批而设计的，报告内容只有建设期而没有运营期。在PPP项目可行性研究报告中，应该解决项目运营期的技术、绩效考核以及概算的问题。因此，在可行性研究报告的估算中，应该包括建设期与运营期的费用，但是目前许多工程咨询单位没有能力处理运营期的相关问题，导致许多名为PPP的项目中出现了并没有运营期的BT项目。

（二）报建审批程序

1．报建审批程序的关键部分

投资项目报建审批事项是投资项目申请报告核准或者可行性研究报告批复之后、开工建设之前，由相关部门和单位依据法律法规向项目单位做出的行政审批事项。而经清理后的报建审批事项为42项，其中最为关键的三部分，分别是用地审批、初步设计图审批、施工图审批，现具体分析如下。

（1）用地审批。PPP 项目用地应该符合土地利用总体规划和年度计划，依法办理建设用地审批手续。在实施建设用地供应时，不得直接以 PPP 项目为单位打包或成片供应土地，应该依据区域控制性详细规划确定的各宗地范围、用途和规划建设条件，分别确定各宗地的供应方式。用地审批必须依法办理，并且应该分别确定供地方式。其具体内容如下：

第一，以划拨方式提供国有土地使用权。在城市、镇规划区内以划拨方式提供国有土地使用权的建设项目，经有关部门批准、核准、备案后，建设单位应该向城市、县人民政府城乡规划主管部门提出建设用地规划许可申请，由城市、县人民政府城乡规划主管部门依据控制性详细规划核定建设用地的位置、面积、允许建设的范围，核发建设用地规划许可证。建设单位在取得建设用地规划许可证后，方可向县级以上地方人民政府土地主管部门申请用地，在县级以上人民政府审批后，由土地主管部门划拨土地。

要特别说明的是，如果是PPP模式则应该修正为由实施机构取得建设用地规划许可证后，由实施机构申请用地。

第二，以出让方式提供国有土地使用权。在城市、镇规划区内以出让方式提供国有土地使用权的，在国有土地使用权出让前，城市、县人民政府城乡规划主管部门应该依据控制性详细规划，提出出让地块的位置、使用性质、开发强度等规划条件，作为国有土地使用权出让合同的组成部分。未确定规划条件的地块，不得出让国有土地使用权。以出让方式取得国有土地使用权的建设项目，在签订国有土地使用权出让合同后，建设单位应该持建设项目的批准、核准、备案文件和国有土地使用权出让合同，向城市、县人民政府城乡规划主管部门领取建设用地规划许可证。

要特别说明的是，如果是PPP模式则应该修正为由PPP合同明确约定，由实施机构或是项目公司获得建设用地规划许可证。

（2）初步设计审批。具体内容如下。

第一，设计内容、审批权限以及概算控管。初步设计应该符合国家有关规定和可行性研究报告批复文件的有关要求，明确各单项工程或者单位工程的建设内容、建设规模、建设标准、用地规模、主要材料、设备规格和技术参数等设计方案，并且据此编制投资概算。投资概算应该包括国家规定的项目建设所需要的全部费用。投资概算超过可行性研究报告批准的投资估算10%的，或者项目单位、建设性质、建设地点、建设规模、技术方案等发生重大变更的，项目单位应该向项目审批部门报告。项目审批部门可以要求项目单位重新组织编制和报批可行性研究报告。初步设计编制完成后，由项目单位按照规定程序报送项目审批部门审批。法律法规对直接投资项目的初步设计审批权限另有规定的，要按其规定进行审批。经批准的初步设计及投资概算应该成为项目建设实施和控制投资的依据。

第二，建设工程规划许可证的申请与核发。在城市、镇规划区内进行建筑物、构筑物、道路、管线和其他工程建设的，建设单位或者个人应该向城市、县人民政府城乡规划主管部门，或者向省、自治区、直辖市人民政府确定的镇人民政府申请办理建设工程规划许可证。申请办理建设工程规划许可证，应该提交使用土地的有关证明文件、建设工程设计方案等材料。需要建设单位编制修建性详细规划的建设项目，还应该提交修建性详细规划。对符合控制性详细规划和规划条件的，由城市、县人民政府城乡规划主管部门或者省、自治区、直辖市人民政府确定的镇人民政府核发建设工程规划许可证。

（3）施工图审批。由于不同的行业领域，施工图的审查规定与权限均不相同，现以市政基础设施工程的施工图审查为例说明。施工图审查，是指施工图审查机构按照有关法律、法规，对施工图涉及公共利益、公众安全和工程建设强制性标准的内容进行的审查。

施工图审查应该坚持先勘查、后设计的原则，施工图未经审查合格的，不得使用。从事房屋建筑工程、市政基础设施工程施工、监理等活动，以及实施对房屋建筑和市政基础设施工程质量安全监督管理，应该以审查合格的施工图为依据。

此外，还必须有符合施工要求的设计图纸，才能申请施工许可证，有了施工许可证，项目现场才能合法开工。因此，施工图审批阶段最核心的两件事就是审核施工图，并取得施工许可证。关于项目各阶段的投资管理深度，如表2–2所示。

表2–2 项目各阶段的投资管理深度

项目各阶段	投资管理深度
项目建议书	匡算
可行性研究报告	估算
初步设计	概算
施工图设计	预算

2. “PPP+工程总承包模式”对报建审批程序的影响

在工程总承包项目的发包阶段，建设单位可以根据项目特点，在可行性研究、方案设计或者初步设计完成后，按照确定的建设规模、建设标准、投资限额、工程质量和进度要求等进行工程总承包项目发包。工程总承包的建设单位可以在方案设计的阶段或是初步设计的阶段，进行工程总承包的发包。因此，在“PPP+工程总承包模式”中，如果从工程总承包合同的角度，建设单位为项目公司，则应该由项目公司完成方案设计或是初步设计的深度（此部分义务应该通过PPP协议由项目公司转嫁给政府），再由承包商接续完成后续设计及施工的工作；如果从PPP项目合同的角度，则应该由政府做方案设计或是初步进行深度的设计，再由项目公司发包给承包商完成后续设计及施工的工作。因此，从PPP项目合同角度，可以整理出政府与项目公司有关设计深度分工的两个方案，具体内容如下表所示：

表2–3 “PPP+工程总承包模式”各方设计深度比较

	方案一	方案二
政府	方案设计	方案设计、初步设计
项目公司	初步设计、施工图设计、施工	施工图设计、施工

从表2–3中可以看出在“PPP+工程总承包模式”下，根据政府设计深度的不同，可以区分成两种方案，这两种方案的不同，决定了报建审批程序中的审批事项应该由谁来取得。可以看到图2–1中的城市规划与立项可研阶段属于投资审批程序，用地审批、初步设计审批、施工图审批属于报建审批程序。如果项目采取的是方案一，代表城市规划审批、立项可研审批（包含方案设计）以及用地审批，皆由政府负责，项目公司负责初步设计以

及施工图的审批；反之，如果项目采取的是方案二，则代表城市规划审批、立项可研审批（包含方案设计）、用地审批以及初步设计，皆由政府负责，项目公司负责施工图的审批。由于国内对于工程总承包模式的操作还处在初级阶段，因此建议采取方案二，这样政府对于项目投资金额的控管会比较容易一些。

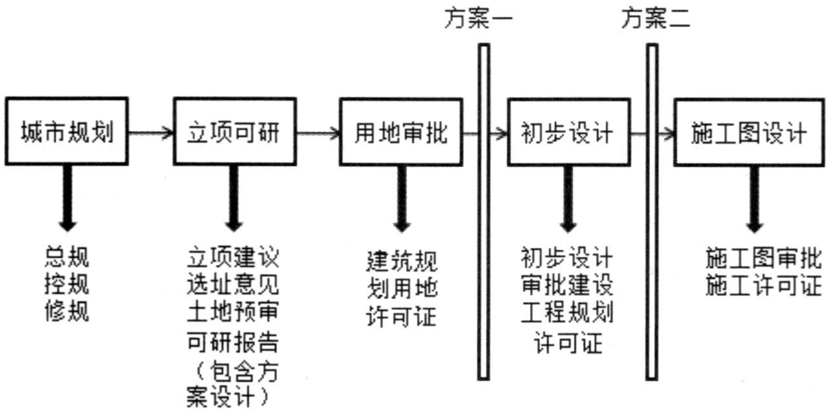

图2–1 工程总承包两方案对于审批程序的影响

（三）审批改革案例分析——北京市公共服务项目投资

北京市为了促进投资项目尽快落地，针对城市副中心道路、停车设施、垃圾和污水处理设施及教育、医疗等公共服务类建设项目，积极开展项目投资审批改革试点，中央国家机关在京重点建设项目参照执行，其中将投资审批的事项与报建程序的审批事项做了大量的合并、优化与简化，值得借鉴参考，相信对于解决项目落地难的问题，会有一定的帮助，现具体分析如下：

（1）集体审议分别审批。在做好相关基础工作的前提下，由北京市人民政府召开会议，对具备条件的项目集中审议。在充分听取各部门意见后，形成“投资项目建设计划”，明确建设时序，安排各有关部门根据会议精神分别办理项目审批手续。

（2）优化流程简化程序。主要包括以下内容：

第一，简化项目启动及立项手续。根据北京市人民政府会议审议通过的“投资项目建设计划”，发展改革部门按照立项权限，向项目单位和有关审批部门制发《建设项目前期工作函》，确定项目主体。对符合条件的建设项目，按规定拨付前期工作经费，并督促项目单位加快组织开展环境影响报告书（表）、可行性研究报告、规划设计方案编制，以及勘察设计招投标、施工招投标等项目开工前的所有前期工作，并且将项目建议书和可行性研究报告合并审批。

第二，简化规划许可手续。规划部门会同相关单位先行审定建设项目设计方案（初步设计），并且出具审查意见。项目单位可依据审查意见到相关部门办理审批手续，并组织开展有关工作。当相关审批手续齐备后，即可办理建设项目选址意见书、建设用地规划许可证、建设工程规划许可证，也就是将可行性研究报告审批中的选址意见书审批、报建审批程序中的用地审批以及初步设计审批，三者合并成一个程序进行审批。

第三，简化划拨用地报批手续。北京市人民政府批准用地的，在征地“一书四方案”（建设项目用地呈报说明书和农用地转用方案、补充耕地方案、征收土地方案、供地方案）和区政府用地申请函中提出供地方式，由北京市国土局审核并报北京市人民政府批准后，办理征地批复。在征地批复中明确供地方式，并且据此核发《国有建设用地划拨决定书》。

第四，简化施工招标投标手续。在保证招标投标工作质量的前提下，招标人与投标人可以协商确定和工程规模相匹配的投标文件编制时间。项目单位可依据建设项目设计方案的审查意见办理开标手续。

第五，简化施工审批手续。规划部门出具建设项目设计方案审查意见后，项目单位即可申请办理施工图审查、施工登记等手续。在项目单位取得用地批准手续、规划部门出具的相应确认文件、公安消防机构出具的消防设计审核意见，并且依法确定施工单位、施工现场具备施工条件的前提下，住房城乡建设部门予以办理施工登记，并且同步开展质量监督、安全监督、建筑节能设计备案工作，将除北京市人民政府投资项目以外的年度投资计划与施工许可并联办理。

第六，简化水影响评价审查手续。水影响评价技术审查内容简化为符合水资源和供排水条件、符合防洪安全要求、不改变排水分区、保水保土措施四项控制要素。项目单位可以将上述四项控制要素作为主要内容编制水影响评价文件，报水务部门审查。

（3）精简审批加强监管。主要包括以下内容：

第一，简化交通及水务部门的评估审查。在控制性详细规划阶段，凡是土地整理储备阶段交通、水务部门已经出具意见的，对区域内的具体建设项目，要简化交通影响、水影响方面的评估审查。

第二，取消改扩建项目的用地预审。取消在已批准建设用地范围内改建或扩建项目的用地预审；经勘查未形成重要矿产资源储量的通州区，建设项目用地手续不需进行压覆重要矿产资源核查工作。

第三，节水设施方案改为备案。建设项目节水设施方案改由项目单位按权限向北京市水务局或区水务局备案，北京市水务局或区水务局加强监管。

第四，取消人防工程施工图备案。取消人民防空工程施工图备案，在施工图审查阶段，区民防局加强与人民防空工程施工图审查机构工作衔接，同步履行监管职责。

第五，范围外的项目不再开展水影响评价。严格按照法律法规限定的范围开展水影响评价中的洪水影响评价、编制水土保持方案工作，对该范围外的项目不再进行影响评价。

（4）实行告知承诺制。实行审批部门一次性告知项目单位应该具备的条件和需提交的材料，以及项目建设的具体标准和要求。项目单位按照书面承诺标准和要求执行后，审批部门即以一定方式认可项目单位的申请事项，项目单位据此即可开展所申请事项的实施工作。同时，审批部门要对项目单位承诺事项的落实情况加强监管，对于确实按照标准和要求实施的，予以发放证照。

二、PPP项目前期操作

PPP项目操作流程分为五个阶段，分别是项目识别阶段、项目准备阶段、项目采购阶段、项目执行阶段、项目移交阶段。其中，和PPP项目前期程序有关的只有项目识别和项目准备两个阶段。至于PPP项目的前期操作流程（识别、准备）与投资审批程序（立项、可研）之间存在着何种关系，目前有两种观点。

第一种观点：PPP项目前期操作流程和投资审批程序在程序上存在着前与后的关系。先按照PPP项目前期的操作流程，完成识别和准备，待采购确定社会资本，由社会资本组成项目公司后，再由项目公司以项目单位（或称为立项人）名义进入投资审批程序，以申请立项可研。

这种观点的优点在于：如果是国家发展和改革委员会主管的项目，那么，它主管的投资审批程序要放在最后，从而有助于国家发展和改革委员会的审批管理。这种观点的缺点在于：会发生重复审批的情况，如可行性研究报告在PPP项目前期流程中要审批，到了可研阶段还要审批。

综上所述可见，该观点下的立项可研必须在采购程序完成后才能办理，若可行性研究报告没有审批通过，那么PPP协议就会提前终止。在可行性研究报告由政府编制的情况下，政府恐有违约风险。何况项目公司作为项目单位也是以传统模式的审批思维审批，因而并不适用于PPP项目。

第二种观点：PPP项目前期操作流程与投资审批程序在程序上不存在前与后的关系，是两个并行的程序。因此，实施机构作为项目单位，要同时完成两个程序上的审批后，再办理采购程序。

这种观点的优点在于：两个程序的同时推进将有助于缩短审批时间，当遇到重复审批事项时，还可以安排各部门办理联合审查，以此来避免不必要的程序拖延。这种观点的缺点在于：当项目的审批各自推进时，可能因缺乏统筹主管部门，导致项目前期工作没有一个最终负责管理审批的主管机构。

总之，上述的两种观点皆有优劣，建议将PPP项目前期操作流程与投资审批程序整合成一个审批程序。若未来PPP立法采取双轨制，可以在整合后的程序后面安排一个环节：由各自领域的PPP主管部门负责最后的审批与把关，既可简化程序，又可以明晰权责部门。目前，国家发展和改革委员会已将PPP项目操作流程中的实施方案整合到投资审批程序的可研中来，并正向着单一化程序发展。

（一）社会资本发起

由政府发起的PPP项目，应该由行业主管部门提出项目建议，由县级以上人民政府授权的项目实施机构编制项目实施方案，提请同级财政部门开展物有所值评价和财政承受能力论证。由社会资本发起的PPP项目，要由社会资本向行业主管部门提交项目建议书，经行业主管部门审核同意后，由社会资本编制项目实施方案，由县级以上人民政府授权的项目实施机构提请同级财政部门开展物有所值评价和财政承受能力论证。由于传统模式的发起方式仅限于政府发起，因此PPP模式在制度设计上如果允许由社会资本发起，就显得非常特别。而关于PPP项目采取社会资本发起的问题，将具体分析如下：

1. 允许采用社会资本发起的原因

由于PPP模式的实质是政府购买服务，而采取社会资本发起，则政府所购买的服务就是一整套解决问题的方案，符合PPP模式的本质。政府希望在项目前期规划阶段，借用社会资本良好的管理和创意，帮助政府解决问题。因此，政府与社会资本可以在项目的前期阶段就进行合作。在PPP项目中，社会资本不仅是方案的执行者，还是方案的设计者。

2. 社会资本发起的双方合作关系

关于如何展开前期合作，相关政策法规文件没有明确的规定。在实践中，常见的做法是由政府与社会资本签订合作意向书。而一般合作意向书主要包括如下内容：

（1）合作范围。政府邀请前期工作的社会资本对项目提出建议，并由社会资本根据建议事项编写项目建议书、实施方案，有的政府甚至还会要求社会资本编写所有的前期文件，其中包括可研报告、财政承受能力论证报告、物有所值评价报告、初步设计或是施工图设计。

（2）建议与审核。在前期工作中，对社会资本所编写的各项报告，政府有审核的权利，可以接受建议，修改建议，也有不接受的权利；如果社会资本接受了政府的审查意见并修改了报告，政府审核报告通过后，双方可以进入到项目采购阶段；如果社会资本不接受政府的审查意见，社会资本可以退出项目的前期工作，但是前期花费的费用必须由社会资本负担。

（3）项目指挥部。政府应该组织与项目有关的政府部门成立项目指挥部，由地方政府的首长或是副首长担任指挥部的指挥官，负责项目统筹与协调事宜。项目指挥部是政府联系前期工作、社会资本处理项目相关事宜的单一窗口。为此，政府各部门应该通过项目指挥部与社会资本联系。社会资本完成前期工作的各项报告后，项目指挥部应该协调政府各部门，勤勉、有序地完成项目所有的审批工作。

（4）法定采购程序。社会资本接受政府某项目前期工作的邀请后，对该项目提出一些建议。不过，即便政府接受了建议，至于未来是否由同一个社会资本来负责这一PPP项目，依然不是凭此就能决定的，还必须经过法定的采购程序来确认。也就是说，未来可能是提供前期工作的社会资本中标，也可能是其他参加投标的社会资本中标，一切皆须依法办理。

（5）前期费用的负担。先由提供前期工作的社会资本垫付前期费用，如政府接受社会资本的报告建议，且经由公正第三方全程跟踪审计或事后审计，确认前期费用的合理性后，再通过PPP协议的约定，前期费用转嫁由中标的社会资本承担；反之，如因政府自身原因导致项目前期工作终止，则由政府负担相应的前期费用。

3．政府与社会资本的法律关系

社会资本发起的PPP项目，如果由社会资本编写并提出各项报告，那么，是否应该认定政府与社会资本之间是政府委托社会资本编写项目建议书的法律关系，这值得思考。政府与社会资本之间不存在委托关系，两者之间只存在建议关系。社会资本通过编写报告向政府提出有关项目的各项建议，政府既可以接受建议，也可以不接受，或是要求修改；反之，对于政府的审核意见，社会资本也可以接受或是不接受，因此政府与社会资本之间不存在委托的关系，在此阶段政府不需要通过采购程序来选任前期工作的社会资本。

4．社会资本发起项目的项目单位

对于社会资本发起的PPP项目，由谁担任项目单位，并没有具体的规定。由于政府与社会资本之间实质上是建议的关系，是否采纳社会资本的建议，决定权还是由实施机构掌握。所以，从实质的权力关系来看，由实施机构担任项目单位比较合适。

（二）初步实施方案与项目实施方案

1．实施方案与可行性研究报告的关系

所谓实施方案指的是安排PPP项目交易结构的方案，内容包括但不限于项目概况、项目产出说明、项目合作范围、合作主体、期限与运作方式、付费机制、风险分配框架、提前退场机制、社会资本合作方采购方式，等等。实施方案与可行性研究报告内容最大的区别在于：可行性研究报告的内容所处理的是PPP项目建设与运营的技术方案，而实施方案的内容所处理的是PPP项目的交易结构（或称为投资方案）。因此，一般是先编写可行性研究报告，再根据可行性研究报告编写实施方案，而后根据实施方案进行物有所值评价及财政承受能力论证。

此外，为提高工作效率，在一般性项目中，可以将PPP项目实施方案与可行性研究报告合并。通常，合并报告中易出现一些问题，主要包括：第一，可行性研究报告由投资主管部门审批，实施方案由相关部门联审，报告和方案的审批机关因此有所不同，而在公文作业流程上，应该要将报告与方案分开编写；第二，可行性研究报告审批后，实施机构根据经批准的可行性研究报告中的有关要求，完善并确定PPP项目实施方案。重大基础设施政府投资项目，应该重视项目初步设计方案的深化研究，细化工程技术方案和投资概算等内容，以作为确定PPP项目实施方案的重要依据。实施方案的编写是以审批后的可研报告为依据，所以应该先编写可行性研究报告并完成审批，再根据审批后的可行性研究报告编写实施方案，顺序上是先可研后方案。现在如果规定合并方案与报告，实施方案的编写将无依据可循。

2. 编写初步实施方案的必要性

将实施方案分为初步实施方案和项目实施方案两种，这两种方案的区别与项目各阶段的工作内容有关，项目识别阶段应该编写初步实施方案，并准备相关资料，其中包括新建、改扩建项目要提交可行性研究报告，项目产出说明和初步实施方案。而存量项目则要提交存量公共资产的历史资料、项目产出说明和初步实施方案。资料准备齐全后进行物有所值评价与财政承受能力论证，通过评价与论证后再进入项目准备阶段。项目准备阶段应该编写项目实施方案，并于项目实施方案审批通过后，进入物有所值评价及财政承受能力验证，验证通过后才能进入项目采购阶段。初步实施方案与项目实施方案的程序比较如表2–4所示。

表2–4 初步实施方案与项目实施方案的程序比较

	实施方案	物有所值+财政承受能力
项目识别	初步实施方案	通过
项目准备	项目实施方案	验证

虽然在不同的阶段要编写不同的实施方案，但并没有规定“初步实施方案”与“项目实施方案”的具体内容有什么样的区别，因而无法分辨出物有所值评价与财政承受能力论证的“通过”与“验证”有何不同。由于无法分辨初步实施方案与项目实施方案的异同，因此实践中经常出现跳过初步实施方案，直接编写项目实施方案的情形，且论证与评价也只审批一次，不会审批两次。新建、改扩建项目的项目实施方案应该依据项目建议书、项目可行性研究报告等前期论证文件编制。除此之外，存量项目实施方案的编制依据还应该包括存量公共资产建设、运营维护的历史资料以及第三方出具的资产评估报告等。目前，已经不再要求编写初步实施方案。

3. 市场测试环节

本书建议最好能在流程中增加一个市场测试环节。PPP项目基本上是一种投资项目，既然是一种投资项目，项目交易结构的内容最好不要只是听从政府单方的意见来设计，方案内容最好征询市场的意见，这样才能设计出一个既符合政府需求，又符合市场需求的可行方案，这种征询市场意见的环节称为市场测试。虽然规定中没有市场测试的环节，但是仍然建议在实施方案起草完成后，增加市场测试的环节，让方案内容更加完整。此外，实施方案编制过程中，要重视征询潜在社会资本的意见和建议。

（三）财政承受能力的论证

财政承受能力的论证是指识别、测算PPP项目的各项财政支出责任，科学评估项目实施对当前及今后年度财政支出的影响，为PPP项目财政管理提供依据。财政承受能力评估包括财政支出能力评估以及行业和领域平衡性评估。财政支出能力评估，是根据PPP项目预算支出责任，评估PPP项目实施对当前及今后年度财政支出的影响；行业和领域均衡性评估，是根据PPP模式适用的行业和领域范围，以及经济社会发展需要和公众对公共服务的需求，平衡不同行业和领域的PPP项目，以防止某一行业和领域的PPP项目过于集中。

财政部门（或PPP中心）要会同行业主管部门，共同开展PPP项目财政承受能力论证工作。必要时，可通过政府采购方式聘请专业中介机构协助。各级财政部门（或PPP中心）要以财政承受能力论证结论为依据，会同有关部门统筹做好项目规划、设计、采购、建设、运营、维护等全生命周期管理工作。

任何一个分析方法都有它的范围与边界，我们只有了解每个分析方法的优点与缺点，才能正确使用这些分析方法。同理，在对财政承受能力进行论证时，也要抱着相同的态度。有关财政承受能力论证，一般有三个环节的问题需要处理，它们分别是财政支出责任、一般公共预算支出以及不得超出的具体比例。其具体内容说明如下：

1. 财政支出责任

PPP项目全生命周期过程的财政支出责任，主要包括股权投资、运营补贴、风险承担、配套投入等，在识别和测算单个项目的财政支出责任后，要汇总年度已经实施和拟实施的PPP项目，进行财政承受能力评估。具体内容说明如下：

（1）股权投资支出责任。股权投资支出责任是指在政府与社会资本共同组建项目公司的情况下，政府承担的股权投资支出责任。如果社会资本单独组建项目公司，政府不承担股权投资支出责任。股权投资支出应该依据项目资本金要求以及项目公司股权结构合理确定。股权投资支出责任中的土地等实物投入或无形资产投入，应该依法进行评估，合理确定价值。

关于将股权投资列为财政支出责任是否恰当，有几个问题需要进一步讨论：第一，股权投资这项支出的性质属于投资，政府可以通过投资的手段获得项目公司的股权，除非未来投资严重失败，否则，政府所投资的金额是很有可能收回的，将可以收回的资金全额列为支出是否恰当；第二，如果政府没有完全放弃分红权，项目公司获利分红，政府还可以根据投资比例分配利润，相应地扣除财政支出责任；第三，即便政府完全放弃分红，在未来投资没有严重失败的情况下，这笔可以收回的投资应该视为政府无偿贷款给社会资本，作为项目公司的资本金。如要计算政府财政支出，也应该是计算政府股权投资的资金成本，即政府的贷款利息，而不是整个股权投资金额；第四，股权投资在关于预算的分类中，属于国有资本经营预算支出，但是在计算财政承受能力时，以股权投资占一般公共预算支出的比例作为分析的基础有欠妥当。基于上述讨论，股权投资预算类型属于国有资本经营预算，因此不该列为财政支出。

（2）运营补贴支出责任。运营补贴支出责任是指在项目运营期间，政府承担直接的付费责任。在不同付费模式下，政府承担的运营补贴支出责任不同。在政府付费模式下，政府承担全部运营补贴支出责任。在可行性缺口补助模式下，政府承担部分运营补贴支出责任；在使用者付费模式下，政府不承担运营补贴支出责任。PPP项目实施方案中的定价和调价机制通常与消费物价指数、劳动力市场指数等因素挂钩，会影响运营补贴支出责任。在可行性缺口补助模式下，运营补贴支出责任受使用者付费数额的影响，而使用者付费的多少则因定价和调价机制而变化。在计算运营补贴支出数额时，应该充分考虑定价和调价机制的影响。

运营补贴涉及的相关问题有：第一，如PPP协议中约定实施机构在建设期对于项目公司必须办理补贴，则建设期的补贴金额建议放在此项下，与运营期的运营补贴一并计算。也就是说，和项目建设运营维护有关的补贴，最好能合并计算金额，这将有助于未来与传统模式的建设运营净成本进行比对；第二，关于项目运营补贴金额的计算，基本上是根据资金动态的观点，以项目公司的建设运营维护成本加上合理的回报所计算的。这里的回报是以全项目内部收益率计算的，因此计算的过程中，是不计算贷款利息的；第三，根据当年运营补贴支出数额的计算公式，这个公式的内容是有问题的，该公式与内部收益率脱钩，和一般财务测算的要求相背，无法计算企业所得税以及影子票价。因此，进行测算时，建议要特别注意。

（3）风险承担支出责任。风险承担支出责任是指项目实施方案中政府承担风险带来的财政或有支出责任。通常，由政府承担的法律风险、政策风险、最低需求风险以及因政府原因导致项目合同终止等突发情况，会产生财政或有支出责任。风险承担支出要充分考虑各类风险出现的概率和带来的支出责任，可以采用比例法、情景分析法及概率法进行测算。如果PPP合同约定保险赔款的第一受益人为政府，则风险承担支出应为扣除该等风险赔款金额的净额。

在实践中，对风险定量分析是有争议的，三种方法中概率法是最少使用的分析方法，因为目前没有人有能力确定风险的支出数额，也不知道风险的发生概率。因此，目前最常使用的分析方法是比例法以及情境分析法，而两种计算方式的问题在于：比例法中的一定比例和情景分析法中的发生概率都没有客观合理的依据，许多咨询机构为了通过论证，将比例或概率自行设定到最低，使得评估形同虚设。从抽象理论上讲，风险分析是很有价值的，但从具体操作上来讲，风险定量处理是很困难的。因此，风险评估结果的参考价值有限，可是目前尚无有效的解决办法。

此外，风险承担支出的性质属于或有支出，也就是可能支出可能不支出，并非属于一定要支出的项目，这有点类似于建设工程的不可预见费的性质，而运营补贴属于基于合同政府的付款义务，性质上属于政府必须支出的费用。因此，风险承担支出责任，与其他支出责任的责任内涵并不相同。

（4）配套投入支出责任。配套投入支出责任是指政府提供的项目配套工程等其他投入责任，通常包括土地征收和整理、建设部分项目配套措施、完成项目与现有相关基础设施和公用事业的对接、投资补助、贷款贴息等。配套投入支出要依据项目实施方案合理确定。配套投入支出责任要综合考虑政府将提供的其他配套投入总成本，以及社会资本为此支付的费用配套投入支出责任中的土地等实物投入或无形资产的投入，应依法进行评估，合理确定价值。

关于配套投入涉及的相关问题：第一，配套投入的费用中，许多费用虽然属于政府的支付责任，却不属于支付给项目公司的费用，如在对土地的 征收与整理、建设部分的配套设施、完成现有设施的对接等进行财政承受能力计算时，虽然无须区分是否属于支付给项目公司的费用，但是都应该计入政府支出责任中。不过，在计算物有所值评价时，此类费用是否应计入PPP值中，则是需要讨论的；第二，政府从事PPP项目相关工作所产生的费用，有进一步界定的必要，如应该相关到何种程度才能列为PPP项目配套投入的费用；第三，政府投入与PPP项目有关的费用，不属于股权投资/运营补贴、风险承担范围的，建议将该费用放入配套投入项下合并计算。

（5）其他相关问题的讨论。关于上述四项支出中所涉及的共同问题，合并于此一并讨论：第一，如果政府将国有资产（包括土地、有形资产与无形资产）投入于PPP项目中，这些投入是否应计入政府财政支出责任中。政府将这些国有资产投入项目中，所走的程序并不属于预算程序，也不属于预算管理。因此，国有资产的投入与一般公共预算支出无关，将这些资产列入政府财政支出之中，并不合适；第二，关于特许经营使用费收入、权益转让收入（存量资产所有权或经营权的转让收入、政府转让项目公司股权的股权转让收入）、土地或是商业开发的收益、门票广告的收益等是否应参照使用者付费，一并扣减政府财政支出。而所有和PPP项目有关的收入，都应该列入扣减政府财政支出的项目中，不应该只限于收用者收费。

2. 一般公共预算支出

有关一般公共预算支出有两个方面的问题需要展开讨论：一方面，如何界定一般公共预算，地方各级政府的转移支付预算是否为一般公共预算支出；另一方面，有关金额估算的问题，也就是每年一般公共预算支出的金额如何估算。现将相关讨论说明如下：

（1）一般公共预算，地方各级政府的转移支付预算是否可以作为一般公共预算支出。预算包括一般公共预算、政府性基金预算、国有资本经营预算、社会保险基金预算。

而一般公共预算是指以税收为主体的财政收入，安排用于保障和改善民生、推动经济社会发展、维护国家安全、维持国家机构正常运转等方面的收支预算。

地方各级一般公共预算收入包括地方本级收入、上级政府对本级政府的税收返还和转移支付、下级政府的上解收入。地方各级一般公共预算支出包括地方本级支出、对上级政府的上解支出、对下级政府的税收返还和转移支付。由此可知，上级政府对本级政府的转移支付，属于本级政府的一般公共预算收入，本级政府对下级政府的转移支付，属于本级政府的一般公共预算支出。

（2）每年一般公共预算支出的金额如何估算。在进行财政支出能力评估时，未来年度一般公共预算支出数额可参照前五年相关数额的平均值与平均增长率计算，并根据实际情况进行适当调整。

3. 不得超出的具体比例

每一年度全部PPP项目需要从预算中安排的支出责任，占一般公共预算支出比例应该不超过10%。省级财政部门可以根据本地实际情况，因地制宜确定具体比例，报财政部备案，并要对外公布。

（四）物有所值评价

物有所值评价是判断是否采用PPP模式代替政府传统投资运营方式提供公共服务项目的一种评价方法，拟采用PPP模式实施的项目，应该在项目识别或准备阶段开展物有所值评价。物有所值评价包括定性评价和定量评价。现阶段以定性评价为主，鼓励开展定量评价。有关定性与定量评价的内容，以及目前物有所值评价的其他相关问题，具体分析如下：

1. 定性评价

物有所值的定性评价可以分为基本评价指标、补充评价指标，而基本评价指标有6项，评分权重为80%，补充评价指标，评分权重为20%；由项目本级财政部门（或PPP中心）会同行业主管部门组织召开专家组会议，由专家在充分讨论后按评价指标逐项打分。之后，根据专家组意见做出定性评价结论。原则上，评分结果在60分（含）以上的，通过定性评价。现将有关基本评价指标、补充评价指标的具体内容说明如下：

（1）基本评价指标。定性评价指标包括全生命周期整合程度、风险识别与分配、绩效导向与鼓励创新、潜在竞争程度、政府机构能力、可融资性等六项基本评价指标。现将这六项基本评价指标具体分析如下：①全生命周期整合程度指标主要考核在项目全生命周期内，项目设计、投融资、建造、运营和维护等环节能否实现长期、充分的整合；②风险识别与分配指标主要考核在项目全生命周期内，各风险因素是否得到充分识别，并且在政府和社会资本之间进行合理分配；③绩效导向与鼓励创新指标主要考核是否建立以基础设施及公共服务供给数量、质量和效率为导向的绩效标准和监管机制，是否落实节能环保、支持本国产业等政府采购政策，能否鼓励社会资本创新；④潜在竞争程度指标主要考核项目内容对社会资本参与竞争的吸引力；⑤政府机构能力指标主要考核政府转变职能、优化服务、依法履约、行政监管和项目执行管理等能力；⑥可融资性指标主要考核项目的市场融资能力。

（2）补充评价指标。补充评价指标指以上六项基本评价指标未涵盖的其他影响因素，包括项目规模大小、预期使用寿命长短、主要固定资产种类、全生命周期成本测算准确性、运营收入增长潜力、行业示范性等。

2．定量评价

定量评价是在假定采用PPP模式与政府传统投资方式产出绩效相同的前提下，将PPP模式的净现值（PPP值）与政府传统模式的净现值（PSC值，又称公共部门比较值）进行比较，判断PPP模式能否降低项目全生命周期成本。通常，PPP值小于或等于PSC值的，可以认定为通过定量评价；PPP值大于PSC值的，则要认定为未通过定量评价。

在这里要特别说明的是，物有所值的评价要与净现值进行比较，这是因为从财务的角度来看，净现值是净现金流折现累计的金额。这可从以下两个层面来深入理解：第一，净现值是以净现金流作为基础计算，而净现金流是PPP项目各期支出的净成本；第二，净现值是折现后累计的金额，代表净现值考虑了资金的时间价值。

（1）PPP值。PPP值是指PPP项目全生命周期内政府净成本的现值，也就是PPP项目全生命周期内股权投资、运营补贴、风险承担和配套投入等各项财政支出责任的现值。这个现值的计算，一般是先根据财政承受能力论证计算各年的财政支出终值，再参照地方政府债券收益率，各项财政支出分别折现成现值所累计的金额。这个金额所代表的意义就是从现在的时间点，将各期终值的资金时间价值除去后，因政府对此项目采用PPP模式所支付的各项财政支出总额。

（2）PSC值。PSC值是指传统模式下项目全生命周期内政府净成本在经过调整后的现值。这里的调整指的是竞争性中立调整值，也就是采用政府传统投资方式比采用PPP模式实施项目少支出的费用。通常，PSC值包括少支出的土地费用、行政审批费用、有关税费等。PSC值的计算基本上是参照项目的建设和运营维护净成本、竞争性中立调整值、项目全部风险成本的全生命周期现值之和。

3．其他相关问题

（1）如果以物有所值评价来评估项目采用PPP模式的指标是否合理，就应该进行统筹定性评价和定量评价结论，从而得出物有所值评价结论。物有所值评价结论可以分为“通过”和“未通过”。“通过”的项目，可以进行财政承受能力论证；“未通过”的项目，可以在调整实施方案后重新评价，重新评价后仍然未通过的项目不宜采用PPP模式。而以物有所值评价的通过与否来作为项目是否采取PPP模式的决定性因素恰当与否，还需要从政府的角度进行探讨。如果政府的资金充裕，采用PPP模式只是为了追求效率，那么，比较PSC值与PPP值都有一定的意义。不过，如果政府缺乏资金来源，或是没有其他筹资的渠道，经分析发现项目的社会效应非常显著，政府想利用PPP模式的表外融资机制融资，则 PSC值大于PPP值时尚有讨论的空间。因此，在立法上建议经可行性研究报告评估后，在项目的社会效应经评估非常显著的情况下，经省级PPP项目主管部门审批同意后，PPP值在一定范围内大于PSC值的项目，也可以采用PPP模式。

（2）定性与定量评价的评价方法是否合理。从分析方法的角度而言，定量评价应该是定性评价的延伸。也就是说，先从定性的角度分析某个因素对项目是否存在影响，在有影响因素存在时，再进行定量评价，分析该因素对项目会产生什么程度的影响，而定性评价与定量评价互为联系、互为补充。此时，应该将物有所值的定性评价，从物有所值评价中抽离出来，作为对实施方案进行合规性审查的标准。

（3）有关PPP值与PSC值中风险定量分析问题的讨论。第一个要讨论的问题是，将项目全部风险计入PSC值中是否恰当。在传统模式中，政府所承担的风险确实比在PPP模式中所承担的风险多，但是还没有到完全承担所有风险的地步。在传统模式中，有些风险是由承包商承担的。因此，将全部风险计入PSC值中，并不适当。

第二个要讨论的问题是，项目全部风险成本，包括可转移给社会资本的风险承担成本和政府自留风险的承担成本，都要参照有关规定测算。由此可知，传统模式项目中项目全部风险、社会资本承担风险和政府自留风险的计算，要参照规定办理，但是只制定了PPP项目中政府自留的风险的计算方式，并没有规定项目全部风险与社会资本承担风险的计算方式，究竟该参照什么，这有待进一步讨论。

第三个要讨论的问题是，在比例法、情景分析法及概率法等风险定量分析方法中，有许多测算的参数缺少客观合理的依据。因此，建议可以将两份有关风险定量分析的规定删除，将风险定性分析方法放在 PPP 项目合规性审查中，作为实施方案审查标准内容的一部分。

（4）有关PPP值与财政承受能力支出的比较。PPP值等同于PPP项目全生命周期内股权投资、运营补贴、风险承担和配套投入等各项财政支出责任的现值，而PPP值与财政承受能力支出的差别在于，前者是现值而后者是终值。不过，这样进行比较可能还有不足之处，现将这些不足之处具体分析如下：

首先，物有所值评价与财政承受能力论证制度的目的并不相同，财政承受能力论证的目的是要确定各期政府的PPP相关财政支出，是否超过一般公共预算的10%，而物有所值论证的目的是要确定项目采用PPP模式后，是否能节省成本。

其次，两者计算的范围不同。财政承受能力论证所关注的是政府对PPP项目支出了多少预算，因此不管这项支出是否支付给项目公司，都要计入政府的财政支出责任中，如运营补贴的费用是支付给项目公司，而配套投入的费用却不见得是支付给项目公司的。物有所值评价所关注的却是项目公司到底节省了多少成本，在计算上必须限于项目公司履约范围，必须厘清项目公司的履约范围到底是新建+运营、修建+运营，还是只有运营，不应该将与项目公司履约无关的费用计入PPP值中。

最后，两者关注的对象不同。财政承受能力关注的是预算，而物有所值关注的是净成本，这两者的区别在于预算是钱，而净成本除了钱，还包括国有资产或资源。可能有人认为应该将国有资产进行估价并计入支出中，但是这样的规定是有问题的，因为这些估价的金额与一般公共预算支出无关。所以，财政承受能力论证计算的对象不该包括国有资产。同时，要附带说明的是，股权投资既不是一般公共预算支出，也不是政府在PPP项目中的净成本。因此，不应该将其列入PPP值以及财政承受能力支出中计算。关于PPP值与财政承受能力支出观点的比较如表2–4所示。

表2–4 关于PPP值与财政承受能力支出观点的比较

	PPP值	财政承受能力支出
制度目的	项目公司是否可以节省成本	PPP项目的财政支出，政府每年的预算是否能够支付
计算范围	项目公司履约的范围	政府关于PPP项目的所有支出，范围大于项目公司履约的范围
关注对象	净成本：预算+国有资产，不包括股权投资	预算：不包含国有资产以及股权投资
时间点	各期现值和净现值	各期终值

（5）有关PPP值计算的问题。有关PPP值中运营补贴的计算，基本上是从资金动态的观点出发，以项目公司的建设、运营、维护成本加上合理的回报计算的，但是由于政府与社会资本之间的信息不对等，政府不可能在PPP项目前期阶段预知一切，如未来项目采取PPP模式，社会资本在将项目全生命周期进行优化后，可以节省多少钱。因此，目前项目公司的建设、运营以及维护成本是采用可行性研究报告的数据作为计算依据，而这样的计算方法是很难发挥物有所值评价功能的。为此，可以考虑以PSC值调整（扣除竞争中立调整值）与打折后的数字作为PPP值，并以该PPP值推算项目的投标控制价。如果项目流标可以上调PPP值，不管如何调整，原则上PPP值都不应大于PSC值。

（6）关于PSC值计算的问题。第一个要讨论的问题是，如果传统模式采用法人责任制，则政府在项目法人所投入的注册资本或是项目资本金，是否要算入PSC值中。从比较基础分析，如果PPP值计算股权投资，则传统模式的PSC值也应该要计算股权投资，这样两者的比较基础才相等。虽然规定股权投资应该被计算入PPP值，但是股权投资不属于预算也不属于净成本，从理论上来说是不该被计算入PPP值。同理，PSC值也不应计算股权投资。

第二个要讨论的问题是：特许经营使用费收入、权益转让收入（存量资产所有权或经营权的转让收入、政府转让项目公司股权的股权转让收入）可否计入竞争性中立调整值。竞争性中立调整值主要是采用政府传统投资方式比采用PPP模式实施项目少支出的费用，通常包括少支出的土地费用、行政审批费用、有关税费等。由此可知，传统模式无须支出的费用项目，可以计入调整值中，而特许经营使用费收入及权益转让收入属于传统模式无须支出的费用。因此，该金额应该放在调整值中进行调整。

第三节 PPP项目夹层融资

一、私募股权基金

基金是指将募集的资金交给基金管理人，以用于特定的目的与用途。而在实践中基金的主要目的是投资获利。私募股权基金是指将私下募集的资金，交给基金管理人用于投资未上市公司的股权。PPP基金属于特殊形态的私募股权基金。

（一）私募股权基金属性的解读

1. 属于私下募集资金的基金

私募基金的募集有三个条件：①运用非公开募集的募集手段，即不得通过报刊、电台、电视、互联网等公众传播媒体或者讲座、报告会、分析会和布告、传单、手机短信、微信、博客和电子邮件等方式；②募集的对象必须是合格投资人；③募集的人数累计不能超过200人。

2. 属于投资未上市公司的基金

公司在创业阶段经营风险较大，因此在公司创业阶段投资的基金称为创业投资基金。由于在早期创业阶段的投资公司，可以购买到较为便宜的公司股份，未来如果创业投资基金成功退场，获利空间也相对较高。因此，在公司成长阶段投资的基金可以称为股权投资基金。股权投资基金的获利模式一般是在公司上市之前投资，待公司上市之后退出赚取股权的差价。因此，公司上市是股权基金很重要的获利及退出方式，而在公司上市阶段投资的基金称为证券投资基金，它的获利模式和前两种基金一样是“买低卖高”。由于公司上市后经营较为稳定，因此不如前两种基金获利高。

由于私募股权基金主要是在公司上市前的成长阶段投资，因此私募股权基金投资的对象是未上市公司。

3．属于投资股权的基金

私募股权基金投资的对象是公司股权，需特别讨论的是私募股权基金可否对公司进行债权融资。通常，投资合约约定的其他投资标的，可以包括债权。此外，由于私募股权基金设立的目的是以投资股权为主，故私募股权基金适合于兼做债权投资，而不适合于专做债权投资。

在实践中，会经常看到私募股权基金采取“投贷联动模式”进行投资，“投贷联动模式”常见的类型包括：①股东贷款模式。基金投资公司股权后，再以股东身份投资公司债权；②委托贷款模式。基金投资公司股权后，再以委托借贷模式投资公司债权；③银行+基金模式。基金投资公司股权后，再由基金的合作银行给公司办理直接贷款。

（二）私募股权基金的分类

1．公司型基金

公司型基金较为常见的是有限责任公司型基金，其组织机构，股东会由全体股东组成，设董事会成员3人到13人，董事长1人，可以设置副董事长，而一般在董事会下可以按照章程规定设置投资决策委员会。基金的资产归属于公司；公司成立应该办理工商登记。如果股东属于居民企业，股东分红时不再课以企业所得税；如果股东属于自然人，股东分红必须课以20%的个人所得税。因此，公司型基金有双重课税的问题。

2．合伙型基金

合伙型基金较为常见的是有限合伙型基金。通常，有限合伙企业由2个以上50个以下合伙人设立，并且至少需要有一名普通合伙人。有限合伙企业成立，合伙人须签订合伙协议。合伙企业不是独立的法人，合伙财产归全体合伙人共有。合伙企业成立，应该办理工商登记。对于有限合伙企业的组织机构，法律仅规定由普通合伙人执行合伙事务，其余组织内容须按照合伙协议约定。不过，在实践中，比较常见的约定为合伙企业设置合伙人会议，合伙人会议下设投资决策委员会。在实践中，比较常见的是基金采用有限合伙企业形式①。

3．契约型基金

契约型基金的合格投资人不得超过200人，由投资人签订基金合同。契约型基金没有独立的法人，基金财产不得与管理人的自有财产混同为一体。契约型基金成立不需要办理工商登记，因此成立方式比公司型基金以及合伙型基金更为简便。此外，契约型基金中投资人分红的所得税，也不需要由基金代收代缴。契约型基金的组织机构，一般通过基金合同约定设立基金份额持有人大会，并于其下设置投资决策委员会。由于契约型基金在人数、成立、课税等方面，比有限责任公司基金及有限合伙型基金都具有优势。因此，在实践中，多倾向于采取契约型基金。

① 易姣娇．中国私募股权投资基金的概念界定及分类[J]．经济研究导刊，2016（25）：65-66.

（三）私募股权基金的募集设立

1．合格投资者选择

（1）合格投资者的条件。合格投资者是指具备风险识别与承担能力的投资人。其具体认定标准有两个：①投资金额的限制，即私募基金的投资金额不能低于100万元；②单位或个人资力的限制，即单位的净资产不能低于1000万，个人的金融资产不低于300万或是个人年均收入不低于50万。

（2）视为合格投资者。社会保障基金、企业年金等养老基金，慈善基金等社会公益基金；依法设立并且在基金业协会备案的投资计划；投资于所管理私募基金的私募基金管理人及其从业人员；中国证监会规定的其他投资者等投资者，依法视为合格投资者，不受上述投资金额与资力条件的限制。

（3）合格投资者的计算方式。关于私募股权基金合格投资者的人数上限，有限责任公司型基金以及有限合伙型基金合格投资者的人数都不能超过50人，契约型基金不能超过200人。至于如何具体计算合格投资者的人数上限，则是对以合伙企业、契约等非法人形式，通过汇集多数投资者的资金直接或者间接投资于私募基金的，私募基金管理人或者私募基金销售机构应该进行穿透核查，以确定最终投资者是否为合格的投资者，并且合并计算投资者人数。

一般来说，合格投资者的计算方式可以分为四个部分来计算，这四部分具体如下：①非法人形式的投资者；②直接投资与间接投资的投资者都要合并计算；③穿透核查最终投资者为公司或自然人；④社会公益基金、备案的投资计划、证监会规定的其他投资者不需要穿透计算。此外，经备案的合伙型及契约型基金，应认为属于备案的投资计划，不需再进行穿透计算。

2．特殊投资者的选择

（1）银行。商业银行在境内不能向非银行金融机构和企业投资，因此银行不能直接投资私募股权基金，但是在实践中银行采取变通的做法。这一方法就是通过境外子公司给私募股权基金投资。通常，商业银行对于高资产净值客户所募集的资金，可以通过理财业务投资管理模式投资私募股权基金。

商业银行理财资金可以通过特定目的载体投资私募股权基金。而政策性银行经财政部审批后可以投资私募股权基金。

（2）信托公司。信托公司可以以信托财产投资私募股权基金，但是固有资产投资实业必须由银监会另行规定。信托公司以固有资产从事股权投资业务，应该符合一定的条件，这些条件主要为：①具有良好的公司治理、内部控制及审计、合规和风险管理机制；②具有良好的社会信誉、业绩和及时、规范的信息披露；③最近三年内没有重大违法、违规行为；④最近一年监管评级3C级（含）以上；⑤货币性资产充足，能够承担潜在的赔偿责任；⑥具有从事股权投资业务所需的专业团队和相应的约束与激励机制、负责股权投资业务的人员达到三人以上。其中，至少两名具备两年以上股权投资或相关业务经验；⑦具有能支持股权投资业务的业务处理系统、会计核算系统、风险管理系统及管理信息系统；⑧中国银监会规定的其他审慎性条件。

信托公司以固有资产从事股权投资业务，应该遵守相关的规定。这些规定主要包括：①不得投资于关联人，但是可以按照规定在事前报告，进行信息披露的除外；②不得控制、共同控制被投资企业或对被投资企业产生重大影响，不得参与被投资企业的日常经营；③持有被投资企业股权不得超过5年。由此可知，在一定条件下信托公司固有财产是可以从事股权投资的。

（3）证券公司。证券公司不得以其他形式开展直接投资业务，证券公司可以为单一客户办理定向资产管理业务，以直接投资私募股权基金，但是对于多个客户办理集合资产管理业务，则无法直接投资私募股权基金。此时，必须要通过信托计划才能投资私募股权基金。

（4）保险公司。保险资金可以分为：①直接投资企业股权。直接投资股权是指保险公司含保险集团（控股）公司，以出资人名义投资并持有企业股权的行为；②间接投资企业股权。间接投资股权是指保险公司投资股权投资管理机构（以下简称投资机构）发起设立的股权投资基金等相关金融产品（简称投资基金）的行为。

保险公司可以以间接投资的方式投资私募股权基金，因为保险资金可以设立私募基金，发起人应该由保险资产管理机构的下属机构担任，主要负责发起设立私募基金、确定基金管理人、维护投资者利益并承担法律责任，是通过私募基金开展投资业务的载体。

3. 私募基金募集行为与备案

私募基金募集应该履行一些程序，这些程序包括：特定对象确定、投资者适当性匹配、基金风险揭示、合格投资者确认、投资冷静期、回访确认。

各类私募基金募集完毕后，私募基金管理人应该根据基金业协会的规定，办理基金备案手续，报送基本信息。这些基本信息包括：①主要投资方向及根据主要投资方向注明的基金类别；②基金合同、公司章程或者合伙协议。资金募集过程中向投资者提供基金招募说明书的，应该报送基金招募说明书；以公司、合伙等企业形式设立的私募基金，要报送工商登记和营业执照正副本复印件；③采取委托管理方式的，要报送委托管理协议委托托管机构托管基金财产的，还应该报送托管协议；④基金业协会规定的其他信息。

（四）私募股权基金的管理

1. 基金管理人的登记

各类私募基金管理人应该根据基金业协会的规定，向基金业协会申请登记，报送基本信息。这些基本信息主要为：①工商登记和营业执照正副本复印件；②公司章程或者合伙协议；③主要股东或者合伙人名单；④高级管理人员的基本信息；⑤基金协会规定的其他信息。基金业协会应该在私募基金管理人登记材料齐备后的20个工作日内，采用通过网站公告私募基金管理人名单及其基本情况的方式，为私募基金管理人办结登记手续。此外，新申请股权投资基金管理人登记、已经登记的股权投资基金管理人若有部分重大事项变更的，需要提交我国律师事务所出具的法律意见书，其内容都要具有相关的法律意见。

2. 建立内部控制与信息管理

私募基金管理人应该建立有效的内部控制，其中包括人力资源管理制度、风险评估体系、业务流程控制、授权控制、募集控制、制定财产分离制度、防范利益冲突、投资控制、托管控制、业务外包控制、信息系统控制、会计系统控制等。此外，在信息管理中，信息披露义务人在基金募集期间的宣传推介材料应该如实披露基金产品的基本信息，在基金运行期间以及涉及重大事项的，应该依法依约向投资人披露相关信息。

3. 私募基金投资后管理

从内容上来看，投资后管理的主要内容可以分为两类：①私募股权基金对标的公司进行项目监控的活动，其中包括追踪投资协议执行情况、监控标的公司财务状况、参与标的公司的重大经营决策；②私募股权投资基金对标的公司提供的增值服务，最主要的就是改善资产负债表状况、负债结构、开辟融资渠道、实施预算管理、进行成本控制，从而为标的公司扫除上市的财务障碍。此外，私募股权基金投资人依约应该向基金管理公司支付管理费与业绩报酬管理费，一般按出资额每年2%的比例计付，用于管理团队日常运营的费用；在投资收益中，业绩报酬一般按20%的比例计付，用于管理团队为实现资本增值的奖励分配。

4. 私募股权基金的投资程序与退出

（1）投资程序。

私募股权基金的投资程序具体如下：

①前期调研与立项。基金管理公司通过各方的信息渠道，经过初步的调查与研究后，筛选出值得投资的项目，并且在基金管理公司内部完成立项手续后，与投资项目的公司（以下简称“标的公司”）进行接触，以获取更多的信息。

②尽职调查与投资决策。通常，在投资双方开始进行接洽前会签订投资备忘录，投资备忘录内容一般包括保密协议、排他性条款、尽职调查的基础日期、配合调查义务等，在签订备忘录之后组成尽职调查小组，对标的公司的法律、商务、财务等进行尽职调查，并且依据投资决策的权责，将其提送投资决策委员会，以便于董事会或是股东会进行投资决策。

③谈判签约与股权登记。如果股权投资的方式可以采取新设公司、股权转让或增资扩股，那么应该分别签署股东协议、股权转让协议或增资扩股协议等，并且在依法完成股权

投资程序后，向工商行政机关完成股权登记。

在实践中，有的私募股权基金还会采取债权转股权的投资模式。也就是说，私募股权基金先以债权方式投资标的公司，待约定的条件成就后，标的公司再通过增资的程序将债权转回股权。一般采取债权转股权模式最主要的原因，是私募股权基金对于标的公司未来发展的信心不足，或是标的公司对于是否引入股权还不确定等。所以，私募股权基金先以债权入股，等未来时机成熟再转为股权。

（2）基金退出与估值获利。私募股权基金的退出会影响基金的获利。而常见基金的退出方式有上市、并购、股权转让、回购、清算等。现具体分析如下：

①估值与调整条款。估值条款一般约定私募股权基金作为标的公司的股东应该投入的金额，以及在标的公司中所获得的股权比例。估值调整条款是指在标的公司未来的实际业绩与目标业绩有所偏差时，相应地调整标的公司的估值，并且针对偏差的部分给予现金或是股权的补偿。

②回购条款。当目标的公司在一定时间内没有上市，或是标的公司的实际控制权发生转移，或是其他约定的重大事项发生时，私募股权基金有权要求标的公司的大股东按照事先约定的定价机制，买回私募股权基金所持有的全部或是部分标的公司的股权。

③反稀释条款。由于越早投入标的公司的投资人，所承担的风险越大，因此基于风险与收益相匹配原则，其所投资的价格也应该比较低。如果后续的投资人进入的价格低于先期投资人进入的价格，则先期投资人有权要求标的公司的大股东补贴损失。在补贴损失完成前，标的公司不得增资。

④优先分红权及清算权条款。优先分红权条款是指公司章程可以约定，在一定数量范围内，私募股权基金比其他股东有优先分红权。优先清算权条款是指当标的公司解散清算后，私募股权基金比其他股东有权优先收回投资金额以及一定的回报。这两个条款都是在确保私募股权基金可以优先取回投资金额。

⑤优先购买权及优先认购权条款。优先购买权条款是指公司章程中约定，有限责任公司股东之间或是股东对第三人之间办理股权转让时，私募股权基金有权依据同一条件，优先购买转让的股权。优先认购权条款是指当标的公司增资扩股时，私募股权基金可以按其持股比例，优先于他人认购增资股权。这两个条款都是在保护私募股权基金在标的公司中有一定的持股比例。

⑥共同售股权及强制随售权条款。共同售股权条款是指被投资企业原股东拟转让股权或股份的，按私募股权基金与原股东对标的公司中股权比例，向第三方转让股权。这个条款通常是原股东对标的公司失去经营的信心转让股权时，私募股权基金有权一起退出的合约机制。强制随售权条款是指当约定事由发生时，私募股权基金向第三人转让股权，有权要求原始股东按相同条件，按照私募股权基金与原股东对标的公司中股权比例，向第三方

转让股权。这个条款通常适用于有第三方愿意收购标的公司，但是原始股东不同意向第三方转让股权的情况。

二、PPP基金

（一）PPP基金的意义与性质

PPP基金是指直接投资或间接投资PPP项目的基金。ppp基金性质上属于特别形态的私募股权基金，其与一般私募股权基金的区别在于：

（1）PPP基金经常被作为夹层基金。夹层基金是指项目现金流入的分配顺位介于银行债权与社会资本股权的基金。由于PPP基金投资项目公司的性质属于股权融资，因此PPP基金的分配顺位次于银行债权。PPP基金投资项目公司所取得的股权和社会资本投资项目公司所取得的股权相比，PPP基金股权属于特别的股权。也就是说，双方通过约定，使得PPP基金股权的分配顺位优于社会资本股权，即PPP基金的部分作用是为了弥补注册资本金的不足。

（2）PPP基金经常作为明股实债的基金。PPP基金性质虽然为私募股权基金，但是其获利模式和一般私募股权基金很不一样，因为项目公司一般不会上市，所以PPP基金无法通过上市方式获利。而在实践中，常见的退场做法是，双方约定采取“优先固定收益分红+回购份额或股权”方式，确保PPP基金的优先获得稳定的现金流，而“优先固定收益分红+回购份额或股权”的金额相当于“债权融资还本付息”的金额，因此称为明股实债的获利模式。

（二）PPP基金的分类划分

1. 社会基金

社会资本投资的PPP基金是指由社会资本与财务投资人共同成立的PPP基金，没有任何政府的投资。通常，这种形式的基金可以看成是财务投资人以明股实债的方式向社会资本进行融资。因此，可以将财务投资人视为贷款人，社会资本视为借款人。此种基金的获利模式是由优先级财务投资人获取固定收益分红以及劣后级投资人对份额或股权回购的承诺，以此达到还本付息的目的。

2. 项目基金

项目基金是指投资特定项目的基金，由于这种类型基金是为了某个特定的项目而成立，因此该基金只是投资特定的单一项目。项目基金的特点主要为：①项目基金是银行投资项目公司的一种通道，由于银行依法不能直接投资项目公司股权，所以只能通过基金来进行投资；②基金管理公司在项目投资基金中不需要做项目的投资决策，由于投资的具体项目在基金成立前已经确定了，基金管理公司的工作重点在于投资后的管理。因此，基金管理公司一般只收取管理费而不再收取业绩报酬；③银行在对项目基金进行投资时，主要先考量的是劣后级投资人的偿债能力，再考虑项目本身是否适于投资。

3. 产业与城投基金

（1）产业基金。产业基金是指投资特定产业项目的私募股权基金，这种基金既可以由政府主导设立或社会资本主导设立，又可以由政府与社会资本共同出资设立。

（2）城投基金。城投基金是指投资某一城市基础设施建设的基金，一般是由地方政府与财务投资人投资成立。

4. 政府基金

政府投资的PPP基金，一般可以分为两类：

（1）直接投资PPP项目的政府投资基金。直接投资PPP项目的政府投资基金是由政府、财务投资人以及社会资本投资成立的基金，这种类型基金的获利模式一般是财务投资人以明股实债的方式，作为基金的优先级并视为第一顺位的贷款人；政府作为基金的中间级，视为第二顺位的贷款人；以社会资本作为基金的劣后级，视为借款人。在政府投资的PPP基金中，政府只是作为参股的投资人，财务投资人才是真正控股的投资人。因此，政府投资的PPP基金必须要确保财务投资人有一定的获利，否则，财务投资人就不会投资基金。

（2）间接投资PPP项目的政府引导基金。政府引导基金性质上属于母子基金，由省级人民政府与财务投资人所投资成立的基金作为母基金。由于母基金原则上不直接投资PPP项目（重大项目可以直投），母基金成立的目的主要是投资子基金，再由子基金直接投资PPP项目。因此，社会资本一般不会投资母基。母基金的获利模式是由母基金以明股实债的方式向子基金的劣后级进行融资。因此，可以将母基金视为子基金的优先级或是中间级的贷款人，子基金中的劣后级（一般是社会资本）视为借款人。母基金的政府根据相关政策上的考量，一般会适当地让利，但是由于在母基金中政府属于占有少数份额的投资人，因此可以让利的空间有限。

（三）PPP基金交易的结构

1. PPP基金的股权交易结构

PPP基金的股权交易结构可以分为：

（1）第一层投资人的权利结构。第一层投资人的权利结构是指以股权直接投资PPP项目的投资主体，该投资主体之间的投资金额比例以及权利义务关系。

（2）第二层投资人的权利结构。第二层投资人的权利结构是指以股权直接投资第一层投资主体的投资主体，该投资主体之间的投资金额比例以及权利义务关系。

2. PPP基金的份额结构

由于PPP基金的性质属于明股实债的基金，因此设计份额结构时，基本上应该以借贷关系为实质，份额投资为形式，现对其具体涉及的相关问题分析如下：

（1）以借贷关系为实质。设计借贷关系的份额结构，明确贷款人与借款人、借贷的金额与期间、还款的来源与方式、贷款的担保等。

（2）以份额投资为形式。这种形式要把握“主体，借款、还款、保底”四个关键的环节：①主体为将贷款人包装成“优先级投资人”，同时也是第一顺位分红的投资人，将借款人包装成“劣后级投资人”；②借款为将借款包装为“具有优先固定收益分红权的份额投资”；③还款为将还款或是还本付息包装成“固定收益优先分红+份额或股权回购与转让”；④保底为确认谁提供保底承诺，其中包括谁提供增信或是担保。

（3）保底承诺的法律效果。如果PPP基金属于有限合伙型基金，保底承诺可以就以下内容进行分析：

①保底承诺的内容。在合伙协议有约定的情况下，可以将全部利润分配给部分合伙人，但是条文中并没有规定不可以将合伙企业的利润优先分配给部分合伙人。因此，合伙协议约定由优先级有限责任合伙人优先分配利润应该可行。

②合伙人可以在合伙协议中约定，由部分合伙人分配固定收益利润。

③合伙协议不得约定由部分合伙人承担全部亏损，因此合伙协议中约定由劣后级有限责任合伙人承担全部亏损，违反前述规定，应属无效。

④由谁承诺保底。由谁承诺保底可以分为：①内部保底。内部保底违反前述规定，应属无效。在实践中，常见一些以间接保底的方式替代内部保底，其中包括约定亏损分配的比例、约定收益分配的顺序、约定回购份额等；②外部保底。外部保底是指由劣后级合伙人以外的第三人对优先级有限责任合伙人所提供的保底承诺，性质上属于第一人担保的性质，由于第三人不是合伙人。因此，外部承诺应属合法。

第四节　PPP项目全过程投资控制与优化

一、重视项目前期可行性

在正式实施PPP项目前，需要对工程的可行性进行评判。为了后期投资控制工作的有效开展，应当在评判阶段强化经济可行性的分析，准确评估投资额、收益率、回收期等相关指标。利润率可参考当前的贷款利率，收益率可参考同期同类工程，并且要结合工程的实际情况，进行综合的经济评价。此外，要借助PPP项目专业咨询机构，帮助此类工作的开展。不能片面地追求最低价中标，而是要参考专业咨询机构所提供的报价并结合项目的实际情况，在招投标价格的范围内合理评估投资额度。要注意的是，选择中标单位不能只比较价格的高低，而且还要考虑对方单位的实力、业务水平、资质等，把好准入关。

二、加强项目投资管控

（1）造价控制。成立以项目公司负责人为组长的造价管理组，理顺关系，建立机制，按照“客观公正、依法合规、实事求是、尊重常识”的原则，把方案设计、可研、初设、图设以及审计等的关系和程序理顺，建立保障机制，以高效地开展投资管控工作。同时，要做到依法合规，从严控制和加强管理工程变更。依法合规是投资管控的一道重要防线，也是防控投资风险的首要措施。加大与管委会沟通的力度，敦促其加快各项手续的办理速度，适当的时候应该向市政府汇报，由市政府协调完成各项手续的办理。要切实做好清单固化、过程验工计价和第三方审计等工作。

（2）强化基本预备费使用管理。考虑到PPP项目投资估算以及概算的结果包括了基本预备费，在工程施工过程中，是否发生以及所产生的额度都难以有效确定。在施工前需要考虑该方面的费用，这也是PPP项目中各主体需要权衡、在合同中需要提前做好商讨的重要部分。该部分费用，需要从控制PPP项目投资控制的角度入手。

建议把基本预备费用归入PPP项目投资口径的范围内，在项目招投标过程中，将其作为报价评估的一部分；在工程施工过程中，把基本预备费作为政府相关部门管理的一项内容，当因出现工程变更等造成投资增加时，政府可动用基本预备费来进行投资补偿，把它的相关内容纳入合同之中。在工程施工结算工作完成之后，剩余的基本预备费可由政府以投资回收的方式，或调整项目公司补贴的方式相继回收。

（3）力促融资落地和重视贷后管理。成立以总经理为组长的融资工作组，加强协调力度，通过定期召开融资专题会议等形式，加快办理融资所需证件；加强高层对接，请管委会、市委市政府、集团公司及领导支持、指导和帮助；需要对融资进行全过程、全周期管控[①]。

（4）启动产业导入暨招商引资工作。主要内容有：①招纳人才、组建团队。人才是第一资源，尤其是产业导入和招商引资方面的专业人才。项目公司要制订人才计划，要通过从外部引进和内部培养相结合的途径，迅速组建专业团队来开展此项工作；②加强学习、扩大交流。对产业导入和招商引资基础工作比较薄弱的单位来说，学习和交流可谓是自我提升的一条捷径。项目公司制订培训和交流计划，可以切实提高产业导入和招商引资等方面的业务知识、工作能力；③加强与专业咨询机构合作，力推项目招商引资工作；④项目公司派人积极辅助和参与管委会的招商引资工作，了解和掌握招商引资的详细情况，以引导园区规划建设和运营维护管理工作；⑤积极依托政府加快推进招商引资工作进程。抓住机遇，加快基础设施建设，为招商引资创造良好条件；⑥力促政府强化要素保障，发挥各类基金的保障作用，支持重大招商项目和科技成果转化项目融资，加大土地资

---

① 肖海珍．PPP项目全过程投资控制及其管理优化——以安庆产业新城PPP项目为例[J]．企业改革与管理，2020（20）：41-43.

源整合力度，为项目落地提供保障。

（5）推进项目后期运营工作。主要内容有：①加强运营团队建设，或是外聘有经验的运营人员，亦或是将运营工作整体外包。如果采用外包，总包单位一定要派人员参与运营管理工作，利用这一项目培养自己的运营人才和运营团队，以为将来PPP项目运营奠定人才基础；②大力开展交流学习和调研工作，深入调研那些影响力度大、经营实力强和运维管理好的项目，借鉴其先进的做法与成功经验，以指导运维管理工作；③请国内先进的项目运维管理优质公司或团队做专家咨询，并且结合项目实际情况深入论证，制订运营维护方案，按照确定的运维方案实施。

第三章　建筑企业基本建设投资管理与创新

建筑企业基本建设投资是建筑企业管理的重要环节。良好的基本建设投资管理，能够加快基本建设的速度，节约投资资金，提高投入产出的效率，提高企业经济效益。本章对建筑企业基本建设、建筑企业基本建设项目资金来源、建筑企业基本建设投资核算、基本建设投资的导向重构与策略创新进行论述。

第一节　建筑企业基本建设概述

投资是一定投资主体为了获取预期的收益或达到特定目的，投入资金或其他经济资源，用以不断转化为实物资产、智力资产或金融资产的经济活动。在这里，投资的要点主要包括：①投入的资金或其他经济资源，如资金、土地与矿产、生产设备、材料与燃料、人力、技术等资源；②投资是一定主体的经济行为和过程，包括资金的筹措、引进、投向与投资预测、决策、计划、实施、调控等活动；③投资的目的是获取一定效益；④投资获取的效益是不确定的，而且与所承担的风险成比例；⑤投资所形成的资本有多种形式，一般包括实物资本、智力资本和金融资本等形式。

一、投资的分类

根据投入的要素不同，投资可以分为以下几种：

（1）固定资产投资。固定资产投资指用于构建新的固定资产或更新改造原有的固定资产的投资，分为基本建设投资、更新改造投资、房地产开发投资和其他固定资产投资。

（2）流动资产投资。流动资产投资指企业用于购买、储存劳动对象以及占用在生产过程和流通过程的在产品、产成品等周期资金的投资。

（3）智力资产投资。智力资产可以分为人才资产、知识产权资产、市场资产和基础结构资产。其中，人才资产包括劳动力本身具有的群体技能、创造力、解决问题能力、领导能力、企业管理技能等。知识产权资产包括技能、专利权、商标权、土地使用权、著作权、非专利技术。

（4）金融资产投资。金融资产投资是指购买股票、债券等各种证券品种的经济活动。构成国民经济的物质系统是实物投资，任何投资收益的最终来源是实物投资，金融资产投资的最终使用也都会转化为实物投资。

二、建筑企业基本建设的意义

基本建设是指建设单位利用国家预算拨款、国内外贷款、自筹资金以及其他专项资金进行投资，以扩大生产能力、改善工作和生活条件为主要目标的新建、扩建、改建等建设经济活动。工厂、矿山、铁路、公路、桥梁、港口、机场、农田、水利、商店、住宅、办公用房、学校、医院、市政基础设施、园林绿化、通信等建造性工程，都属于基本建设性经济活动。

基本建设是固定资产的再生产活动，即建造和购置固定资产的经济活动。这个经济活动过程，不仅包括物质生产过程（建造）和流通过程（购置），还包括对投资和资源进行优化配置的过程，即它是由投资配置、基本建设生产和基本建设交换三个环节构成。其中，投资配置是主导环节，如果没有投资配置，也就没有生产和交换活动。与此同时，投资配置的平衡决定了基本建设生产和交换的规模、质量和结构以及整个基本建设项目的经济效益。

在基本建设投资配置、基本建设生产和基本建设交换这三个环节中所发生的，为增加固定资产进行的建筑安装工程、购置机器设备、工具及其他有关的工作，叫作基本建设工作。

通过基本建设，可以为国民经济各部门提供大量新增的固定资产和生产能力，为社会主义扩大再生产提供物质技术基础；通过基本建设，对现有企业进行更新和改造，以加快实现国民经济现代化的步伐；通过基本建设，可以适应知识经济与全球化发展，促进我国高新技术迅猛发展；通过基本建设，可以大规模开发，重点建设一大批基础设施、基础工业和资源开发型项目，大量吸纳中西部地区劳动力；通过基本建设，可以提供更多、更好的物质文化福利设施，提高人民物质文化生活水平。

有计划地进行基本建设，对于加快实现社会主义现代化建设步伐，优化产业结构、协调地区经济、抑制通货膨胀和防止通货紧缩，促进国民经济稳步、健康、持续地发展，增强我国的国防力量，应对知识经济时代的竞争和实现可持续发展战略等，都具有非常重要的战略意义。

三、建筑企业基本建设的类型划分

为了加强基本建设管理，正确地评估和考核基本建设工作业绩，更好地控制和调节基本建设规模，应采用不同方法对基本建设进行划分。

（一）根据建设项目性质划分

基本建设是由一个个基本建设项目（简称建设项目）组成的。所谓建设项目，是指按照一个总体设计进行施工的基本建设工程。根据性质的不同，建设项目可以划分为以下几种：

（1）新建项目。新建项目是指从无到有，新开始建设的项目。有的建设项目原有基础很小，经扩大建设规模后，其新增的固定资产价值超过原有固定资产价值3倍以上，也算作新建项目。新建项目对国民经济的发展，尤其是对新兴工业部门的建立，具有决定性作用。

（2）扩建项目。扩建项目是指现有企业、事业单位为扩大原有产品的生产能力（效益），或为增加新的产品生产能力，而增建主要生产车间（工程）的项目。扩建项目具有投资少、工期短、收效快的优点。

（3）改建项目。改建项目是指现有企业、事业单位为提高生产效益，提高产品质量或改变产品方向，对原有设施、工艺进行技术改造的项目。有的企业为平衡生产能力增建一些辅助、附属车间，这也属改建项目。在多数情况下它是和改革工艺、采用新技术、进行技术改造结合进行的，是挖掘生产潜力的重要措施。

（4）恢复项目。恢复项目是指企业、事业单位因地震、水灾等自然灾害或战争等原因，原有固定资产全部或部分报废以后，按原有规模重新建立恢复起来的项目。

单纯购置单位，因其只有设备、工器具的购置活动，不兴工动料，故不按建设项目性质划分。

通常，一个建设项目由一个或几个单项工程组成，每个单项工程也叫工程项目，是建设项目的组成部分，它有独立的设计文件，建成后可以独立发挥设计文件所规定的生产能力或效益。工业项目的单项工程一般是指各个基本生产车间、办公楼、食堂、医院、住宅等工程；非生产项目的单项工程，是指诸如一个学校的教学楼、图书馆、实验室、学生宿舍等工程；单位工程是单项工程的组成部分，是指具有单独设计，可以独立组织施工、单独作为成本对象的工程①。

（二）根据投资额构成划分

基本建设投资额是以货币形式表现的基本建设工作量，它是反映基本建设规模、建设进度、比例关系、使用方向的综合性指标。基本建设投资额又有计划投资额和实际投资额之分，会计上核算的是实际投资额。用实际投资额与计划投资额对比，可以考核计划投资额的完成情况。

为了加强基本建设投资管理，需要对基本建设投资实际完成情况进行核算和审查，并寻求不同时期客观存在的投资各要素最优比例，以组成最合理的投资构成，产生最佳投资效果。而按照投资额构成的不同工作内容，可分为以下几种：

---

① 杨利红. 基本建设投资会计[M]. 西安：西北工业大学出版社，2016.

1. 建筑安装工程投资

建筑安装工程投资，简称建安工程投资，包括建筑工程投资和设备安装工程投资，这两部分投资必须兴工动料，通过施工活动才能实现。建筑安装工程投资是基本建设投资额的重要组成部分。

建筑工程投资主要包括以下几种：

（1）各种房屋构筑物等列入建筑工程预算内的暖气、卫生、通风、照明、煤气等土建设备价值及其设备装设、油饰工程各种管道，电力、电信电缆导线的敷设工程投资。

（2）设备的基础、支柱、工作台、梯子等建筑工程，炼铁炉、炼焦炉、蒸汽炉等各种窑炉的砌筑工程，金属结构工程投资。

（3）为了施工而进行的建筑场地布置，原有建筑物和障碍物的拆除，土地平整，设计中规定为施工而进行的工程地质勘探，以及工程完工后建筑场地的清理和绿化工作等投资。

（4）矿井开凿，露天矿剥离工程，石油、天然气钻井工程（不包括生产矿山用生产费用进行的矿井、坑道的整理延伸与探矿工程），以及铁路、公路、桥梁工程投资。

（5）水利工程，如水库、堤坝、灌渠等工程投资。

（6）防空、地下建筑等特殊工程投资。

2. 设备安装工程投资。

设备安装工程投资包括以下几种：

（1）生产、动力、起重、运输、传动和医疗、实验等各种需要安装设备的装配、装置工程，与设备相连的工作台、梯子、栏杆的装设工程，被安装设备的绝缘、防腐、保温、油漆等工程投资。

（2）为测定安装工程质量，对单体设备、系统设备进行单机试运和系统联动无负荷试运工作的投资（投料试车则应计入待摊投资）。

3. 其他基本建设投资

其他基本建设投资是指不包括建筑安装工程投资和设备安装工程投资的其他各项基本建设投资。其他基本建设投资主要包括以下几种投资：

（1）应直接计入交付使用资产价值的“其他投资”，如房屋、新建单位办公生活用家具购置费，为进行可行性研究购置的固定资产、基本畜禽、林木支出、无形资产、递延资产等投资支出。

（2）应分摊计入交付使用资产价值的“待摊投资”，如建设单位管理费、土地征用与迁移补偿费、勘察设计费、研究实验费、可行性研究费、临时设施费、负荷联合试车费、包干节余、坏账损失、借款利息、合同公证费、工程质量监测费、企业债券利息、土地使用税、汇兑损益、国外借款手续费及承诺费、施工机构转移费、报废工程损失、耕地占用税、土地复垦及补偿费、固定资产损失、器材处理亏损、设备盘亏及毁损、调整器材调拨价格折价以及企业债券发行费等。除此之外，进口成套设备的建设单位还有设备检验费、延期付款利息、国外设计及技术资料费、出国联络费、外国技术人员费等投资支出。

（3）不计入交付使用资产价值按规定计算投资完成额的应转给其他单位的“转出投资”，如非经营性项目为项目配套而建成，产权不归属本单位的专用设施投资，包括专用铁路线、专用公路、专用通信设施、送变电站、地下管道、专用码头等。

（4）不计入交付使用资产价值按照规定计算投资完成额需要单独报请有关部门核销的“待核销基本建设支出”，如因非经营性项目而产生的江河清障、航道清淤、飞播造林、补助群众造林、水土保持、城市绿化、取消项目的可行性研究费与项目整体报废的净损失。

会计核算上按照基本建设投资额支出的不同性质和工作内容，分别设置“建筑安装工程投资”“设备投资”“其他投资”“待摊投资”“待核销基本建设支出”和“转出投资”等科目，用来核算和考核基本建设投资完成额和基本建设投资计划的执行情况。

在基本建设投资中，最主要的部分是建筑安装工程投资，应该适当增大这部分投资比重，相应缩减其他两项投资比重。把建筑安装工程投资和设备安装工程投资单独列出，以确定建筑安装工程量和设备采购工作量，这样便于组织施工和组织设备材料供应。而通过对基本建设投资额的分类，可以反映基本建设部门与国民经济其他部门的联系，以便于组织计划平衡。

（三）根据不同产业的投资活动划分

根据不同产业投资活动的社会经济效益和市场需求，可以将基本建设划分为公益性项目投资、基础性项目投资和竞争性项目投资。

（1）公益性项目投资。公益性项目投资包括科学、文化、教育、卫生、体育、环保、广播、电视等事业设施，公安、检察、法院、司法等政权机关的建设项目和政府机关、社会团体办公设施以及国防设施建设项目。社会公益性项目投资具有社会效益最高而经济效益最低的特点。通常，它由政府统筹安排，吸收各界资金。

（2）基础性项目投资。基础性项目投资包括农、林、牧、渔、水利、气象、能源、交通、邮电通信业、地质普查和勘探业的重大基础设施、重大基础产业和高新技术产业等投资。这些行业的经济效益和社会效益介于公益性项目投资和竞争性项目投资之间，其投资兼有营利性和公益性双重特征。基础性项目投资大部分属于政策性投融资范围，主要由政府集中必要的财力和物力，通过经济实体进行投资，投资资金来自财政收入与政策性贷款。基础性项目投资一般以政府投资为主体，以此来发动和吸引各方进行投资，尤其是鼓励大型骨干企业进行投资，有的项目也会吸引外商直接进行投资。

（3）竞争性项目投资。竞争性项目投资包括工业、建筑业、商业、仓储业、房产公用服务咨询和金融保险等行业的投资。竞争性项目投资以企业为基本投资主体，尤其包括大量的加工工业企业，主要向市场进行融资。一般来说，竞争性项目投资是通过商业银行进行间接融资，也可以通过发行企业投资债券、股票和联合投资方式进行直接融资，而政府将逐步退出该类投资。

四、建筑企业基本建设的程序

基本建设工作涉及面广，需要内外协作配合的环节多，建设周期较长，在建设过程中各项工作都有一种内在的、固有的先后次序。而在充分认识客观规律的基础上，制定出基本建设过程包括各个环节、各个步骤、各项工作必须遵循的先后顺序，称为基本建设程序。这个程序是不可违反的，否则，就会给国家人力、物力、财力造成巨大的浪费，给国民经济带来不可估量的损失。

（一）基本建设程序的重要性

基本建设程序是在长期的建设实践中从正反两方面积累出来的经验。基本建设程序又是基本建设客观规律的反映。它反映了基本建设的自然规律。在建设项目确定以后，勘察、设计、施工都必须依次进行，环环紧扣。当然，不排斥中间有些工作可以交错进行，但是基本建设程序基本是：先计划，后建设；先勘察，后设计；先设计，后施工；先验收，后投产。无论如何这个基本建设程序是不能违反的。

基本建设各个环节、各个步骤和各项工作都要按计划办事，确定项目和选点时要以国家中长期计划和地区规划为依据，编制设计文件时要以可行性研究为依据。在年度计划得到批准后，才能施工，而在工程竣工验收后，还要考核是否实现了计划预期的目标，取得了计划预期的效果。基本建设程序反映了自觉利用价值规律，如可行性研究要搞成本和盈利预测，必须要有投资控制数。设计要编制概算，施工要编制预算，竣工要编制决算等，并强调决算不能超预算，预算不能超总概算。

随着经济体制改革的不断深化和我国投融资体制改革的日趋深入。为了提高投资效果，减少投资损失，必须要从以下两方面入手：一方面，要加强项目责任制和经营性项目资本金制度，确保国有资产终极所有权，建立起更严格的、科学的投资决策制度，实行建设监理制度和财务监理制度；另一方面，要制定基本建设程序法，对违反者追究责任，以保障基本建设按程序进行。

（二）基本建设程序的步骤划分

一般来说，基本建设程序可以分七个循序渐进的步骤。其中，各个步骤的工作是有机联系的，前一个步骤工作为后一个步骤工作创造了条件，后一个步骤的工作要以前一个步骤工作成果为依据。在具体工作中，不但不能跨越前一个步骤去进行后一个步骤的工作，而且每个步骤都有自己的具体工作内容。

1．项目可行性研究

可行性研究决定着一项建设工程的成败，可行性研究的任务是根据国民经济中长期规划和地区规划、行业规划的要求，对拟建工程项目的基本条件，从技术上和经济上进行全面调查和分析研究，从而确定技术上是否可行、经济上是否合理、建设上是否可能，并对多个方案进行比较，从中选择最佳的方案作为项目决策的主要依据。

工业项目的可行性研究内容包括：①项目提出的背景，投资的必要性和经济意义；②产品需求预测与拟建规模；③资源、原材料、燃料与公用设施情况；④建厂条件和厂址方案，包括建厂的地理位置、气象、水文、地质、地形条件与社会经济现状、交通、运输及水、电、气的现状和发展趋势；⑤设计方案；⑥环境保护；⑦企业组织的劳动定员和人员培训估计数；⑧实施进度建议；⑨投资估算和资金筹措；⑩社会与投资效果评价。

可行性研究报告的编制可由建设单位独立进行，也可委托投资咨询公司或设计单位进行。在国际融资项目的申报中，要注意项目可行性报告必须与国际规则接轨，要按照国际规则的要求来编制和表达。建设项目的可行性研究报告被批准，并列入预备项目后，就可以向规划部门提出建设用地规划许可证的申请，这是征用、调拨土地的首要条件。建设用地申请经审核批准后，建设单位应该迅速通过设计招标或委托方式，确定设计单位编制初步设计。

2．基本建设的项目建议书

项目建议书是由各部门、各地区、各企业根据国民经济和社会发展的长远规划、行业规划、地区规划等要求，对所拟建的项目，在进行调查，预测、分析后，向国家或上级主管部门提出的项目建议。通常，项目建议书应包括以下内容：①说明建设项目提出的必要性和依据，对于引进技术和进口设备的，还要说明国内外技术差距和概况以及进口的理由；②说明产品方案、拟建规模和建设地点的初步设想；③资源情况、建设条件、协作关系和引进国别、厂商的初步分析；④说明投资估算和筹措资金的设想，对于利用外资项目的，还要说明利用外资的可能性，以及偿还贷款能力的大体预算；⑤项目的进度安排；⑥说明对经济效果和社会效益的初步估计。

项目建议书经审查批准后，即纳入前期工作计划。凡列入长期计划的项目，都要有批准的项目建议书。

3．基本建设设计

基本建设设计既是建设项目决策后编制的建设蓝图和具体实施方案，又是进行施工准备和组织施工所依据的文件。通常，建设项目的设计可以划分为以下几项内容：

（1）初步设计。初步设计是在指定地点和规定建设年限内进一步确定建设项目技术上的可靠性和经济上的合理性，并确定主要技术方案、建设总造价和主要技术经济指标。初步设计是可行性研究的继续和具体体现。工业项目初步设计包括设计指导思想、建设规模、产品方案、总体布置、工艺流程、设备造型、主要设备清单和材料用量、劳动定员、主要技术经济指标、主要建筑物和构筑物、公用辅助设施、综合利用、“三废”治理、生活区建设、占地面积和征地数量、建设工期、总概算等文字说明和图纸。初步设计被批准后，建设单位应该向主管部门申请将其列入年度固定资产投资计划。

（2）施工图设计。施工图设计是根据批准的初步设计和技术设计，对所设计的工程加以形象化和具体化的施工详细图纸。施工图设计一般包括平面图，建筑物和构筑物详图、公用设施图、工艺流程详图、设备详图、施工说明书和设计预算。

4．年度基本建设计划

在初步设计和总概算被批准后，建设单位可根据设计概算、建设工期以及上级主管部门下达的年度投资控制指标，来编制年度基本建设计划。年度基本建设计划是由国家规定建设单位计划年度完成的基本建设任务的文件，它是由基本建设投资计划、基本建设项目计划和新增固定资产以及生产能力计划等表格与文字说明两部分组成。财务计划是建设单位为完成年度基本建设计划而制定的年度各项财务收支活动的综合性文件，是向建设银行贷款的依据，也是加强建设单位财务管理和经济核算的重要依据。年度基本建设财务计划的财务用款数要根据基本建设计划的投资额加上“新增为以后年度储备”（为以后年度建设而提前储备设备、材料的资金）减去“动员内部资源”（利用上年结余的设备、材料以及清理债权和对外处理多余器材回收资金）的余额来确定。

5．设备订货和施工准备

在初步设计被批准以后，就可以进行设备订货和施工准备了。通常，要根据初步设计所附设备的清单，按照设备成套公司表式与设备目录办理设备分交清册，进一步核实设备类型、数量。与此同时，也要明确供应渠道，作为设备订货依据。大型的专用设备和特殊材料则要预先安排，供需双方要签订合同，互相承担经济责任。一般来说，施工准备包括征地拆迁、编制施工组织设计和施工图预算，这些可以保障施工力量、设计图纸、材料、设备、施工机械、工程内容的落实。

建设项目的项目建议书、可行性研究、勘察设计、设备预安排和施工准备等开工前的工作，都属于基本建设前期工作，是整个建设过程的重要组成部分之一。前期工作质量的高低，对整个项目的成败和发展前景具有决定性的意义。因此，在项目前期，应该切实搞好项目建议书、可行性研究和初步设计这三个方面的工作，而首要的关键的工作就是抓好可行性研究工作。可行性研究好比是建设过程的“龙头”工作，做好了可行性研究，就可以将整个建设项目的全部工作都带动起来。

6．项目施工建设

在一切施工准备工作就绪之后，要由建设单位会同施工单位共同提出开工报告。在开工报告被批准后，就可以进行建筑安装施工活动。施工是设计和计划的具体实现，也是基本建设的中期工作。在施工中，要做到合理施工、均衡施工、文明施工，要严格按照设计要求和施工验收规范进行施工，从而确保工程的质量。在工程后期，则要抓紧收尾，抓紧返修不合格工程。目前，我国基本建设工程的施工方式主要有以下四种：

（1）出包方式。出包方式是指建设单位把建筑安装工程委托施工企业进行施工的施工方式。在采用这种方式时，建设单位和施工企业要通过双方签订施工合同或工程协议书来确定合作关系。施工企业完全按照施工合同规定进行施工生产，直至全部工程完工为止，有关工程价款结算则按照施工图预算或合同的规定执行。目前，大多数建设单位都采用出包方式。近年来，为了打破建筑业的垄断，摒弃行业或地方保护主义，加强对建筑市场的管理力度，以公开、公平、合理竞争机制引导当前建筑市场的发展，促使施工企业在技术上和管理上的水平不断得以提升，国家规定凡是新上马的出包工程都要推行招标承包制。

（2）自营方式。自营方式是指建设单位自己组织施工力量进行施工建设的施工方式。通常，由于这种方式容易造成人力、物力、财力等方面的浪费，不利于积累建设经验和工作教训。所以，只是在工程量不太大和不便于出包的情况下，才会被采用。

（3）统建方式。统建方式是指由统建部门负责统一组织建设的施工方式。这种方式主要是对住宅、中小学、商业服务网点等工程采取统一规划、统一设计、统一建设。通常，参加统建的各个建设单位，将投资一次拨交统建部门，工程完工后由统建部门统一分配。

（4）共建方式。共建方式是指一项建设工程由受益的几个建设单位，按照事先商定的比例，共同投资、联合兴建的施工方式。采取这种方式建设的工程多是厂外工程（如铁路专用线等），在工程建成投产后，它的产权一般归参加投资的单位共同所有，但是也有的会将产权移交给当地专业部门去管理。

7. 生产准备与竣工验收

建设单位需要按照建设项目或主要单项工程的生产技术特点，有计划地做好生产准备工作，以保证工程一竣工便可立即投产。这里所说的生产准备工作内容主要包括：①招收和培训生产人员；②落实原材料、协作产品、燃料、动力、运输等协作配合条件；③组织工具、器具、备品、备件的生产和购置；④组建强有力的生产指挥机构。

竣工验收是国家全面考核建设工程的成果、检查设计和施工质量的重要环节，必须严格按照竣工验收制度和设计文件及时对竣工工程进行验收，以确保工程质量和固定资产及时使用。竣工验收阶段的工作主要包括工程交工验收、移交生产单位使用、编制竣工决算，以及处理剩余物资和资金、结束全部基本建设工作。

（三）基本建设单位会计内容

基本建设单位是全面负责和组织实施基本建设计划的基层单位，它在行政上具有独立的组织形式，经济上实行独立核算。建设单位的主要任务就是根据国家批准的基本建设计划和设计概算文件，在国家批准的投资范围内，按期、保质、保量地完成基本建设任务，并且要承担从建设项目筹建到建成投产的全部经济责任。建设单位不仅包括经营性建设单位（如工业企业、交通企业等），还包括非经营性单位（如行政事业单位）。

基本建设单位会计是基本建设经济管理的重要组成部分，它以货币为主要计量单位，对基本建设投资全过程进行连续、系统、全面、综合地反映和监督，借以总结经验教训，不断改进管理，提高投资效益。

建设单位会计的资金来源表现为资金的获得，即资金来自何处；资金运用则表现为资金的分布使用和资金存在的形态，即资金用在何处，怎样分布。一般来说，建设单位资金来源与运用是相辅相成的：即有一定的资金来源，必定有一定的资金运用；有一定的资金运用，也必定有一定的资金来源。

1．基本建设单位的资金来源

为了按期完成国家批准的基本建设任务，基本建设单位必须从各个方面及供应渠道获得相应数量的资金来源。目前，建设单位的资金主要有以下几个方面的来源：

（1）基本建设拨款。建设单位在使用基本建设拨款后，不需要归还原拨款单位的资金来源。基本建设拨款又可以分为以下几类拨款：

①预算内拨款。预算内拨款是指列入国家财政预算支出，由各级财政部门无偿拨给建设单位的基本建设款项。

②预算外拨款。预算外拨款是指不列入国家财政预算内而用于基本建设的拨款，包括自筹资金拨款、煤代油专用基金拨款、其他拨款和财政贴息资金拨款。自筹资金拨款按照筹集单位的不同，又可以分为地方财政自筹资金拨款、主管部门自筹资金拨款和行政事业单位自筹资金拨款。

（2）基本建设借款。基本建设借款是建设单位按照国家规定的条件和程序向银行或其他方面借入，使用后需要还本付息的基本建设有偿性资金来源。基本建设投资借款主要有拨改贷投资借款、国家开发银行投资借款、国家专业投资公司委托借款、部门统借基本建设基金借款、部门基本建设基金借款、特种拨改贷投资借款、建设银行投资借款、煤代油投资借款、国外借款和其他投资借款。其他借款主要有国内储备借款和周转借款两种。

（3）基本建设项目资本。基本建设项目资本是指国家专业投资公司以及其他部门、单位以参股、控股等投资形式直接投资建设单位的基本建设资金，投资方可以按照参股比例从合资、联营的资产组合中获得收益或利益。

（4）企业债券资金。企业债券资金以生产企业给建设单位发行企业债券来作为筹集基本建设资金的来源。企业债券资金主要有重点企业债券资金和其他企业债券资金两种。

（5）结算中形成的资金。结算中形成的资金是指建设单位由于发生往来结算业务而获得的临时性资金来源，如应付器材款、应付工程款、应付工资、应付有偿调入器材与工程款、其他应付款、应付票据以及各种应交款项等。

（6）留成收入。留成收入是指建设单位按规定从实现的基本建设收入和基本建设包干节余中所提取的留归建设单位使用的各种留成收入。

（7）上级拨入资金。上级拨入资金是指建设单位收到投资单位（主管部门或企业）拨入的，以及从其他渠道所获得的供组织和管理基本建设活动使用的资金。

2．建设单位的资金运用

建设单位获得的资金来源，必然有计划地以各种具体的形态，存在于资金运动的各个阶段中。而建设单位的资金运用，主要包括以下几种形态：

（1）货币资金。货币资金是指表现为货币形态方面的各种资金，如现金、银行存款等。

（2）储备资金。储备资金是指表现为物资储备形态的各种资金，如库存设备、库存材料等。

（3）结算资金。结算资金是指结算过程中各种应收与预付款，如预付备料款、预付工程款、应收有偿调出器材及工程款、其他应收款等。

（4）在建资金。在建资金是指基本建设过程中，已经构成投资完成额，但是尚未交付使用的在建工程占用资金，如建筑安装工程投资、设备投资、待摊投资、其他投资、待核销基本建设支出、转出投资等。

（5）建成资金。建成资金是指已经竣工并办理验收交接手续的各项固定资产和流动资产所占用的资金，如交付使用资产等。

（6）转销资金。转销资金是指非经营性建设项目在建设过程中发生的按规定不计入交付使用资产而转出或核销的投资支出。

（7）应收生产单位资金。应收生产单位资金是指实行基本建设投资借款的建设单位将交付使用资产转给生产单位后，应该由生产单位偿清借款所占用的资金，如应收生产单位投资借款等。

（8）固定资金。固定资金是指建设单位在基本建设过程中用于自用的固定资产上的资金，固定资金的实物形态是固定资产。

（9）有价证券。有价证券是指建设单位在基本建设过程中购入的国库券、企业债券、基金等有价证券的资金。

3．建设单位会计的作用

建设单位会计的对象是建设单位的资金和资金运动。建设单位的资金是建设单位各种财产物资的货币表现，而以货币表现的基本建设过程中发生的经济活动，就是建设单位的资金运动，也就是建设单位会计所要反映和监督的内容。

（1）建设单位会计。建设单位会计是反映、核算和管理基本建设投资过程的专业会计。为了加强基本建设管理，正确反映基本建设投资的执行情况，建设单位会计必须严格执行国家关于基本建设投资和其他各项费用划分的规定，凡是生产过程中的更新改造基金支出、大修理支出、现行生产费用、水利、农林、交通与援外经费的开支均不能由基本建设投资开支，这些不能属于建设单位会计核算的内容。

（2）基本建设投资过程。基本建设投资过程包括投资取得、投资使用、投资完成及转销三个阶段。基本建设资金顺次完成投资取得、投资使用和投资完成及转销三个阶段，而在这个过程以及这个过程所引发的资金增减变动，就是建设单位会计核算的主要内容。

在投资取得阶段，建设单位从财政拨入、银行借入以及获得项目资本、企业债券资金等基本建设资金后，形成银行存款、现金等货币资金形态，这是基本建设资金运动的起点。在投资使用阶段，建设单位将货币资金做如下处理：

①用于采购和储备需要安装设备和材料。这时货币资金转化成为储备资金，当这部分需要安装设备和材料交付建筑安装公司进行安装和使用后，这部分资金又从储备资金形态转化为在建资金形态的建筑安装工程投资和设备投资。

②以预付备料款或预付工程款方式支付给承包的施工企业。这部分货币资金转化为结算资金。建设单位给施工企业办理完工工程价款结算后，这部分结算资金又转化为在建资金形态的建筑安装工程投资。

③支付不需要安装设备、工资或其他基本建设投资支出。这部分货币资金转化为在建资金。投资使用阶段是基本建设过程的中心环节，也是完成基本建设任务的关键阶段。在投资完成及转销阶段，当工程结束向生产使用单位办理交接手续时，在建设资金转化为建成资金的交付使用资产。下年年初建立新账时，拨款来源的建设单位，根据应冲转的交付使用资产与基本建设拨款冲销转账结束投资全过程，资金随即退出建设单位，如为投资借款资金来源的建设单位，除将交付使用资产冲销后，还必须等到借款全部还清后，资金运动方才能结束。

4．基本建设单位会计资金运动的特征

基本建设单位会计资金运动具有显著的特征，这些显著的特征主要表现为：

（1）基本建设单位会计资金运动具有时间性和暂时性。建设单位资金在按照规定批准冲销或由生产单位偿还投资借款后就退出，相应的组织机构也随之撤销，人员分流，而新的建设项目立项，又有新的人员加入。所以，它是有始有终，呈直线型进行的一次运动，即宣告结束，并不发生周转。而工业企业和施工企业的经营资金则是不断周转循环运动的。

（2）基本建设单位会计的特殊性。与企业会计、行政事业单位会计等一般的专业会计相比，基本建设单位会计有其特殊性。其特殊性具体表现如下：

①会计主体特殊性。企业、行政事业单位的会计主体一般为法人单位，而基本建设单位的会计主体则是一个独立会计核算的建设项目，反映和监督投资建设项目的资金来源、

运用和形成项目资产情况。

②会计分期特殊性。会计分期特殊性表现为：企业、行政事业单位的会计分期一般是以一个会计年度为会计分期，是以时间作为分期标准的；基本建设单位的会计分期则是以一个投资项目的竣工期限为会计分期，以项目的空间作为分期标准的。对于总体规划、分期投资的项目，可以按分期投资项目作为一个会计分期处理。

③会计等式特殊性。会计等式特殊性表现为：企业会计的基本等式为“资产=负债+所有者权益”和“收入-费用=利润”，反映的是一个企业的财务状况和经营成果；行政事业单位会计的基本等式为“资产=负债+净资产”和“收入-费用=结余”，反映的是一个行政事业单位的经费收支和财务状况。

④会计处理与财务管理紧密结合。基本建设单位会计核算必须遵守基本建设财务管理规定，这在政府性投资项目里表现得较为明显。财政部专门制定了基本建设项目的管理内容和开支标准、成本费用的处理办法、竣工财务决算的编制和审批要求等，使会计处理与财务管理紧密结合。

5. 基本建设单位会计的主要任务

基本建设单位会计是建设单位经营管理的重要组成部分，它是运用建设单位会计所特有的方法，对基本建设资金的获得、使用、完成及转销全过程进行全面、正确、及时反映和考核，从而有效保证基本建设计划的完成和投资效果的充分发挥。基本建设单位会计的主要任务可以简述如下：

（1）要认真贯彻党和国家关于基本建设的各项方针和政策，严格遵守基本建设各项规章制度。在核算工作中，要与一切违反国家财政制度和财经纪律的行为进行斗争，以确保建设资金不受损失。

（2）要按照国家财务会计制度的相关规定，认真做好记账、算账、报账、用账工作，全面、正确、及时反映建设资金的使用情况。要遵守准则，不做假账。

（3）要在认真调查与研究的基础上，对投资使用效果进行分析，全面、正确、及时考核基本建设计划、基本建设财务计划和概预算执行情况，建立合理有效的财务考核指标和考核体系，强化建设资金使用的考核和分析，以揭露问题、发现薄弱环节，及时采取有效措施，从而促进建设单位全面完成国家建设计划。

（4）要合理支配使用建设资金，不断降低建设的成本，促进建设单位在各环节都厉行节约，以全面提高基本建设投资的效益。

（5）要反映和监督基本建设物资管理和使用情况，以保证社会主义财产的完整和安全。

第二节　建筑企业基本建设项目资金来源

建设项目的资金来源是指项目的建设资金的获得渠道。筹资满足项目建设所需要的资金是基本建设财务管理的首要任务。目前，基本建设项目的资金来源主要有基本建设拨款、基本建设借款、联营拨款、发行债券等。要想依法筹集和合理使用建设资金，充分发挥基本建设投资的最大效益，实现基本建设财务管理的目标，就必须要做好基本建设资金来源的会计核算工作。

一、建筑企业基本建设的项目资金来源管理

基本建设资金来源的多样性，与建设项目的性质以及投资主体的不同有着直接联系。社会公益性建设项目资金以国家公共财政预算拨款为主，各级政府作为投资人，负责建设项目资金的筹集、使用和管理。生产经营建设项目以业主投资和负债为主，项目的出资人叫业主，承担建设项目资金的筹资、使用和管理。对社会公益性建设项目与生产经营性项目的资金来源和管理，要遵从“依法、合理、效益”的原则。

（一）社会公益性建设项目的资金来源管理

社会公益性建设项目是指建设单位为满足社会公共需求而投资建设的项目，其投资项目所形成的全部资产绝大部分源自非生产经营领域，具有消费的非排斥性和投资的非营利性特点。现具体分析如下：

1. 社会公益性建设项目的资金来源

按照相关规定，财政拨款的建设资金可以从财政预算内和预算外获得，具体来说，财政拨款的建设资金主要包括：①财政预算内基本建设资金；②财政预算内其他各项支出中用于基本建设项目投资的资金；③纳入预算管理的专项建设资金中用于基本建设项目投资的资金；④财政预算外资金中用于基本建设项目投资的资金；⑤其他财政性基本建设资金。

2. 社会公益性建设项目的资金管理

社会公益性建设项目是以政府投资为主体的，在资金的管理上有很多要求。在社会公益性建设项目的资金管理上，主要做好以下几方面的工作：

（1）按照现行国家分级财政管理体制要求，确定投资主体，明确各级政府在投资立项、筹资、实施建设和拨款等环节上的责任，以确保资金的供应和有效使用。

（2）按照投资的“成本—效益”原则，确定基本建设财务管理目标。

（3）社会公益性建设项目的资金管理需要遵守基本建设投资管理规范，把握好立项概算、施工预算、支付结算、竣工决算的管理环节，做好基本建设财务的日常管理。

（4）认真贯彻执行项目资金“专款专用”原则，完善内部控制制度，建立以货币资金和投资支出为核心的内部会计控制制度，保证建设资金的合法使用和安全高效。

（5）建设完整的会计核算体系，以反映建设项目的资金来源和运用情况，监督好资金的使用，提供完整的基本建设项目财务信息，做好项目竣工的财务决算，从而确定投资项目所产生的资产价值。

（二）生产经营性建设项目的资金来源管理

生产经营性建设项目是指建设单位以盈利为目标而投资建设的项目。其投资形成的资产绝大部分处于生产经营领域，具有实用的排他性和营利性特点。

1. 生产经营性建设项目的资金来源

以营利为投资目标的生产经营性建设项目，在市场经济条件下，投资主体多元化，出资方式多样化。由于公司股份以出资人标准划分为国有股、法人股、个人股、外资股等，各出资人的出资方式可以用货币、实物、知识产权、土地等。因此，生产经营建设项目的资金来源非常多，如有出资人按照国家规定出资的项目资本金、向金融机构的借款、发行债券和增发股票取得的资金、企业利润、国家补贴、接受捐赠等均可作为资金来源。

2. 生产经营性建设项目的资金管理

生产经营性建设项目投资以盈利为目的，出资人按股份方式投资全部或部分建设资金，当投资人投资部分资金情况下，通常以向金融借款、发行债券等方式筹集资金，投资涉及股东利益和债权人的利益。

对于生产经营性建设项目的资金管理，主要是要做好以下几方面的工作：

（1）以章程、协议为准则，规范项目资金管理工作。对新建的生产经营性建设项目，并在建成投产后作为独立法人经营的，必须要制定投产协议和章程，办理企业注册登记。

（2）按照投资的“成本—效益”原则，加强项目的可行性研究，基本建设财务管理要以降低成本和提高投产效益为目标，重点做好建设资金的合理筹集和节约使用，降低资金成本。与此同时，也要做好投资与收益的分析研究工作，以选择最佳的投资方案，争取投资效益的最大化。

（3）遵守基本建设投资管理规范，抓好立项概算、施工预算、支付结算、竣工决算的管理环节，做好基本建设财务的日常管理工作。

（4）建立完整的会计核算体系，正确反映建设项目的资金来源和运用情况，监督好资金的使用情况，提供完整的基本建设项目财务信息，做好项目竣工的财务决算，以确定投资项目所产生的生产价值。

二、基本建设预算拨款的校算

（一）基本建设预算拨款的资金管理方式划分

按照现行制度规定，国家对文教、卫生、科研、党政机关等行政事业单位非经营性的建设项目实行基本建设预算拨款。而对于基本建设预算拨款资金的管理，则可以采用以下四种方式：

1．限额管现方式

基本建设拨款限额是指一定时期内，建设单位可以向建设银行支用国家预算拨款的最高额度。建设单位只能在拨款限额范围内，通过建设银行经办行支用国家预算资金。存入建设银行拨款户内尚未支用的拨款限额，并不能构成建设单位的实有资金，它仅仅是建设单位的一种潜在预算拨款资金来源。

2．资金转账管理方式

资金转账管理方式是指建设单位上级主管部门，以实物形式下拨给建设单位，用以调剂和平衡所属各建设单位预算内拨款的一种方式。资金转账管理方式是采用实物抵作当年的基本建设拨款，通过转账形式实现的预算内拨款，建设单位收到的是器材物资，主要有“本年进口设备转账拨款”和“本年器材转账拨款”。

3．资金划拨管理方式

预算内拨款方式由资金划拨替代了原来的限额管理。资金划拨方式是指建设单位收到的预拨款是货币资金。建设单位收到的基本建设货币资金应该存入规定的银行、开设专户，并且要接受银行对货币资金来源是否合法的审查。不过，它实质上仍然是一种国库分散支付的方式。

4．国库集中支付管理方式

国库集中支付管理方式是将政府性财政资金全部集中到国库单一账户，并且规定所有的财政支出必须由国库直接支付。而这里所指的财政性资金包括财政预算内资金、纳入财政预算管理的政府性基金、纳入财政专户管理的预算外资金和其他财政性资金。在这种管理方式下，财政资金的使用可以由各部门（单位）根据细化的预算自主决定，一般由财政部门核准后准予支出。财政资金将由国库单一账户直接拨付给商品或劳务供应商，而不必经过支出单位进行转账结算。为了便于满足各部门（单位）小额零散支出的需求，财政部门可以为预算单位设立当日清算的流动账户。

国库集中支付管理方式具有独特的优越性，其优越性体现在三个方面：①预算支出过程真正与财政监督相结合，财政部门可以根据各支出部门的财务会计资料进行审查监督，以及时发现和制止一些违纪违法行为；②资金集中支付和存储，提高了财政资金的使用效率；③及时反映财政资金运用的信息，全面了解整个财政资金的运转状况。

（二）基本建设预算拨款的资金来源

预算内拨款是指列入国家预算支出，由各级财政拨给建设单位的资金，它包括本年预算拨款、基本建设基金拨款、预收下年度预算拨款、进口设备转账拨款、器材转账拨款和本年基本建设维护费拨款。预算内拨款的范围仅限于非经营性项目（行政事业单位）。预算内拨款主要包括用资金划拨方式拨入的预算内拨款和用资金转账方式拨入的预算内拨款。

1. 用资金划拨方式拨入的预算内拨款

用资金划拨方式拨入的预算内拨款可以分为以下四种：

（1）本年预算拨款。本年预算拨款是指从本年度地方预算中用资金划拨方式拨入的用于完成本年度基本建设计划各项支出的基本建设资金（地方级非经营性项目）。地方各主管部门负责管理的非经营性项目所需要的基本建设资金，由地方级预算拨款解决，纳入地方财政预算的地方机动财力用于基本建设资金也作为本年度预算拨款。地方的机动财力主要有上年财政预算结余、当年财政超收分成和地方预备费以及地方预算外某些专项资金，如增值税附加、所得税附加、城市公用事业附加、城市房地产税、城市公房租金收入等。至于没有纳入地方财政预算的地方机动财力用于基本建设资金，应该作为地方财政自筹资金拨款。因此，目前被称为本年预算拨款的仅限于地方财政安排的预算内拨款。

（2）基本建设基金拨款。基本建设基金拨款是指中央各主管部门负责安排和直接管理的非经营建设项目所需的基本建设资金（中央级非经营性项目）。中央各主管部门负责管理的非经营性项目所需要的基本建设资金，理应由中央级预算拨款解决。因此，目前被称为本年基本建设基金拨款的仅限于中央级非经营性的投资项目拨款。

（3）预收下年度预算拨款。预收下年度预算拨款是指采用资金划拨方式从地方财政预算拨款中在本年度提前预拨给建设单位，用于完成下年度投资中需要在本年内提前安排的各项支出的基本建设资金。一般水利部门、高等院校的基本建设项目就有这种政策优惠情况。它是本年预算拨款的一种转化形式。

（4）本年基本建设维护费拨款。本年基本建设维护费拨款是指经批准的停、缓建建设单位从财政拨入用于停、缓建项目的维护费拨款。

2. 用资金转账方式拨入的预算内拨款

（1）本年进口设备转账拨款。本年进口设备转账拨款是指国家用财政统借统还的外债，从国外进口设备，拨给建设单位。因为统借统还的外债由国家财政承担债务，建设单位并不承担还贷责，对建设单位来说，它是一种以实物形态拨入的预算内拨款。

（2）本年器材转账拨款。本年器材转账拨款是指主管部门从本系统其他建设单位中将需要安装设备、材料通过转账方式调拨给建设单位，抵作基本建设拨款的一种拨款。实际上，它也是一种以实物形态拨入的预算内拨款。

三、建筑企业基本建设投资借款内容

（一）基本建筑投资借款的原则与条件

基本建设投资借款是实行有借有还、谁借谁还的原则。根据现行贷款办法规定，贷款对象必须是具有还款能力和承担经济责任的企业和事业单位。新建企业应该由新厂建设机构作为贷款对象，它是投产以后负责生产的机构改、扩建企业的贷款对象。实行统一核算的专业公司、主管部门、管理局，可以实行统一借款、统一还款。国内合资企业的国家预算投资，由出资方负责借款和还款。国家计划的前期工作项目，由主管部门（或指定单位）负责借款和还款。

所有申请贷款的项目必须要纳入国家五年和年度基本建设计划，具备批准的年度基本建设计划、项目建设书、可行性研究报告和初步设计文件。与此同时，所有申请贷款的项目还要具备以下的条件：①工艺已经过关，产品有销路；②生产所需资源、原材料、燃料、动力、水源、运输等都已经落实；③投资回收期计算准确可靠，能够按期还付息；④建设用地和设备、材料、施工力量已经有安排。如果不具备上述条件，即使已经被列入年度基本建设计划的建设项目，也不会得到贷款。

（二）基本建设贷款的阶段

基本建设贷款各阶段的工作之间有内在的先后顺序，相互组成完整的基本建设贷款程序。而多年来的实践证明，若严格按照基本建设贷款程序行事，就能够有效调动建设单位和建设银行的主动性和积极性，有效地控制基本建设信贷规模。

通常，基本建设贷款程序可以分为以下几个阶段：

（1）可行性研究报告。在对拟贷项目进行深入细致的可行性研究后，如果可以确认项目可行，那么，新建企业就可以在主管部门的担保下，根据批准的可行性研究报告与贷款银行签订贷款协议书，从而进行基本建设的前期工作。

（2）提出贷款申请书。待初步设计得到批准后，借款单位可以向贷款银行经办行提出贷款申请书。贷款申请书主要内容为：建设项目名称、可行性研究报告、批准的总投资、概算总值、计划开工和投产日期、要求贷款期限、投产后预计每年能增加的固定资产折旧基金、新增加利润等。凡是单纯购置设备（如机车、轮船等）的建设单位，可以根据批准的年度计划，向经办行提出贷款申请书，办理贷款申请手续，签订贷款合同。

申请借款的大、中型项目在向相应政府部门报送可行性研究报告的同时，也应将副本与已经批复的项目建议书和借款申请书，送贷款银行总行和有关省、市、自治区、计划单列市分行，由贷款银行总行组织相关部门进行项目评估，相应政府部门在审批大、中型贷款项目可行性研究报告时，会签贷款银行总行。经项目评估确认后的大、中型项目贷款，则由总行出具贷款意向书，以作为相应政府部门安排投资计划的依据。

（3）签订贷款合同与担保。借款单位收到批准的贷款申请书后，即可与经办行签订贷款合同。贷款合同是规定贷款单位和贷款银行双方的权利、义务和经济责任的文件。一经签订具有法律效力，任何一方违反合同，都要承担相应的经济责任和法律责任。贷款合同的内容有贷款总额、用途、期限、利率与分年用款和还款计划、保证条款以及违约责任等。

借款应该有担保，借款单位可以由具有债务承担能力的第三方保证人提供代为偿还的担保，也可将产权属自己的财产作为抵押，必要时可以办理公证。

（4）核定年度贷款指标。借款单位在已经签订的贷款合同总金额范围内，根据建设进度的需求，编制基本建设贷款年度用款计划。建设单位根据贷款银行签发的“年度贷款指标核定通知”，可以在贷款银行开立贷款户。借款单位支用贷款，实行指标管理，贷款指标如当年没有用完，其结余部分可以结转下年继续使用。不过，其结转投资应该纳入下年度基本建设计划，结转的贷款指标应相应抵顶下年度贷款指标。借款单位有异地工程用款，可以转拨或汇拨。

（5）贷款使用。借款单位根据需要可以在贷款户内支用贷款，贷款银行对贷款的使用进行全面检查和监督。

（6）贷款还本付息。借款单位必须在合同规定的期限内还本付息，贷款期限应按照建设期和还款期合并计算。建设期可根据可行性研究和初步设计的规定，并且参照当地的具体施工实际情况来确定。还款期则根据建成投产后每年可用于还本付息的各项资金测算。重工业项目贷款期限不超过15年，一般项目不超过10年，小型零星项目不超过5年。

对借款单位在还款期内未还清的贷款，可以作为逾期贷款，逾期部分加收20%利息。对贷款被挪用的，贷款银行有权从借款单位存款中扣回全部或部分已经发放的贷款，并对挪用部分加收50%的利息。

（三）基本建设投资借款的核算

基本建设投资借款是建设单位按照规定，向建设银行、国家开发银行、其他银行或金融机构借入投资性的中长期借款，是有偿性的基本建设投资。根据投资借款的资金来源，基本建设投资借款主要可以分为以下十种：

（1）“拨改贷”投资借款。“拨改贷”投资借款是指国家（包括中央和地方）财政安排的基本建设预算。这是国家从预算内基本建设投资中，拨出一定的数额，通过建设银行以贷款形式进行分配的投资借款。

（2）国家开发银行投资借款。国家开发银行投资借款是指建设单位从国家开发银行借入的投资借款，包括国家开发银行用软贷款安排的投资借款和用硬贷款安排的投资借款。“软贷款”是指国家开发银行用国家预算划拨的基金安排的投资借款；而“硬贷款”是指国家开发银行通过发行金融债券来筹措资金用于基本建设项目的投资借款。

（3）国家专业投资公司委托借款。国家专业投资公司委托借款是指从国家专业投资公司（能源、交通、原材料、机电、轻纺、农业、林业等）借入的经营性基本建设基金和发行建设债券安排的基本建设投资，委托建设银行发放的基本建设投资借款，具体包括基本建设基金委托借款和其他委托借款。

（4）部门统借基本建设基金借款。部门统借基本建设基金借款是指建设单位向主管部门借入的，由主管部门从财政统借的基本建设基金借款。

（5）部门基本建设基金借款。部门基本建设基金借款是指建设单位借入的由主管部门（邮电、交通、民航、林业）管理和安排的中央级经营性基金+建设基金投资借款。

（6）特种“拨改贷”投资借款。特种“拨改贷”投资借款是指建设单位为完成基本建设计划按规定从贷款银行借入的利用国家重点建设债券获得资金发放的投资借款。

（7）建设银行投资借款。建设银行投资借款是指从建设银行借入的基本建设投资借款，其实质是由银行存款转化的投资，借款同收资金归银行所有。

（8）建设银行发放的委托借款和以信托资金发放的信托借款、委托借款。这是指中央和地方的财政、主管部门、人民银行和企业以专项资金委托建设银行按照指定用途或指定项目发放的基本建设投资借款。煤代油专用基金借款、信托借款也包括在内。委托借款要有足够的资金来源，不准用银行信贷资金垫付。

（9）外资借款和中国银行外汇借款。外资借款和中国银行外汇借款是指包括向外国银行、外国政府或国际金融机构（世界银行、亚洲开发银行等）以及中国银行借入的投资借款。

（10）其他投资借款。其他投资借款是指除上述投资借款以外的其他投资借款。

第三节　建筑企业基本建设投资核算

基本建设投资是以货币表现的基本建设完成的工作量，是指利用国家预算内拨款、自筹资金、国内外基本建设贷款以及其他专项资金进行的，以扩大生产能力（或新增工程效益）为主要目的的新建、扩建工程及有关的工作量。它是反映一定时期内，基本建设规模和建设进度的综合性指标。

在社会主义经济中，基本建设投资在国民收入积累部分和国家财政支出部分中都占很大比重，它是社会扩大再生产的源泉。国家在不同计划时期，规划基本建设投资的来源，决策基本建设投资的规模、发展速度、结构和重大建设项目。而进行巨额的基本建设投资的目的在于为社会增添固定资产，扩大生产能力和效益或对原有固定资产进行技术改造，以促进国民经济和社会的发展，增加国民收入，巩固国防，改善人民生活。

基本建设投资是一定的经济关系和经济条件的产物，为一定的经济建设目标和发展战略服务。社会主义国家基本建设的投资结构，受社会主义基本经济规律和国民经济有计划按比例发展规律的制约，依据不同时期的国情国力，通过国家计划进行配置和调整。投资结构合理与否，是基本建设成败和投资效益高低的决定性因素。

一、基本建设投资组成与效果

（一）基本建设投资的组成

（1）产业部门结构。基本建设投资的产品部门结构反映着生产资料和生活资料两大部类之间的比例关系，使两大部类协调发展，是产业部门投资结构合理化的基本要求。在我国适当增加农业、轻工业投资比重，可以更好地供给人民生活需要。而更快地增加资金积累，则可以更好地发展重工业。若把重工业发展与调整重工业内部投资比例关系结合起来，大力消除其中的薄弱环节，就可以促使农、轻、重互相协调发展。为此，在安排国民经济计划时，要求坚持以农、轻、重为序的方针，搞好综合平衡，促使部门投资结构合理化和国民经济持续地稳定增长。

（2）地区结构。基本建设投资在全国各地区之间分配的比例关系，实质是工业布局问题，是基本建设中的一个最重要最具有长远战略意义的问题。为了让工业生产力按照统一的总体规划协调地于全国分布，保证地区投资结构的合理化，需要做到以下几点：①正确处理沿海工业和内地工业的关系，充分利用和发展沿海工业来积极支持和发展内地工业，逐步平衡工业布局；②在全国范围内建立完整的工业体系，各地区应该根据资源条件和经济特点来发展水平不同、各具特色的地方工业；③企业布点应该接近原料、燃料产地和消费地区，以便能够用尽可能少的投资获得最佳的经济效果。

（3）技术结构。根据技术进步的客观要求，确立基本建设投资分配的比例关系，实际上是处理劳动密集型产业与技术密集型产业的关系问题。在我国的一个相当长的历史时期中，生产技术结构将是一个自动化、机械化、半机械化，以至手工劳动并存的多层次结构。这就要求当前既要建设一批机械化自动化程度高、设备先进的生产企业，作为提高中国工业技术水平主导力量，又要从国外引进技术和进口设备。不过，从国外引进技术和进口设备要有所选择，不能普遍进行设备进口，也不能盲目重复引进。

（二）基本建设投资的效果

影响基本建设投资效果的因素有很多，如科学技术、经济、政治、组织管理和自然条件，等等。从经济管理角度来考察，在基本建设的全过程中，都要实行一些提高投资效果的措施，而且在不同的阶段，实行不同的举措。具体内容如下：

（1）计划阶段是提高投资效果的首要环节，在这一环节，要贯彻量力而行的方针，正确确定基本建设规模；适当集中建设资金，保证重点建设；正确安排投资方向，改善投资的部门结构和再生产结构；安排好建设布局，在宏观计划指导下，发挥优势，不搞盲目建设、重复建设；搞好项目建设的进度安排，主体项目和配套项目同步进行。

（2）在项目决策和设计阶段，要围绕提高投资效果，选择最优建设方案，即对企业规模、厂址选择、生产工艺、设备选型、厂内总平面布局和建筑、结构方案进行研究分析和技术经济论证，遴选出技术上先进、经济上合理的最优方案。

（3）在施工阶段，提高投资效果的前提是缩短建设工期，降低工程成本和确保工程质量。为此，必须改革施工方法，建立好施工组织，加强经济核算。

总之，完善基本建设管理体制，是全面提高基本建设投资效果的重要保证。而加快基本建设改革的步伐，则要着重推行基本建设项目投资包干责任制、工程招标承包制以及基本建设投资“拨改贷”促使基本建设战线形成一个工期短、质量优、投资少、效果好的新局面。

二、建筑安装工程与设备投资的核算

（一）建筑安装工程投资核算

建筑安装工程是基本建设中的主体工程，包括建筑工程和安装工程。建筑安装工程投资核算是对建筑工程和安装工程成本的分类归集，反映投资所形成的主体资产价值，监督投资资金使用的会计工作。为了做好建筑安装工程投资核算工作，必须要了解建筑安装工程的核算范围、成本组成及其内容，熟悉建筑安装工程的管理要求。

1. 建筑安装工程投资额的构成

建设单位实际支出的建筑安装工程投资在“建筑安装工程投资”科目进行核算。建筑安装工程投资额包括建筑工程投资额和安装工程投资额两部分。建筑工程投资额是指在一定时期内建筑业所生产的建筑产品价值总量。建筑产品的特点是个体大、造型复杂、生产周期长。因此，它不能像工业产品那样，等全部完工后再计算产值，而是随着工程进度，按照已经完工分部分项工程实物量计算投资额，以便可以正确地反映基本建设进度，从而为建设单位与施工单位结算工程价款提供依据。安装工程投资额是指对需要安装设备加以装配并固定装置于一定的基座上或构筑物的支架上，所支付的安装加工价值的总和，不包括安装设备的本身价值。

2. 建筑安装工程投资的核算

建筑安装工程费是由按照工程造价形成的分部分项工程费、措施项目费、其他项目费、规费、税金组成的，其中分部分项工程费、措施项目费、其他项目费包含人工费、材料费、放工机械使用费、企业管理费和利润等。建筑安装工程投资的核算内容具体如下：

（1）会计科目。建设单位在进行工程价款的会计核算时，可以将会计科目设置成以下四个总账科目：

①“建筑安装工程投资”科目。它属于资金占用类科目，用来核算建设单位发生的构成基本建设投资完成额的建造工程和安装工程的实际支出，以及为项目配套而建造专用设施所产生的投资支出。本科目应该设置“建筑工程投资”和“安装工程投资”两个明细科目。会计人员在设置工程明细账户时，要注意主体工程与附属配套工程分开进行明细核算，并且要考虑与招标合同相衔接，以便与有关施工单位结算以及考核各个合同执行情

况，加强工程投资的财务监督。

②“预付备料款”科目。它属于资金占用类科目，用来核算尚未实行工程竣工结算办法的建设单位按照规定向承包工程的施工企业预付的备料款，以及拨给施工企业抵作预付备料款的各种材料。本科目按照收取备料款的施工企业的户名进行明细核算。

③“预付工程款”科目。它属于资金占用类科目，用来核算建设单位按照合同规定向承包工程的施工企业预付的工程进度款。本科目按照施工单位的户名进行明细核算。

④“应付工程款”科目。它属于资金来源类科目，用来核算建设单位按照基本建设工程价款结算办法和工程合同的有关规定，与施工企业办理工程价款结算时，应该付给施工企业的工程款。本科目按照施工单位的户名进行明细核算。

（2）会计核算方法。会计核算方法包括以下两种方法：

①出包工程核算方法。出包工程是指通过招标等方式，将整个工程建设出包给施工企业的工程。

②自行建造工程核算方法。第一，自行建造工程是指建设单位自行施工的工程，根据实际发生的建筑安装工程的各项支出，借记“建筑安装工程投资”科目，贷记“库存材料”“银行存款”“库存现金”“应付工资”等科目。工程发生需要分摊的间接费用先以“待摊投资”科目核算，再分摊转入“建筑安装工程投资”科目；对于规模小的单一工程，可以在“建筑安装工程投资”科目下设置“施工管理费”以明细科目进行核算，不需以“待摊投资”核算。第二，工程竣工，办妥竣工验收交接手续交付使用单位时，借记“交付使用资产”科目，贷记“建筑安装工程投资”科目。经批准的报废工程，需要核销工程支出的，借记“待核销基本建设支出”科目，贷记“建筑安装工程投资”科目。第三，建筑单位按规定报经上级批准有偿移交给其他单位继续施工的未完成工程，借记“应收有偿调出器材及工程款”科目，贷记本科目。

③为项目配套而建造的专用设施核算。建设单位为项目配套而建造的专用设施包括专用铁路线、专用公路、专用通信设施、送变电站、地下管道、专用码头等，也在“建筑安装工程投资”科目核算。建造专用设施发生投资支出时，借记“建筑安装工程投资”科目，贷记“银行存款”“库存材料”等科目。专用设施完工后，根据项目经营性质和产权归属，分别按下列情况进行处理：

第一，非经营性项目建造的产权不归属本单位的专用设施，计入转出投资，借记“转出投资”科目，贷记“建筑安装工程投资”科目；第二，非经营性项目建造的产权不归属本单位的专用设施，作为社会公共设施，计入核销基本建设支出，借记“待核销基本建设支出”，贷记“建筑安装工程投资”科目；第三，产权归属本单位的专用设施，可以作为固定资产交付，借记“交付使用资产——固定资产”科目，贷记“建筑安装工程投资”科目。

（二）建筑设备投资的核算

1. 设备投资的分类

设备投资是建设单位发生的构成基本建设实际支出的各种设备的实际成本，包括交付需要安装设备，不需要安装设备和为生产准备的不够固定资产标准的工具、器具的实际成本。

需要安装设备是指必须将其整体或几个部位装配起来，安装在基础上或建筑物支架上才能使用的设备，如轧钢机、发电机、蒸汽锅炉、变压器、各种机泵、机床等。有的设备虽然不需基础设施，但是必须进行组装工作，并且在一定范围内使用，如生产用电铲、塔式吊、门式吊、皮带运输机等。

不需要安装设备是指不必固定在一定位置或支架上就可以使用的各种设备，如电焊机、汽车、机车、飞机、船舶及生产上流动使用的变压机、泵等。

工具、器具是指生产和维修用的各种工具，试验室、化验室用的计量、分析、保温、烘干用的各种仪器，机械厂翻砂用的模型、锻模、热处理箱、工具台等①。

2. 设备安装的入账条件

设备安装入账有一定的条件，设备安装入账的条件主要包括：①设备的基础和支架已经完成；②安装设备所必需的图纸资料已经具备；③设备已经运到安装现场，开箱检验完毕，吊装就位。符合以上三个条件，才能进行安装。在年终时，应该对领用出库的设备进行清查，凡不符合上述三个条件的设备，应该办理假退库手续，用红字借记“设备投资”科目，贷记“库存设备”科目。在下年度开始时，再用蓝字重作同样的分录，登记入账。

3. 建设设备投资层次

设备投资是指设备建设过程中所支出的各项费用之和，是以货币形式表现的设备价值。在安装设备是指已经具备正式开始安装条件的需要安装的设备；不需要安装设备是指不必固定在一定位置或支架上就可以使用的设备；工具与器具是指新建单位或扩建单位的新建车间为生产准备的不够固定资产标准的工具、卡具、模具等。理解设备投资的概念，注意把握好以下三个层次：

（1）基本建设单位会计制度是以资金的用途分类来核算基本建设成本的。“设备投资”就是专项核算用于设备与工器具采购方面支出的成本科目。除列入房屋工程预算内的暖气、卫生、通风、照明、煤气、消防等设备的价值，应计入“建筑安装工程投资”科目，为进行可行性研究而购置的固定资产，以及购入办公室和生活用的家具、器具的价值，应计入“其他投资”科目，用零星购置费、基本建设投资或留成收入购置自用固定资产，应计入“固定资产”科目外，其他设备的购置，不管是否验收入库，也不管是否交付

---

① 中国建筑业协会PPP模式发展研究中心，中国建筑业协会工程项目管理专业委员会. PPP模式与建筑业企业转型升级研究[M]. 北京：中国建筑工业出版社，2017.

安装，最后都要以“设备投资”科目来进行核算。

（2）各种设备。各种设备是指在安装的需要安装设备、不需要安装设备和为生产准备的低于固定资产标准的工具与器具。所说的“各种设备的实际成本”仅指上述设备的采购成本，不包括设备的建筑成本和安装成本。需要安装设备的基础、支架等工程支出都应该作为建筑工程投资，所产生的安装费应该作为安装工程投资，这两部分支出都应该在“建筑安装工程投资”科目核算。

（3）“设备投资”与交付使用资产中的“设备”含义截然不同，要注意两者在核算上的区别，其区别具体如下：①成本科目，只核算应计入基本建设成本的设备采购成本；②反映交付使用资产中的固定资产价值，核算时不仅要包括设备的采购成本，还应包括设备的建筑成本、安装成本以及应分摊的待摊投资等。

在设备交付安装时，往往不能确定是否符合正式开始安装的三个条件，为了既保证账实相符又简化核算，现行制度规定，在需要安装设备出库安装时，先根据出库单从“库存设备”科目的贷方转入“设备投资——在安装设备”科目的借方。到年终时，再对在安装设备进行盘点，此时如发现有不符合正式开始安装三个条件的，就需要办理假退库手续，用红字编制相同会计分录冲回，当年不得计算设备投资完成额。在下年度初，再重新作交付安装的分录。

4．不需要安装设备与生产用工具、器具投资完成额的计算

对于不需要安装设备、生产用工具、器具的，一律将设备、工具、器具运到建设单位仓库或建设单位指定地点，并经验收入库后，即可计算设备投资完成额。至于订购的不需要安装设备或生产用工具、器具，即使已经付款，或已经在途中，均不能计算其投资完成额。

对于购入时不能区分是否需要安装设备的，一般可以先作为需要安装设备入账。待确定为不需要安装设备时，再转入“设备投资——不需要安装设备”科目，计算投资完成额。

三、其他投资的核算

（一）其他投资支出分类

基本建设工程的其他投资是指除建筑安装工程投资、设备投资以外的由建设单位发生的，构成基本建设实际支出的投资。

根据现行会计制度规定，其他投资一般包括以下内容：

（1）房屋购置。房屋购置是指建设单位购置的在建设期间使用的，为办公用品生产使用部门购置的各种现成房屋。

（2）基本畜禽支出。基本畜禽支出是指新建的农牧业建设单位外购大牲畜（如种畜、牧畜等，不包括食用牲畜）、各种禽类（即非食用类禽类，如鸡群、鸭群等）的购置费用和交付使用前所发生的各种饲养费用。牲畜、禽类饲养期间的收入（如幼畜、禽蛋的

销售收入等），应该冲减基本畜禽支出中的饲养费用，如有纯收入，应该转作基本建设收入。原有农牧业企业可以用外购补充基本畜禽支出，不包括在本项目内的，应该按照国有农牧业企业的会计制度进行核算。

（3）林木支出。林木支出是指林业建设单位和经营性的园林建设单位的造林支出和基本建设绿化支出，包括各种经济林等的林木购置、种植、幼林抚育和其他绿化费用不包括成林的抚育费用和非林业、园林建设单位的绿化造林支出。成林抚育费用应该按照国有林业会计制度的规定核算，幼林抚育费用和成林抚育费用如何划分，则要按照财务制度的相关规定执行。非林业、园林建设单位的绿化造林支出，应该计入"建筑安装工程投资"科目。

（4）办公生活用家具、器具购置。办公生活用家具、器具购置是指新建建设单位购置办公生活用的家具、器具的实际支出。

（5）可行性研究固定资产购置。可行性研究固定资产购置指建设单位为进行可行性研究而购置的固定资产的实际支出。

（6）无形资产。无形资产指建设单位拥有的各种无形资产，包括土地使用权（非行政事业单位）、专利权和专有技术等。

（7）递延资产。递延资产指建设单位在建设期间发生的不计入固定资产、流动资产价值的各种递延费用，包括生产职工培训费、样品样机购置费、农业开荒费和非常损失等。行政事业单位建设项目发生的非常损失，应该列入"待摊投资——其他待摊投资"，不包括在本项目内。

新建水产养殖业建设单位，在投资计划中，如果列有鱼苗饲养等支出的，在实际发生时，可以增设"鱼苗支出"明细科目进行核算。

（二）其他投资的核算设置

（1）总账科目设置。设置"其他投资"总账科目，核算由建设单位实际支出的其他投资，包括为建设管理使用的房屋购置，新建单位办公生活用家具、器具购置与为进行可行性研究而购置的固定资产和基本畜禽、牧畜、林木等购置、饲养、培育支出，以及因获得的各种无形资产和递延资产而产生的支出。该科目是资金占用类科目：发生各项投资支出，记借方；交付使用资产时，记贷方余额表示尚未完工结转的其他投资额。

（2）明细科目设置。根据当地投资的分类，设置"房屋购置""基本畜禽支出""林木支出""办公生活用家具、器具购置""可行性研究固定资产购置""无形资产""递延资产"二级科目进行明细核算。

"其他投资"科目应该按各项其他投资支出范围设置明细科目进行明细核算。现行制度规定设置以下七个明细科目："房屋购置""基本畜禽支出""林木支出""办公生活用家具、器具购置""可行性研究固定资产购置""无形资产""递延资产"。如确有必要，在得到上级批准后，可以增设其他明细科目。

（三）待摊投资的核算

1. 待摊投资的核算组成

待摊投资是指建设单位按照项目概算内容发生的，构成基本建设投资完成额的，应该分摊计入交付使用资产价值的各项费用支出。这些费用的支出，虽然本身不直接构成交付使用资产，但是却有助于交付使用资产的形成，是与基本建设有着密切相关的支出，因而理应分摊计入交付使用资产价值。

根据现行制度规定，待摊投资一般包括以下几项内容：

（1）建设单位管理费。建设单位管理费指经批准单独设置管理机构的新建建设单位为进行筹建、建设和竣工验收前的生产准备工作所产生的管理费用。建设单位管理费一般包括工作人员工资、工资附加费、劳动保险费、待业保险费、办公费、差旅交通费、劳动保护费、工具用具使用费、固定资产使用费、零星购置费、招募生产工人费、技术图书资料费、印花税和其他管理性质开支。由生产企业（或行政事业单位）兼办基本建设的管理费的，应该由企业（或行政事业单位）的生产经费（或行政事业经费）开支，不得计入建设成本。

未经批准单独设置管理机构的其他建设单位，如确需要产生管理费用，要报经同级财政部门批准后才可以开支。

（2）土地征用及迁移补偿费。土地征用及迁移补偿费指通过划拨方式取得无限期的土地使用权而支付的土地补偿费、附着物和青苗补偿费、安置补偿费、迁移费，土地征收管理费以及行政事业单位建设项目以出让方式获得土地使用权而支付的出让金。非行政事业单位建设项目以出让方式获得有限期土地使用权而支付的出让金，在“其他投资无形资产”科目核算，作为无形资产单独交付生产使用单位。而对征用土地，则要向地方政府交纳土地开发费。对在征用土地上进行土地平整、原有障碍物的拆除和在建筑场地的布置所产生的费用，不属于本项目的支出范围，应该在“建筑安装工程投资”科目中核算。

（3）勘察设计费。勘察设计费指建设单位自行或委托勘察设计单位进行工程水文地质勘察、设计所产生的费用以及购置标准图纸的费用。勘察设计费按概算投资额的一定费率计算，可以分次支付，如签订合同后支付30%，勘察开工后支付30%，勘察完成后全部结清。

（4）研究试验费。研究试验费指为建设项目提供或验证设计数据、资料进行必要的研究实验，在施工中，按照设计规定必须进行实验所产生的费用，以及支付科技成果和先进技术的一次性技术转让费，主要包括由科技三项费用开支的费用和应该由间接费开支的施工企业对建筑材料、构件和建筑物进行一般鉴定、检查所发生的费用与技术革新的研究试验费，以及应由勘察设计费、勘察设计单位的事业费或基本建设投资中开支的项目（费用）。

（5）可行性研究费。可行性研究费指建设单位在建设前期所发生的按规定应该计入交付使用资产成本的可行性研究费用。为进行可行性研究而购置的固定资产，不属于本项目支出范围，应该在“其他投资可行性研究固定资产购置”科目中核算。经过可行性研究，决定取消的项目多发生的费用，应该按规定从本项目转入“待摊投资——其他待摊投资”科目核算。

（6）临时设施费。临时设施费指建设单位按照规定支付给施工企业的临时设施包干费，以及建设单位自行施工所产生的临时设施的实际支出。临时设施费的内容包括：临时设施的搭设、维修、拆除费或摊销费，以及施工期间专用公路养护费、维修费。临时设施清理拆除所得的残料收入应该作价冲减项目支出。

（7）设备检验费。设备检验费指建设单位按照规定支付给商品检验部门的进口成套设备的检验费。建设单位对进口成套设备自行组织检验所产生的费用，不属于本项目支出范围，应该列入“采购保管费——进口器材”科目核算。

（8）延期付款利息。延期付款利息指建设单位按照合同规定对进口成套设备采取分期付款方式时所支付的利息。

（9）负荷联合试车费。负荷联合试车费指单项工程（车间）在交工验收以前按照设计规定的工程质量标准，在进行整个车间的负荷联合试车运转时所产生的试车亏损，即全部试车费减去试车产品销售收入和其他收入后的差额。单机试运或系统联动无负荷试运所产生的费用，不属于本项目列支范围，应该在“建筑安装工程投资——安装工程投资”科目核算。竣工验收后的试车费和试产费，应该由生产企业负担。负荷联合试车费用包括试车所消耗的原料、燃料、油料和动力的费用，机械使用费、工具与用具使用费，以及参加联合试车人员的工资等。

（10）包干节余。包干节余指非经营性项目实行基本建设包干责任制的建设单位实现的按规定应该计入交付使用资产价值的包干节余，包括按规定留用的包干节余和按规定应上交或抵作偿还基本建设投资借款的包干节余。

（11）坏账损失。坏账损失指建设单位按规定程序报经批准确实无法收回的预付与应收款项。因某种原因而无法偿还的预收款与应付款项，报经批准转销时，应该冲减项目支出。

（12）借款利息。借款利息指建设单位向国内外银行借入基本建设投资借款和周转借款所支付的基本建设计划规定建设期内的借款利息支出。使用部门统借统还基本建设基金借款发生的资金占用费也在本项目支出。超过计划规定建设期的利息，未按合同规定用途使用，挤占挪用借款部分罚息支出和不按期归还借款而加付的利息，按照规定应该由建设单位或上级主管单位从留成收入中支付。投产后的利息，按规定由生产企业的有关资金中支付，不属于本项目支出范围。建设项目在建设期间的存款利息收入和经营性项目在建设期间的财政贴息资金收入，应该冲减本项目。

（13）合同公证费及工程质量监测费。合同公证费与工程质量监测费指建设单位按规定支付给司法部门的合同公证费和支付给工程质量监测部门的工程质量监测费。

（14）企业债券利息。企业债券利息指建设单位按规定应该计入交付使用资产成本的企业债券资金建设期的债券利息。建设单位使用企业债券资金发生在建设期的利息，应该在单项工程竣工时分摊计入工程成本。具体分摊办法，可由主管部门根据本部门的建设特点和债券还本付息的要求自行规定。建设单位将企业债券资金存入银行所取得的利息收入，按照规定应该冲减本项目支出。

（15）土地使用税。土地使用税指建设单位按照规定交纳的土地使用税。土地使用税以纳税人实际占用土地面积为计税依据。

（16）汇兑损益。汇兑损益指建设单位国外借款等外币账户发生的汇兑损益。

（17）国外借款手续费及承诺费。国外借款手续费及承诺费指建设单位按规定应该计入交付使用资产价值的国外借款手续费及承诺费，包括支付手续费、代理费、杂费、担保费和承诺费等。

（18）施工机构转移费。施工机构转移费指建设单位按规定支付给施工机构，由其他省、市原驻地调来承担施工任务而产生的一次性搬迁费用。施工机构转移费主要包括职工随同迁移家属的旅费，调迁期间的工资，施工机械、设备工具、用具和周转料具等的运输费。

（19）报废工程损失。报废工程损失是指经营性项目由于管理不善、设计方案变更、重大灾害事故等造成工程报废所产生的扣除残值后的净损失（即报废工程实际成本+清理费用–回收设备材料残值的净损失）。报废工程要经过有关部门鉴定，在报经同级财政部门审查批准后，才能够报废清理，冲销相应的资金来源。非经营性项目报废不能形成资产部分的投资，应该作待核销基本建设支出处理，不包括在本项目内。

（20）耕地占用税。耕地占用税是指建设单位按规定交纳的耕地占用税。耕地占用税实行定额税率，按实际占用耕地面积一次性交纳。

（21）土地复垦与补偿费。土地复垦与补偿费指建设单位在基本建设过程中破坏土地而产生的土地复垦费用和土地损失补偿费用。土地复垦基金每亩5000元，按实际占用土地面积交纳。

（22）固定资产损失。固定资产损失指建设单位清理固定资产的净损益以及经批准转账的固定资产的盘亏和盘盈。

（23）器材处理亏损。器材处理亏损指销售积压器材所产生的亏损与自用积压物资发生的修理改制费用。当处理积压器材出现销售盈余时，应该冲减本项目支出。

（24）设备盘亏与毁损。设备盘亏与毁损指建设单位发生经主管部门批准转账的设备盘亏和毁损的净损失。如果设备发生盘盈经批准转账后应该冲减本项目支出。

（25）调整器材调拨价格折价。调整器材调拨价格折价指建设单位按规定调整器材调拨价格发生的折价。如果调整器材调拨价格的溢价，则贷记本科目。

（26）企业债券发行费用。企业债券发行费用指建设单位筹措债券资金而发生的发行费用，包括支付给银行的代理发行费和债券的设计、印刷、广告、宣传等费用。

（27）概（预）算审查费。概（预）算审查费指建设单位按规定支付给有概预算审价资质机构的费用。

（28）项目评估费。项目评估费指建设单位为获得贷款等按规定需要支付的项目评估费用。

（29）社会中介机构审计费。社会中介机构审计费指建设单位按规定支付给会计师事务所等社会中介机构的审计费用。

（30）车船使用税。车船使用税指建设单位按规定交纳的车船使用税。

（31）其他待摊投资。其他待摊投资指建设单位发生的除上述各种待摊投资以外的，其他应该计入交付使用资产价值的待摊投资。

2. 待摊投资的核算设置

待摊投资的核算主要是归集不能直接计入单项工程价值的各项投资，再将其分配到交付使用的各项资产价值中去。

（1）总账科目设置。为了归集和核算各项待摊投资的支出，建设单位需要设置“待摊投资”科目，该科目属于资金占用类科目，用来核算和监督建设单位各项待摊投资的产生、分摊和结存情况，产生待摊投资支出，记借方；分摊待摊投资时，记贷方；余额表示尚未分摊的待摊投资额。

（2）明细核算。待摊投资明细核算要根据会计核算与管理的要求，设置明细科目进行核算。会计人员可参照待摊投资明细项目构成，设置待摊投资明细科目。一般应设置“建设单位管理费”“土地征用与迁移补偿费”“勘察设计费”“研究试验费”“可行性研究费”“临时设施费”“设备检验费”等明细科目。具体明细科目设置可以根据本单位会计业务发生的实际情况，按照费用发生的比例大小以及重要性来设置明细科目。

第四节　基本建设投资的导向重构与策略创新

一、建筑企业基本建设投资的导向重构

（一）区域开发视角的转换

地方政府推动当地发展主要从项目开发的视角来强调对单体项目的投资、建设、运营和退出，缺少对整体区域的统筹规划和对外协同，而单体项目对区域经济的长期拉动效应不但相对有限，而且难以满足区域间协调发展的客观要求。

面对巨大的城镇化发展需求，在实施投资拉动的过程中，应该摆脱项目开发的简单逻辑，着眼于区域的整体发展。而区域的高质量发展是一项具有整体性、系统性和协同性的工程，其本质是区域价值被不断发现和挖掘的过程。为更好发挥基本建设投资的撬动功能，地方政府必须从单体项目开发行为的视角向发展全局的区域整体开发转变。同时，对一定区域内不同项目进行重组优化，不仅有利于促进各类要素的合理流动和高效集聚，加快内生动力系统的构建，还有助于形成分工明确、优势互补的区域协同发展格局。

（二）增量分享思维的演变

现在的财政工作不应该只局限于收、支职能，而应该强调“生财”功能，以提升全要素生产率，进一步促进经济增长、防范和化解公共风险、推动国家治理体系和治理能力现代化。在大规模推动基础设施建设，特别是新型基础设施建设的过程中，必须积极谋划如何更好发挥现代财政职能，实现“财政”与“经济”的良性互动。

在具体实践中，由高能社会资本负责片区项目的全部投资，包括对合作区域进行土地整理、前期规划、公共设施和基础设施建设，承担合作期内的城市运营、社会治理等公共服务；条件成熟后引入适合当地的资源优势产业，并且从地方政府新增财力中获得投资上的收益。这种政府和社会资本合作模式因具有“整体外包、封闭运作、滚动开发、增量取酬”的基本特征，既不会给地方财政带来任何风险，又有利于建立及时有效的“供给响应机制”，故能实现财政和经济的紧密衔接，以及“生财、聚财、用财”的有序衔接。

（三）政社合作模式的重构

政府、社会资本虽然各有其目标和规则，但是在一定条件下可以实现行为层面的“越界”，进行有效的合作。在一些公共领域引入市场力量，推广政府和社会资本合作（PPP）模式是一种风险更低、效果更好的供给侧结构性改革的成功实践。政府和社会资本全方位的行为合作，不仅能以全周期的融资活动来减轻政府财政负担，还能以市场化手段聚集优质产业要素，给项目建设运营和经济社会高质量发展注入持续动能①。

① 张琦．新形势下基本建设投资的导向重构、策略创新与政策优化[J]．湖南财政经济学院学报，2020，36（05）：22-31.

（四）风险对冲理念更新

基础设施建设是一项复杂的系统工程，无论是土地整理、征地拆迁、空间规划，还是施工建设、安全环保、质量监督，每个环节都蕴藏着不同风险，这就需要在各参与方之间建立有效的风险管理和争议解决机制。而风险管理理念的差异，又会导致不同的行为选择和实施效果。

PPP模式的引入，极大地改变了政府和社会资本的关系，倡导在双方之间构建平等协商的长期合作机制。在风险管理方面，双方遵循“风险由最适宜的一方承担”“风险与收益相匹配”以及“风险上限”等原则进行风险分担，力争实现风险与收益、风险与能力之间的合理匹配。

针对基础设施建设存在大量不确定性的事实，与其被动地进行风险反馈管理，不如将工作重心前移，采取科学的策略组合，尽可能降低风险的发生概率或减轻可能导致的不利影响。在近年的实践中，风险对冲理念逐渐受到业内人士的广泛关注。这一理念更多关注参与主体和合作机制等因素，要求通过组织优化和制度的科学安排，更好地发挥各参与主体的资源优势和主观能动性，寻求各项目之间成本、收益及其他目标的合理均衡，达到风险“内部消化”或降低风险发生概率及其危害的目的。要想风险“内部消化”或降低风险发生概率，就要在面对风险的态度、应对风险的分工以及化解风险的策略等方面做出及时调整。相比于风险分担，风险对冲理念更能有效减少合作的不确定性，并且有利于降低政府和社会资本之间的谈判成本。

二、建筑企业基本建设投资的策略创新

开发性 PPP 模式本质上仍属于 PPP 模式，在合作目的、运作方式、交易结构以及操作流程等方面具有传统 PPP 的一般属性。开发性 PPP 模式强调政府和社会资本合作的主要内容是基础设施和公共服务，旨在更好满足人民群众日益增长的美好生活需求。在理论基础方面，开发性 PPP 除依据委托—代理、公共选择、政府失灵、不完全契约等传统 PPP 模式的理论基础以外，还融入了激励相容、多元共治、风险对冲、租值消耗、平台生态等理论，是经济学经典理论在我国指导区域综合开发的创新性实践。

开发性 PPP 模式具有两层内涵：①空间开发。即对指定的封闭区域进行整体规划、产业布局、资源整合和要素集成，实现一体化综合开发。在此过程中，社会资本通过对土地、环境以及公共资源的有序开发和高效利用，来实现政府存量资产的价值增值；②产业开发。有别于单体项目型 PPP 模式，社会资本在合作过程中还需承担政府一部分招商引资和后续服务职能，具体包括产业规划、产业导入、产业服务等内容，通过合理的产业布局，提升区域的自我造血功能，营造产业氛围深厚、产业结构合理、产业优势明显的区域可持续发展模式。因此，开发性 PPP 模式能以市场赋能和价值挖掘来带动资源、产业和社会的全面

发展，从而提升区域的整体价值和“自我造血”的功能。

开发性 PPP 模式将集空间开发和产业开发功能融为一体，即政府和社会资本之间通过组织优化和制度创新，在土地使用、项目引进、区域运营、社会治理等方面加强风险识别、风险防控和风险内部化工作，有效降低项目的整体性风险。因此，开发性 PPP 模式是新形势下推动片区开发等综合型基本建设项目，更加科学、更可持续的政府和社会资本合作模式。

近年来，开发性 PPP 模式以空间开发和产业开发的思路同步推动整个区域的建设运营，并且通过明确权责利边界，将单体项目的外部性（包括风险的外部性、收益的外部性和动力的外部性）内化到区域整体之中，从而有利于更好地挖掘区域潜在价值，减少对地方财政和土地资源的长期依赖。

任何实践的创新既需要理论指导和政策保障，又能反向推动理论与政策的创新。开发性 PPP 模式是将传统 PPP 模式与片区综合开发运用的创新性探索，不仅有效破解了大规模基础设施建设过程中面临的开发效率、政府债务、项目融资、规划能力和执行力等问题，还深层次地解决了政府和社会资本的行为选择和利益分配冲突，从而有利于发挥市场在资源配置中的决定性作用。

财政承受能力论证主要解决项目资金需求与当地财政支付能力之间不平衡的问题，对约束投资行为、防范地方债务风险具有积极意义，这也是规范PPP行业发展的重要举措。鉴于财政承受能力论证的设置初衷是控制政府支出责任、防范财政风险，而开发性PPP项目能实现财政风险的有效“隔离”，建议针对开发性PPP项目另行制定适用的财政承受能力论证方法。

基金预算需要在符合政策方向和相关规定的前提下，统筹用于支持PPP项目。在具体实践中，开发性PPP项目由于投资规模较大，如果仅以一般公共预算安排会面临较大压力，通常需要政府性基金予以支持。为此，建议要及时调整政策，可针对开发性PPP项目，在限定一定支出比例的前提下适当扩大政府性基金的使用范围，从而能够更好地保障政企双方的合法权益。

第四章　建筑施工企业投资与经济管理

在我国当前市场经济形势下，建筑施工企业纷纷向本领域产业链的上游延伸、向投融资及建设一体化转型，积极运作实施投资类项目。而投资类项目普遍具有规模较大、模式繁多、操作复杂等特点，这对建筑施工企业的能力建设提出了更新的要求。基于此，建筑施工企业应该在相关方面采取相应措施，以加强企业能力建设，增强核心竞争力。本章重点论述建筑施工企业直接投资决策管理、建筑施工企业证券投资管理、建筑施工企业项目投资管理等内容。

第一节　建筑施工企业直接投资决策管理

投资是指企业以获得未来收益为目的，预先垫付资金，以经营某项事业的行为；决策是指从几个为达到同一目标而可以更换的、代替的方案中选择最佳方案。

随着经济体制改革的不断深入，建筑施工企业的自主权不断扩大，不但发展企业的生产需要投资，以增加企业的固定资产和流动资金，而且开展横向经济联合，发展多种经营，拓宽企业的经营范围等也都需要投资。

企业投资分为直接投资和间接投资。直接投资是指企业垫付资金去购置机器设备、建设厂房或开展多种经营、创造新企业；间接投资是指企业用资金购置股票、债券等有价证券。直接投资用于购建固定资产，所以也叫固定资产投资，由于固定资产的造价高、使用时间长，决策不当会给企业造成重大损失，或成为企业的长期负担。因此，建筑施工企业进行直接投资前要做好决策工作。

选择技术上先进、经济上合理的最佳投资方案，不仅可以提高投资使用的经济效益，还直接影响企业财务活动的成果。企业在进行一项投资时，应该提出几个方案进行比较，以便从中选出最佳投资方案。

一般来说，选择最佳投资的方法，主要有静态分析法和动态分析法。

一、静态分析法

静态分析法就是在选择投资方案时从静止的状态出发，不考虑时间因素对投资效果产生影响的方法。

具体来说，静态分析法主要分为以下三种：

（一）投资回收期限法

投资回收期说明某项工程的投资需要经过几年，通过利用投资所获得的利润和税金收回。这种方法可以在两个以上的建设方案之间进行比较时使用，在各个方案中，回收期限短的方案是最佳方案。

当然，也可以由主管部门制定定额回收期，作为部门选择投资方案的标准。企业在进行投资时，计算出投资回收期，与定额回收期比较，从低于定额回收期的方案中，选择最佳方案。

（二）折算费用法

在生产规模相同的方案中，选择经济效益好的最佳投资方案时，主要考虑两个因素：一是投资额；二是工程项目投产后所产生的产品年成本。如果提出的几个方案的投资相同，工程项目投产后，产品年成本最低的方案就是最佳方案；反之，如果工程项目投产后，产品的年成本相同，则投资少的方案便是最佳方案。如果一个方案同时具备上述两个条件，即所需的投资比其他方案少，且投产后产品的年成本也最低，这个方案无疑是经济效益最好的方案，因为它具有了降低产品成本和节约基本建设投资的双重效果。不过，在实际工作中，很少见到这样的方案，往往是产品年成本低的方案要采用新工艺、新技术，所用的投资必然多一些；而投资少的方案，其产品年成本就高一些。由此可见，为了进行方案比较，必须对各个方案的数据进行加工，因为投资是一次费用（即一次投入，在较长时间内产生效果的费用），产品成本是经常费用（即随时投入，随时产生效果的费用），两者是没有可比性的。为了进行比较，必须将一次费用换算成经常费用，或是将经常费用换算成一次费用。而换算的方法有两种：第一种是以基本建设投资为基础，将工程项目投产后的产品年成本乘上定额回收期；第二种是以投产后的产品年成本为基础，将基本建设投资乘上定额回收系数（定额回收期的倒数）。

定额回收系数就是折算费用法，采用的是后面的方法，就是以投产后产品的年成本为基础，将基本建设投资乘上定额回收系数，把基本建设投资换算成等值的年投资额，再加上产品的年成本，然后进行方案比较。

（三）决策树法

决策树法是通过绘制决策树来选择最佳投资方案的方法，决策树的样式如图4-1所示[①]。图中方块□代表决策结点，由决策结点引出若干条树枝，每条树枝代表一个方案，这些树枝叫作“方案枝”；圆圈○代表状态结点，由状态结点引出的树枝叫作“状态树枝”。

① 刘绍敏，王贵春. 建筑施工企业财务管理[M]. 重庆：重庆大学出版社，2015.

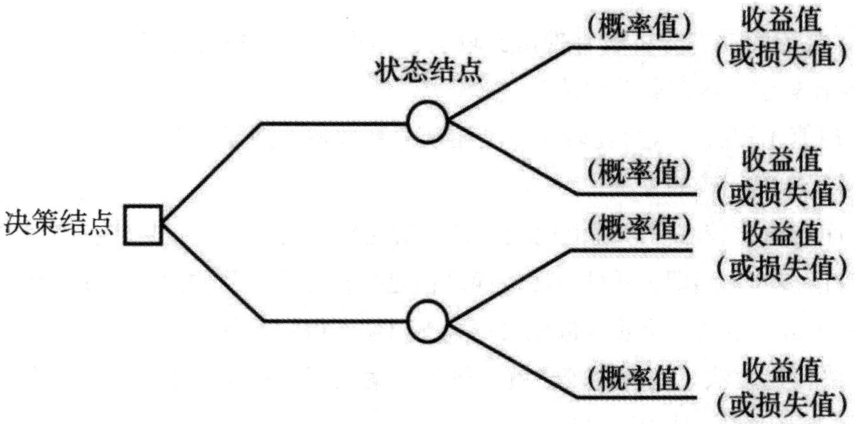

图4-1 决策树

由于一项决策往往有几个方案，一个方案又有几种状态，因此，决策树往往自左向右形成一个树形状图。

在应用决策树法进行决策时，一般要从右向左，逐步后退，根据右方的损益值，计算该方案在不同状态下的预期收益值，并据此选择。选择时舍弃的方案称为“修枝”，须在枝上加删除符号“#”，最后决策结点只留下一条树枝，这就是决策树中的最佳选择方案。

二、动态分析法

（一）时间价值与等值

动态分析法与静态分析法不同，它是用运动的观点分析选择最佳投资方案，分析时考虑时间因素的影响，此处时间因素主要是指利息因素。在研究动态分析法之前，先要明确相关概念，如时间价值、等值等概念。

（1）时间价值。随着经济体制改革的深入，企业的基本建设资金和流动资金相继由预算拨款改为银行贷款，贷款需要计算利息，企业发行债券、购买债券，进行存款都需要计算利息。因此，利息杠杆的作用加强了。目前，它已成为企业经营管理工作中必须认真考虑的一个重要问题。由于利息因素的影响，一笔借款或一笔投资使用的时间不同，它们的价值也不尽相同。而动态分析法考虑了利息因素的影响，利息因素影响的结果使得一笔投资在不同的时间点上表现出不同的价值，即时间价值。

（2）等值。等值是指由于受利息因素的影响，在不同时期偿付不同数额的款项，虽然它们的绝对值不同，但是其价值是相等的。通常，等值才能够进行比较，不等值是不能够进行比较的。动态分析法要求只有把各年发生的费用换算成可比的现值，或可比的终值，或可比的年等值，才能进行比较。

（二）常用动态分析方法

通常，常用的动态分析法有现值比较法、净现值比较法、终值比较法、年等值比较法、收益率比较法、内部收益率法等。

（1）现值比较法。现值比较法是利用现值系数将不同年度发生的费用换算成可比的现值，再进行方案比较的方法。

（2）净现值比较法。净现值比较法是现值比较法的一种，它是将各方案的净现值求出，而净现值多的方案即为最佳方案。净现值是指在工程项目的建设和使用年限内，用每年所产生的折成现值的资金收入额减去资金支出额所得的差额。

（3）终值比较法。终值比较法就是将各方案在不同年度产生的费用都换算成可比的终值，然后进行比较，从中选出最佳方案的方法。

（4）年等值比较法。年等值比较法是以投产后产品的年成本为基础，将基本建设投资（机器的购入价格）乘上资金回收系数，把它换算成等值的年投资额，加上产品的年成本，然后进行方案比较的一种方法。

（5）收益率比较法。收益率比较法是根据投资对象将来的收入情况，计算出投资的收益率，然后将各方案的收益率进行比较，选出最佳投资方案的方法。收益率比较法的优点是事先可以知道各个方案可以带来多高的收益率，以便选择收益率高的最佳投资方案，缺点是计算比较复杂。收益率比较法是在年等值比较法基础上发展起来的方法，它的基本原理是将收入和支出都换算成现值或年等值，然后令收入的年等值（或现值）等于支出的年等值（或现值），以求得收益率。

（6）内部收益率法。内部收益率法是收益率比较法的一种，其特点是按企业或企业的主管部门规定，以内部投资收益率作为该企业固定资产投资必须达到的最低要求。之后，以此为标准与各投资方的投资收益率进行比较，从而选出最佳的投资方案。

综上所述可见，每种固定资产投资动态分析方法都有自己的优缺点，企业可以根据需求去选用。

第二节　建筑施工企业证券投资管理

证券是指票面标有一定金额，代表一定量的财产权利，证明持券人有权按期获得一定的利息、股息等收入，可以自由转让和买卖的所有权或债权凭证。证券投资是指投资者将资金用于购买公开发行的有价证券，从而获得收益的投资行为。

一、建筑施工企业证券投资的主要目的

一般来说，建筑施工企业进行证券投资，主要有以下目的：

（1）利用闲置资金，获得投资收益。企业在生产经营过程中，可以将闲置的现金进行有价证券投资，以获得一定的收益，并且在现金流出超过现金流入时，可以将持有的证券出售，以取得经营所需的现金。

（2）与筹集长期资金相配合。处于成长期或扩张期的公司一般每隔一段时间就会发行股票或公司债券，但是一般并不将所获得的资金一次性用完，而是逐次、分次使用。而那些暂时不使用的资金就可以投资于有价证券，以获得一定的收益。不过，当企业进行投资需要资金时，就要卖出有价证券，以获得现金。

（3）应对未来或季节性对现金的经常需求。举例说明，某公司在不久的将来有一笔现金需求，那么，它可以将现有现金投资于有价证券，以便到时售出，满足现金的需要求。有些生产经营有季节性特征的公司在一年内的某些月份有剩余现金，而在另几个月则会出现现金短缺，这些公司通常在现金有剩余时购入有价证券，而在现金短缺时出售有价证券。

（4）获得对相关企业的控制权。在市场竞争过程中，有些企业从战略上考虑需要控制其他企业时，往往会动用一定资金购买该企业的股票，以便获得对企业的控制权①。

二、建筑施工企业证券投资的类型与程序

（一）建筑施工企业证券投资的类型划分

根据投资对象的不同，建筑施工企业证券投资可以分为债券投资、股票投资及组合投资等。

（1）债券投资。债券投资是指投资者将资金用于购买国债、公司债券和短期融资券等各种形式的债务投资行为。企业购买国库券、公司债券和短期融资券等都属于债券投资。与股票投资相比，债券投资能获得稳定的收益，投资风险较低。

（2）股票投资。股票投资是指投资者将资金用于购买其他企业所发行的股票的投资行为。企业投资股票，尤其是投资普通股票，要承担较大风险，但是收益也比较高。

（3）组合投资。组合投资是指将资金同时用于购买国债、企业债券、企业股票等多种证券，以分散投资风险，获得收益的投资行为。

（二）建筑施工企业证券投资的一般程序

建筑施工企业投资证券是有一定的程序的，其具体程序如下：

（1）合理选择投资。为达到投资目的，建筑施工企业应该遵循一定的投资原则，认真分析投资对象的收益水平和风险程度，以便合理选择投资对象，将风险降到最低，获得

---

① 宋勇，齐景华，杨生梅. 建筑企业财务管理（第 2 版）[M]. 北京：北京理工大学出版社，2014.

最好的投资收益。一般情况下，如果企业进行证券投资的目的是寻求未来稳定的收益，则应该选择那些收益稳定、信誉较高的债券（如国债）或优先股作为投资对象。如果企业进行证券投资是为了分散投资风险，就应该在重视投资行业选择的基础上，去选择合适的企业股票作为投资对象。如果企业的抗风险能力较强，有专业的投资人才，投资的主要目的是盈利，则可以适当地选择某些盈利能力较强的股票（这种股票的风险通常也较高），或等级较低的公司债券作为投资对象。

（2）委托买卖。由于投资者无法直接进场交易，买卖证券业务需委托证券商代理。证券投资大多要通过证券交易所进行交易，其证券交易必须通过有资格进入证券交易所进行交易的证券商（作为经纪人）代为进行。此时证券投资者就面临着选择适当的证券商作为自己经纪人的问题。在选择经纪人时，要考虑经纪人的资金实力、操作经验和特长、服务水平和信誉等多方面的因素。选定经纪人后，投资者要在经纪人处开立户头，确立委托买卖关系。

（3）成交。证券买卖双方通过中介券商的场内交易员分别出价委托，若买卖双方的价位与数量合适，交易即可达成。

（4）清算与交割。建筑施工企业委托券商买入某种证券成功后，即应解交款项，收取证券。清算即指证券买卖双方结清价款的过程。证券交易成交后，买卖双方要相互交付价款和证券，如某投资者买入一笔股票，买卖成交后，他要向股票的卖方交付价款，收取股票；反之，卖方则要向他交付股票，收取价款，这一过程即为证券的交割。

（5）办理证券过户。证券过户只限于记名证券的买卖业务。当企业委托买卖某种记名证券成功后，必须办理证券持有人的姓名变更手续。

三、建筑施工企业证券投资的主要风险

证券投资风险是指证券投资收益的不确定性，即证券投资无法达到预期收益或遭受损失的可能性。进行证券投资，需要承担一定风险，这是证券的基本特征之一。一般来说，证券投资风险主要分为系统风险和非系统风险。

（一）系统风险

系统风险主要有宏观经济风险、政策风险、市场风险、购买力风险和利率风险。

（1）宏观经济风险。宏观经济风险是指一个国家的宏观经济发展状况对证券市场的影响。

（2）政策风险。政策风险是指因政府有关证券市场的政策发生重大变化，或重要的举措或法规出台引起证券市场的波动而给投资者带来的风险。

（3）市场风险。这是金融投资中最普遍、最常见的风险，无论投资股票、债券、期货、期权等有价证券，还是投资房地产、贵金属、国际贸易等有形资产，几乎所有投资者

都必须承受这种风险。这种风险来自市场买卖双方供求的不平衡。

（4）购买力风险。购买力风险也就是通货膨胀风险，是指通货膨胀、货币贬值给投资者带来实际收益水平下降的风险。

（5）利率风险。利率风险也称为货币风险，是指由于货币市场利率的变动引起证券市场价格的波动，从而影响证券收益率的变动而带来的风险①。

（二）非系统风险

非系统风险主要有信用风险、经营风险、财务风险和期限性风险。

（1）信用风险。信用风险又称违约风险，是指证券发行人在证券到期时无法按期支付利息或偿还本金，而使投资者遭受损失的风险。

（2）经营风险。经营风险是指企业的决策人员与管理人员在经营管理过程中出现失误导致企业亏损、破产，使投资者遭受损失的风险。

（3）财务风险。财务风险是指企业财务结构不合理所产生的风险。

（4）期限性风险。期限性风险是指因证券期限长而给投资人带来的风险。一项投资的到期日越长，投资人遭受的不确定性因素就越多，承担的风险越大。

第三节　建筑施工企业项目投资管理

一、企业投资

（一）投资与企业投资

1. 投资

投资是企业在市场竞争中持续发展、为股东创造价值的关键而又具有风险的活动。在竞争环境下，企业投资决策的基本准则是投资项目的预期收益超过基准收益，投资损失在企业承受能力以内。

企业进行项目投资的根本目的在于创造价值，而价值的创造在于一个项目的收益超过了金融市场所要求的收益，即获得超额收益。这种超额收益被定义为价值的创造。一般来说，价值的创造有几个方面的来源，但是最重要的来源是行业吸引力和竞争优势。

企业投资项目价值的创造体现在企业的增量现金流和综合资本成本上。现金而非会计收入。只有在预期未来有更多的现金流入的情况下，公司才会在当期用现金进行投资。当然，现金还必须是以增量的形式提供，选择投资项目还是放弃投资项目在于分析它们之间的差别，同时，还必须考虑现金的时间价值等因素。

---

① 刘金亮. 证券投资的风险规避与预防探讨[J]. 山西农经，2020（07）：161-162.

如果接受任何投资项目都不会改变投资者对公司风险状况的评价，那么，在资本预算决定选择哪一个投资项目时，可以使用统一的预期报酬率。不过，不同的投资项目往往具有不同程度的风险，而预期能提供高收益的项目可能会增加公司的经营风险，尽管这种项目可能具有相当大的潜力，但是风险的增加还是有可能会降低公司的价值①。

2. 企业投资

企业投资是指企业对现在所持有资金的一种投放和运用，如购置各种经营性资产或购买各种金融资产，或者是获得这些资产的权利，其目的是在未来一定时期内获得相应的投资回报。在市场经济条件下，企业能否将资金投放到回报高、风险小、回收快的项目上去，对于企业的生存和发展具有十分重要的意义。

企业投资是实现财务管理目标的基本前提。企业财务管理目标是不断提升企业价值，为股东创造财富。这就要求企业采取各种措施不断增加盈利、降低风险。企业要想获得更多的盈利，就必须进行投资，只有这样，才能获得投资效益。

企业投资是企业生产经营和发展的必要手段。随着社会经济不断发展、科学技术不断进步，企业无论是维持简单再生产还是实现扩大再生产，都必然要进行一定的投资。要维持简单再生产，就必须及时对所有固定资产设施进行更新，对产品和生产工艺不断改进，不断提高员工技术水平等。而要实现扩大再生产，就必须新增固定资产投入、增加员工人数、提升员工素质、提高生产工艺技术水平等。企业只有通过一系列的投资活动，才能不断增强企业实力、拓展企业市场。

企业投资是企业降低经营风险的重要方法。企业把资金投放到生产经营的薄弱环节或关键环节，可以促进各种经营能力配套、平衡，形成更大的综合生产能力。企业如果把资金投向多个行业、多个领域，实现经营多元化，则更能够拓展企业的市场销售和增加企业盈余的稳定性。这些都是降低企业经营风险的重要方法。

（二）企业投资的类型划分

为了全面了解企业投资行为，加强投资管理，有必要对企业投资按不同的标准进行类型划分。

1. 按照投资与企业生产经营活动的关系划分

（1）直接投资。直接投资是指企业将资金直接投放于企业的生产经营活动或直接投放于其他企业的生产经营活动，以赚取生产经营利润的投资。

（2）间接投资。间接投资（又称证券投资）是指企业将资金投放到有价证券等金融资产上，以获得利息、股利或资本利得的投资。

2. 按照投资回收时间的长短划分

（1）短期投资。短期投资（又称为流动资产投资）是指企业将资金投放于能够在一

① 冯琛星. 建筑工程项目投资风险应对策略分析[J]. 财经界，2020（32）：76-77.

年以内收回的各种流动资产上的投资，如对现金、应收账款、存货、短期有价证券等的投资。

（2）长期投资。长期投资是指在一年以上才能够收回的投资，如购建房屋建筑物、机器设备等固定资产，进行新产品、新技术、新工艺、新材料的研发，购买其他企业发行的企业债券，长期持有其他企业的股权（股票），兼并、收购其他企业等。

3．按照投资在企业生产经营过程中的作用划分

（1）初创投资。初创投资是指创建企业阶段所进行的投资，这种投资形成企业的原始资产，为企业后续的生产经营创造必要的条件。

（2）后续投资。后续投资是指企业创立以后，为了保持生产经营的正常进行和不断发展壮大所进行的各种投资。后续投资主要包括为了维持简单再生产而进行的更新性投资和为了实现扩大再生产所进行的追加性投资，以及为调整生产经营方向所进行的转移性投资。

4．按照投资的方向划分

（1）对内投资。对内投资是指把资金投放到企业内部的生产经营活动的投资，如购建固定资产、储备存货等，旨在扩大企业内部再生产。

（2）对外投资。对外投资是指企业以现金、实物、无形资产等方式或以购买股票、债券等有价证券方式，对其他单位进行的投资，旨在实现经营多元化，从而分散风险，实现企业外延扩大再生产。

一般来说，企业对内投资都是直接投资。而对外投资可以是直接投资，也可以是间接投资。

（三）企业投资的一般原则

企业进行投资的根本目的在于赚取利润、增加企业价值。企业能否实现这一目标，关键在于能否抓住有利的投资机会，做出正确的投资决策。因此，企业在进行投资管理与决策时必须坚持以下原则：

（1）认真做好市场调查，及时捕捉投资机会。捕捉投资机会是企业投资活动的起点，也是企业投资决策的关键。在市场经济条件下，投资机会是不断变化的，它受诸多因素的影响，其中受市场需求变化的影响比较大。企业在投资之前，必须认真进行市场调查和市场分析，寻求最有利的投资机会。市场在不断变化发展，要从动态的角度正确把握市场和投资机会的关系。

（2）遵循科学投资决策程序，做好项目投资的可行性分析。在市场经济条件下，企业的投资决策都必然面临一定的风险。为了确保投资决策的正确有效，投资决策者必须要按照科学的投资决策程序，认真进行项目投资的可行性分析。项目投资可行性分析的主要目的在于对项目投资工程技术上的可行性、国民经济上的可行性以及财务上的可行性进行分析论证，运用各种技术和方法计算分析相关指标，以合理确定不同项目投资的优劣。由于财务部门是对企业的资金进行规划和控制的部门，因此财务人员必须参与项目投资的可

行性分析。

（3）及时足额地筹集资金，保证项目投资的资金供应。企业的项目投资，特别是大型项目投资，投资建设期长，所需资金量大，一旦开工建设就必须有足够的资金供应，确保项目投资建设进度的顺利进行。在项目投资开工建设前，必须要科学合理地预测项目投资所需资金的数量以及时间进度，采用适当的方法筹措资金，以保证项目投资建设的顺利完成，尽快产生投资效益。

（4）认真研究项目投资的风险，做好项目投资风险控制。报酬与风险是共存的，一般情况下，报酬越大，风险也就越高，报酬的增加可以说是以风险的增大为代价的，而风险的增加又将会引起企业价值的下降，不利于企业财务目标的实现。企业在进行项目投资时，必须在考虑报酬的同时，认真权衡风险情况。只有在报酬与风险达到均衡时，才有可能不断增加企业价值，实现企业的财务目标。

二、建筑施工企业项目投资

（一）建筑施工企业项目投资特点与投资主体

通常，企业项目投资是指长期投资中的固定资产投资，在企业的全部投资中，项目投资具有十分重要的作用，对企业的稳定与发展、未来盈利能力、长期偿债能力都具有重要意义。

1. 建筑施工企业项目投资的特点

与企业其他类型的投资相比，建筑施工企业项目投资具有以下五个特点：

（1）影响时间长。作为长期投资的项目投资发挥作用的持续时间较长，一般要几年、十几年甚至几十年才能收回全部投资。因此，项目投资对企业未来的生产经营活动和财务状况具有重大影响，其投资决策的成败对企业未来的命运具有至关重要的影响，甚至起决定性的影响。

（2）投资数额大。项目投资，特别是战略性的扩大生产力投资，一般都需要较多的资金，其投资数额往往在企业总资产中占有相当大的比重。因此，项目投资对企业的融资、未来的现金流量和财务状况都会产生深远的影响。

（3）不经常发生。项目投资一般不会频繁发生，特别是大规模、具有战略意义的项目投资，一般要几年甚至几十年才发生一次。因此，企业做出的每一项决策都很慎重。

（4）变现能力差。作为长期投资的项目投资，由于其回收期较长，在短期内变现的能力很差。因此，项目投资一旦完成，便具有不可逆转性。

（5）投资风险大。项目投资的上述特点也就决定了项目投资风险大的特点。因此，企业在投资决策过程中要认真做好风险评估，在项目投资运行寿命期内做好风险控制，以尽可能降低风险，提高投资效益。

2. 建筑施工企业项目投资的投资主体

财务管理的投资主体是企业而非个人、政府或专业投资机构。投资主体不同，其投资目的也有所不同，且其决策评价标准和决策评价方法等也存在着区别。

企业从金融市场上融资，然后投资于固定资产、流动资产等，期望获得相应的投资回报，以增加企业的盈利、提升企业价值。企业从金融市场上获得资金进行投资，必然要求其投资回报超过金融市场上资金供应者所要求的回报率，只有超过才会增加企业盈利、增加企业价值。因此，投资项目优劣的评价标准应该以融资成本为基础。

（二）建筑施工企业项目投资的类型划分

按照不同标准，建筑施工企业项目投资可以分为以下几种类型：

1. 按照投资对企业的影响划分

（1）战略性投资。战略性投资是指对企业全局产生重大影响的投资，如并购其他企业、扩大企业生产经营规模、开发新产品等。战略性投资可能是为了实现多元化经营，也可能是为了实现对被投资企业施加重大影响甚至控制，其特点在于所需资金一般较多、回收时间较长、投资风险较大。由于战略性投资往往会扩大企业生产经营规模和生产经营活动范围、甚至改变生产经营活动方向。因此，对企业的生存和发展影响深远。通常，这类投资必须在严格按照科学的投资程序进行严密的分析研究后，才能做出决策。

（2）战术性投资。战术性投资是指只关系到企业某一局部的具体业务投资，如设备的更新改造、原有产品的升级换代、产品成本的降低等投资项目。战术性投资主要是为了维持企业现有生产能力、维持企业现有市场份额，或者是利用闲置生产能力增加企业收益。因此，其投资所需资金较少、回收时间较短、风险相对较小。短期性投资一般属于战术性投资。

2. 按照投资对象划分

（1）固定资产投资。固定资产投资即将资金投放于房屋建筑物、机器设备、运输设备、工器具等固定资产。

（2）无形资产投资。无形资产投资即将资金投放于专利权、非专利技术、商标权等无形资产。

（3）其他资产投资。其他资产投资即将资金投放于上述资产之外的其他长期性资产，如土地使用权、商誉、开办费等。

3. 按照项目投资顺序与性质划分

（1）先决性投资。先决性投资是指只有对某项目进行投资，才能使其后或同时进行的其他项目投资实现收益，如企业为了扩大生产能力引进新的生产线，为使新的生产线能够正常运转，就必须有电力保障，这里的电力项目投资就属于先决性投资。

（2）后续性投资。后续性投资是指在原有基础上进行的项目投资，投资建成后将发挥原项目同样作用或更有效地发挥同一作用或性能，能够完善或取代现有项目的投资。

4. 按照项目投资时序与作用划分

（1）创建企业投资。创建企业投资是指为创建一个新企业，包括在生产、经营、生活条件等方面的投资。投入资金通过建设成为新建企业的原始资产，如新建一个分公司或子公司。

（2）简单再生产投资。简单再生产投资是指为更新生产经营中已经不再满足生产经营需求的过时设备而进行的投资。其特点是把原来的生产经营过程中回收的资金重新再投入生产经营过程，维持原有的生产经营规模。

（3）扩大再生产投资。扩大再生产投资是指为了扩大企业现有的生产经营规模所进行的投资。这时企业需要追加投入资金进行投资，以扩大企业的资产规模。

5. 按照增加利润的途径划分

（1）增加收入的投资。增加收入的投资是指通过扩大企业生产经营规模或营销活动来增加企业的收入，进而增加利润的投资。其投资决策规则是评价项目投产后所产生的现金流量是否能证明该项投资是可行的。

（2）降低成本的投资。降低成本的投资是指维持企业在现有生产经营规模的前提下，以降低生产经营成本来间接增加企业利润的投资。其投资决策规则是评价项目投产后，企业在降低成本中所获得的收益是否能证明该项目是可行的。

6. 按照项目投资之间的关系划分

（1）独立性投资。独立性投资是指当采纳或放弃某一项目（或方案）时，并不影响另一项目（或方案）的采纳或放弃，如某建筑施工企业收购某建材厂与施工企业自身的施工生产活动，这就属于两个彼此独立的项目投资。

（2）相关性投资。相关性投资是指当采纳或放弃某一项目（或方案）时，就必须采纳或放弃另一项目（或方案）的项目投资，如某建筑施工企业投资建设某一工业生产厂房和相关生产设备的投资。

（3）互斥性投资。互斥性投资是指接受某一项目投资就必须放弃另一项目投资。简言之，就是非此即彼，几个可行项目中只能选其一，如某开发商在同一块土地上要么开发普通的高层住宅，要么开发高档别墅，要么开发写字楼，在这几个方案中只能选其一。

研究项目投资的分类，可以更好地掌握项目投资的性质和彼此之间的相互关系，有利于投资决策者抓住重点，分清主次。而明确项目投资的分类，则有利于企业投资决策者做出正确的决策。

（三）建筑施工企业项目投资程序

1. 项目投资决策程序

（1）确定投资目标。项目投资决策要先弄清楚所进行的项目投资的目的或者需要解决的问题。

（2）提出备选方案。项目投资决策目标确定以后，就要提出备选方案。有时只有一个备选方案，有时可能是出多个备选方案。提出备选方案是项目投资决策分析的重要环节。一般来说，决策分析就是建立在备选方案的基础之上的。

（3）搜集可计量信息。在提出备选方案后，要为每一个方案尽可能多地搜集可计量的信息，如项目投资的未来现金流入量、流出量等，这些信息可以从本企业以及其他企业之前同类或类似项目投资中获取，再根据具体情况进行适当的调整。

（4）比较分析。在完成信息搜集的基础上，选择并利用适当的项目投资评价方法，计算分析各备选方案的相关评价指标，判断各方案是否可行。

（5）最终决策。在对备选方案进行比较分析的基础上，充分考虑各种可计量和不可计量信息，然后再提出最优方案。

项目投资决策既是在掌握了大量资料的基础上进行的，又是在对项目进行机会研究、可行性研究和评估的基础上进行的，它是整个项目投资管理过程的重要环节。

2．项目投资管理程序

从项目整个生命周期来看，项目投资管理包括以下几个环节。

（1）项目机会研究。在项目识别、构思和设想阶段进行的研究称为机会研究，它通过对企业资源、社会和市场调查以及预测确定项目，选择最有利的投资机会。项目机会研究可以分为一般机会研究和特定项目机会研究。

（2）编制项目建议书。

（3）项目可行性研究。

（4）项目评估。

（5）项目实施。

（6）项目后评价。

（四）建筑施工企业项目投资决策时应考虑的因素

1．货币时间价值

固定资产投资金额大、投资回收期长。固定资产投资支出的资金既可能是一次性的，又可能是分期分次性的，而这些投资支出将会在固定资产整个寿命期内分期分次逐渐收回，不同时间收付的资金其时间价值大小是不同的。因此，企业在进行固定资产投资决策时必须考虑货币时间价值的影响，即将不同时间所发生的资金收付按统一口径计算其时间价值，这样得出的结论才能更客观、可靠。

2．现金流量

在投资决策中，无论是把资金投向公司内部形成的各种资产，还是投向企业外部形成的联营投资，都需要用特定指标对投资的可行性进行分析，这些指标的计算都是以投资项目的现金流量为基础的。由此可见，现金流量是评价投资项目（方案）是否可行时必须计算的基础性数据。

现金流量是指在投资活动过程中，因某一投资项目而引起的现金流入或现金流出的数量。在投资决策分析中，现金不仅包括货币资金，还包括与投资项目相关的非货币资产的变现价值，比如在某项目投资时，投入的是企业原有固定资产的价值，这时的现金就包含该固定资产的变现价值或其重置成本。

项目投资决策中之所以使用现金流量，是因为传统财务会计按照权责发生制原则计算企业的收入和成本费用，并以收入减去成本费用后的利润作为收益，用来评价企业的经济效益。但在长期投资决策中，不能以按这种方法计算的收入和成本支出作为评价项目经济效益好坏的基础，而是应该以现金流入作为项目的收入，以现金流出作为项目的支出，以净现金流量作为项目的净收益，并据此来评价投资项目的经济效益。投资决策之所以要以按收付实现制计算的现金流量作为评价项目经济效益的基础，是因为采用现金流量有利于科学地考虑资金的时间价值因素。

可以说，科学的投资决策必须要认真考虑资金时间价值，这就要求在决策分析时一定要弄清楚每笔收入款项和支出款项的具体时间，因为不同时间的资金具有不同的价值。在衡量方案的优劣时，应该根据各投资项目寿命周期内各年的现金流量，按照资本成本，结合资金的时间价值来确定；而利润的计算并不需要考虑资金收付的时间，因为它是以权责发生制为基础的。

利润与现金流量有一定的差异，这种差异具体表现在五个方面：①购置固定资产一次性付出大量现金时不计入成本，而在未来投资寿命期内分次计入成本；②在投资寿命期将固定资产价值以折旧费的形式分次计入成本时，不需要支付现金；③在计算利润时，不考虑垫支流动资金数量和回收时间；④只要销售行为一经确定，就要计算为当期的销售收入，尽管其中一部分并未于当期收到现金；⑤项目寿命终了时，以现金形式收回的固定资产残值和垫支流动资金在计算利润时得不到反映。

要在投资决策中考虑时间价值因素，就必须利用现金流量而不是利润来衡量项目的优劣。只有采用现金流量才能使投资决策更加符合客观实际情况。在长期投资决策中，应用现金流量能够更科学、更客观地评价投资方案的优劣，而利润计算则明显地存在不科学、不客观的成分。因为利润计算没有一个统一的标准，在一定程度上计算要受到存货估价、费用分摊和折旧方法的不同选择的影响，利润的计算比现金流量的计算具有更大的主观性，以此作为决策的主要依据不太可靠。利润反映的是某一期间的“应计”现金流量，而不是实际现金的流量。若以未实际收到现金的收入作为收益，具有较大的风险，容易高估投资项目的经济效益，有不科学、不合理的成分。

3．资本成本

固定资产投资决策中的资本成本是指为筹集投资所需资金而发生的成本。企业进行固定资产投资，必然需要大额资金，需要从企业外部获得大额资金，如向银行借款、发行债券、发行股票等。与此同时，企业必须向资金供应者支付利息或股利，以及产生的相关融资费用。

在固定资产投资决策中，它是固定资产投资项目在财务上是否可行的一个“取舍率”，即如果固定资产投资项目的实际投资报酬率高于资本成本，该项目可取；反之，如果固定资产投资项目的实际投资报酬率低于资本成本，则应该舍弃。同时，资本成本是固定资产投资项目是否可行的最低投资报酬率标准，故又将资本成本称为固定资产投资项目的“极限利率”。

4．投资的风险报酬

企业的固定资产投资项目都存在一定程度的风险。风险是与不确定性联系在一起的，企业进行任何投资，只要存在不确定性，就必然存在风险。对于建筑施工企业来说，进行任何固定资产的投资，客观上都存在风险。

投资者都希望投资风险较小的项目，但是由于企业在经营管理上、财务运作上、经营技巧上等方面的需求，往往又会寻求那些风险虽然大但是效益高的投资项目，而投资回报高，其风险也必然大，投资风险小，其回报也必然低。因此，建筑施工企业在进行固定资产投资决策时，必须慎重考虑，既要考虑其投资回报，又要考虑其风险程度。

考虑投资风险因素后的预期投资报酬率超过未考虑投资风险因素的投资报酬率的差额部分，即为投资的风险报酬。从理论上来说，一个投资项目的预期投资报酬率由无风险报酬率（货币时间价值）、通货膨胀率和投资的风险报酬率三部分组成，即预期投资报酬率 = 无风险报酬率 + 风险报酬率 + 通货膨胀率。如果不考虑通货膨胀因素，则预期投资报酬率 = 无风险报酬率 + 风险报酬率。

三、建筑施工企业项目投资现金流量测算

项目投资决策中的现金流量，按照现金流动的方向可以分为现金流入量（用正号表示）、现金流出量（用负号表示）和净现金流量。在固定资产投资决策时应该以现金流入作为投资项目的收入，以现金流出作为投资项目的支出，以现金流入量与现金流出量的差额，即以净现金流量作为投资项目的净收益，并以此作为评价该投资项目经济效益的基本依据。若现金流入量大于现金流出量，则净现金流量为正值；反之，若现金流入量小于现金流出量，则净现金流量为负值。

（一）项目投资现金流量的影响因素

确定项目投资的现金流量，就是在收付实现制的基础上，预计并反映现实货币资本在

项目投资计算期内未来各年中的收支运动的方向及数量的过程。

在项目投资决策实务中，要说明一个具体项目投资的现金流量究竟应该包括哪些内容并反映其具体数量，或者要回答应该怎样来确定其现金流量的问题，并不是一件简单的事情，必须视特定的决策角度和现实的时空条件而定。

一般来说，影响项目投资现金流量的因素有很多，概括起来主要包括以下四个方面：

（1）不同项目投资之间存在的差异。在项目投资决策实务中，不同投资项目在其项目类型、投资构成内容、项目计算期构成、投资方式和投资主体等方面均存在较大差异，可能出现多种情况的组合，其内容也因此千差万别。

（2）不同出发点的差异。即使是同一项目投资，从不同角度出发，也可能有不同的现金流量：如从不同决策者的立场出发，就有国民经济现金流量和财务现金流量之分；从不同的投资主体出发，就有全部投资现金流量和自有现金流量的区别。

（3）不同时间的差异。由于项目投资计算期的阶段不同，各阶段上的现金流量的内容也可能不同。而不同的现金流入量或现金流出量项目在其发生时间上也存在不同特征：如有的项目发生在年初，而有的则发生在年末，还有些在一个年度之间均衡发生；有的属于时点指标，而有的则属于时期指标。此外，固定资产的折旧年限与其运营期的长短也可能产生差异。

（4）相关因素的不确定性。由于项目投资的投入物和产出物的价格、数量都受未来市场环境等诸多不确定性因素的影响，企业不可能完全预测出它们的未来变动趋势和发展水平，这就必然影响现金流量估算的准确性。

（二）估算项目投资现金流量的假设

为避免实务中上述现金流量估算上的影响因素影响项目投资决策，简化现金流量的估算过程，在项目投资现金流量估算时，需要做出如下假设：

（1）项目投资的类型假设。假设项目投资包括单纯固定资产项目投资、完整工业项目投资和固定资产更新改造项目投资。

（2）财务可行性分析假设。假设投资决策是从企业投资者立场出发，投资决策者确定现金流量是为了进行项目投资的财务可行性分析研究，该项目已经具备技术可行性和国民经济可行性。

（3）项目投资假设。假设在确定项目投资现金流量时，是站在企业自身立场上，考虑全部投资的运动情况，而不具体区分自有资金和借入资金等具体形式的现金流量，即使存在借入资金也将其作为自有资金对待（但在计算固定资产原值和项目总投资时，还需考虑建设期资本化利息因素）。在本假设下，项目的投资者就是企业，而不是企业的投资者。

（4）运营期和折旧年限一致假设。假设项目投资主要固定资产的折旧年限或使用年限与其运营期相同。

（5）时点指标假设。为了便于利用时间价值的形式，不论现金流量具体内容所涉及的价值指标实际上是时点指标，还是时期指标，均假设按照年末或者年初的时点指标处理。其中，项目建设所需投资均在建设期内年初或年末发生，流动资金投资则在年初发生；运营期内各年的收入、成本、折旧、摊销、利润、税金等项目的确认，则均在年末发生；项目最终报废或清理均发生在最终点（但更新改造项目除外）。在项目计算期数轴上，0表示第1年初，1表示第1年末或第2年初，余下的依此类推。

（6）确定性因素假设。假定与项目投资现金流量有关的价格、产销量、成本、所得税率等因素都为已知常数。

（7）产销平衡假设。在项目投资决策中，假定运营期同一年的生产量等于该年的销售量。在这一假设下，假定按成本项目计算的当年成本费用等于按费用要素计算的成本费用。

（三）项目投资现金流量的内容

项目投资现金流量主要包括现金流入量与现金流出量。现金流入量是指能够使项目投资的现实货币增加的项目，简称现金流入。现金流出量是指能够使项目投资的现实货币减少的项目，简称现金流出。

1. 完整工业项目投资的现金流量

完整工业项目投资，又称新建项目投资，它是以新增工业生产能力为主的项目投资，其投资涉及内容比较广泛。具体如下：

（1）现金流入量。现金流入量主要包括：①营业收入，指项目投资建成投产后每年实现的全部销售收入或业务收入，它是项目投资运营期主要的现金流入项目；②补贴收入，指与项目投资运营期收益有关的政府补贴；③回收固定资产余值，指项目投资的固定资产在终结点报废清理或中途变价、转让处理时，所回收的价值；④回收流动资金，指新建项目在项目计算期完全终结时，因不再发生新的替代投资而回收的原垫付的全部流动资金投资额。

（2）现金流出量。现金流出量主要包括：①建设投资，指项目投资建设期内发生的主要现金流出量；②流动资金投资，指在投资项目中发生的用于生产经营期周转使用的运营资金投资，又称为垫支流动资金，它是在项目投产前后分次或一次投放于流动资产项目的投资增加额；③经营成本，指在项目投资建成投产后的项目运营期内为满足正常生产经营而动用现实货币资金支付的成本费用，又被称为付现的经营成本，它是运营期内最主要的现金流出量项目；④营业税金及附加，指在营运期内应缴纳的营业税、消费税、资源税、城市维护建设税和教育费附加；⑤维持运营投资，指矿山、油田等项目为维持正常运营而需要在运营期投入的固定资产投资；⑥所得税，指计算所得税后净现金流量时必须考虑的现金流出项目。

2. 单纯固定资产项目投资的现金流量

新建项目中的单纯固定资产投资项目，简称固定资产项目，是指只涉及固定资产投资而不涉及其他长期资产投资和流动资金投资的项目，它往往以新增生产能力、提高生产效率为特征。其现金流量比完整工业项目投资要简单。

（1）现金流入量。现金流入量主要包括：①增加的营业收入，指固定资产投入使用后每年增加的全部销售收入或业务收入；②回收固定资产余值，指该固定资产在终结点报废清理时所收回的价值。

（2）现金流出量。现金流出量主要包括：①固定资产投资；②新增经营成本，指该固定资产投入使用后的项目运营期内每年增加的经营成本；③增加的营业税金及附加，指该固定资产投入使用后的项目运营期内因收入增加，而每年增加的营业税、消费税、资源税、城市维护建设税和教育费附加；④增加的所得税，指该固定资产投入使用后，因利润增加而增加的所得税。

3. 固定资产更新改造项目投资的现金流量

固定资产更新改造项目，简称更改项目，包括以全新的固定资产替换原有同型号的旧固定资产的更新项目和以一种新型号的固定资产替换旧型号固定资产的改造项目两类。前者可以恢复固定资产的生产效率，后者则可以改善企业的经营条件，它们都可能达到增产或降低成本的目的。其现金流量的内容比完整工业项目投资要简单，但是比单纯固定资产项目投资要复杂。

固定资产更新改造项目的现金流入与流出量的主要内容为：

（1）现金流入量。现金流入量主要包括：①因使用新固定资产而增加的营业收入；②处置旧固定资产的变现净收入；③使用新固定资产的成本费用节约。

（2）现金流出量。现金流出量主要包括：①新固定资产的购置成本；②新固定资产需要增加的成本费用。

（四）项目投资现金流量的计算

1. 项目投资现金流量的构成

按照现金流量发生的时间，投资项目的现金流量可以分为初始阶段现金流量、营业阶段现金流量、终结阶段现金流量。这种分类方法方便现金流量的计算，一般在进行投资项目决策分析时，对现金流量的计算分析，往往是以该种划分为基础进行的。

（1）初始阶段现金流量。初始阶段现金流量主要包括：①投资前期费用，指正式投资之前为项目投资准备工作而花费的各种费用，主要包括勘察设计费、技术资料费、土地购置费以及其他费用。投资前费用总额在综合考虑以上费用的基础上，合理地加以预测确定；②设备购置费用，指为购买项目投资所需要的各项设备而花费的费用，企业财务人员应该根据所需设备的数量、规格、型号、性能、价格水平、运输费用等预测确定设备购置费用的多少；③设备安装费用，指为安装各种需安装设备所需的费用。这部分费用主要是根据需要安装设备的多少、安装的难度、安装的工程量、当地的建筑安装造价标准进行预测确定；④营运资金的垫支。项目建成后，必须先垫支一定数量的营运资金，才能投入营运，这部分营运资金的垫支一般要到项目寿命终结时才能收回，所以应该将这种投资看成长期投资，而不属于短期投资；⑤原有固定资产的变价收入扣除相关税费后的净收益，变价收入主要是指固定资产更新时变卖原有固定资产所得的现金收入；⑥不可预见费，指在投资项目正式建设之前不能完全估计到的、但是又可能产生的一系列费用，如设备价格的上涨、自然灾害的出现等。对这些因素，也要合理进行预测确定，以便为现金流量的预测留有余地。

（2）营业阶段现金流量。营业现金流量一般以年为单位进行计算，在这里，现金流入一般是指营业现金收入，现金流出一般是指营业现金支出和税费的缴纳。

（3）终结阶段现金流量。终结阶段现金流量主要包括：①固定资产残值收入或变价收入（扣除所需上缴的税费之后的净收入）；②原有垫支在各种流动资产上的资金的收回；③停止使用的土地的变价收入等。

2. 现金流量估算的一般原理

由于项目投资的投入、回收及利益的形成均以现金流量的形式表现，在整个项目计算期的每一个阶段中，都有可能发生现金流量。企业必须逐年估算每一时点上的现金流入量和现金流出量。

（1）项目现金流入量的估算。项目现金流入量的估算主要包括：①营业收入是经营期最主要的现金流入量，应该按照项目在经营期内有关产品每年预计单价和预计销售量进行估算；②补贴收入是与经营期收益相关的政府补贴，可以根据按政策退还的增值税、按销量或工作量分期计算的定额补贴和财政补贴等予以计算；③终结点上一次回收的流动资金等于每年垫支的营运资金投资额的合计数，回收营运资金和固定资产余值统称为回收额，假定新建项目的回收额发生在终结点。

（2）项目现金流出量的估算。项目现金流出量的估算主要包括：①建设投资的估算。固定资产投资是所有类型的项目投资在建设期必然会产生的现金流出量，应该按照项目规模和投资计划所确定的各项建筑工程费用、设备购置费用、安装工程费用和其他费用来估算。无形资产投资和其他资产投资，应该按有关资产的评估方法和计价标准逐项进行估算。在估算构成固定资产原值的资本化利息时，可根据长期借款本金、建设期年数和借款利息率按复利计算，并且假定建设期资本化利息只计入固定资产的原值；②营运资金投资的估算。在项目投资决策中，营运资金是指在运营期内长期占用并周转使用的资金；③付现成本估算。付现成本是指在经营期内为满足正常生产经营需求而动用货币资金支付的成本费用。付现成本是所有类型的项目投资在经营期都要产生的主要现金流出量，它与融资方案无关。

3．估算项目现金流量的困难

在项目投资的分析过程中，最重要同时也是最困难的一个环节就是估算项目的现金流量。估算项目现金流量的主要困难如下：

第一，现金流量受到企业内外部众多因素的影响，并且这些因素不断发生变化。企业的现金流量是企业整体生产运营的综合反映，能够影响生产经营的因素都会对现金流量产生影响。对现金流量产生影响的因素主要有两类，即外部因素与内部因素。对现金流量产生影响的外部因素有很多，主要包括政治因素、经济因素、社会因素和技术因素等。对现金流量产生影响的内部因素，则主要包括企业的经营管理、生产流程再造、成本控制、营销策划等。只要上述因素中的一个或多个发生变化，就可能对现金流量产生重大影响。因此，估算现金流量要综合考虑众多因素的影响，这不是一件容易的事。

第二，现金流量的估算以对多种变量的估计为基础，如售价、销售量、成本费用额、资本成本等。对于这些变量的估计也受很多因素的影响，并且需要大量的主观判断，要在较长时间内对这些指标进行准确可观的估算，可以说是非常困难的。

第三，估算现金流量需要公司内众多部门的参与，如销售部门、生产部门、计划部门、会计部门等。这些部门中有些是估算现金流量的直接责任部门，有些为估算现金流量提供相关资料。这些部门在参与的过程中，也要进行一定的主观判断和估计，他们是否采用一致的前提条件和假设，会对现金流量的估算产生影响。因此，有效地协调各部门的工作也是非常重要的。

上述内容只是导致现金流量难以估算的一部分原因。除此之外，还有很多其他原因导致估算现金流量存在困难，有些是可以预料到的，有些是意料不到的。因此，在实际工作中，估算现金流量是项目投资中最耗时耗力的一个环节。

4．估算现金流量时的注意事项

在确定投资方案相关的现金流量时，应该遵循的最基本原则是：只有增量现金流量才是与项目相关的现金流量。所谓增量现金流量，是指接受或拒绝某个投资方案后，企业总现金流量因此而发生的变动。只有那些由于采纳某个项目导致的现金支出增加额，才是项目的现金流出；只有那些由于采纳某个项目导致的现金流入增加额，才是项目的现金流入。

要正确计算投资方案的增量现金流量，就必须正确判断哪些支出会引起企业总现金流量的变动，哪些支出不会引起企业总现金流量的变动。在进行这种判断时，需要注意以下五个问题：

（1）区分相关成本和非相关成本。相关成本是指与特定决策相关的、在分析评价时必须加以考虑的成本，如差额成本、未来成本、重置成本、机会成本等都属于相关成本；

反之，与特定决策无关的，在分析评价时不必加以考虑的成本是非相关成本，如沉没成本、账面成本等。

（2）不要忽视机会成本。在投资方案的选择中，如果选择了一个投资方案，则必须放弃投资其他项目的机会，其他投资机会可能获得的收益是实行该方案的一种代价，被称为这项投资方案的机会成本。机会成本不是通常意义上的“成本”，它不是一种支出或费用，而是失去的收益。这种收益不是实际发生的，而是潜在的。在决策中机会成本有利于全面考虑可采取的各种方案，以便为既定资源寻求最为有利的使用途径。

（3）要考虑投资方案对公司其他项目的影响。企业采纳一个新的项目后，该项目可能对公司的其他项目造成有利或不利的影响。事实上，诸如此类的交互影响很难准确计量，企业在进行决策分析时仍然要将其考虑在内。

（4）要考虑投资方案对净营运资金的影响。投资方案对净营运资金的影响主要为：一方面，当企业开发一个新项目时，对于经营性流动资金的需求就会增加，企业必须筹措新的资金以满足这种额外的需求；另一方面，经营性流动负债也会因此增加，从而降低公司流动资金的实际需求。

（5）现金流量的估算应该由企业内不同部门的人员共同参与进行。由于项目投资涉及面广，影响深远，需要由企业内部的众多人员和部门参与估算投资现金流量。如一般由销售部门负责对产品售价和销量的预测，销售部门根据其所掌握的市场情况、经济形势、消费趋势、广告效果、产品价格弹性以及竞争对手的情况等资料进行预测和估算；项目工程师和技术及产品开发部门负责估计厂房建造、设备购置、产品研制等资本支出的预测；投资方案的运营成本多是由采购部门、生产部门、劳资部门和会计部门负责估计。财务部门要为各部门的预测、估计建立共同的基本假设条件，如物价水平、折现率、可供资源的限制条件等。

5．所得税对现金流量的影响

在决策分析中，通常预测的是税后现金流量。因此，所得税支出是一种现金流出。此外，企业发生的费用支出，也会使所得税支出减少，发生的费用支出会产生减少所得税税负的作用，即税收抵免效应。当判断某项费用支出对企业现金流量的影响时，还应该考虑其税收抵免作用。所得税的大小取决于利润大小和税率高低，而折旧是影响利润大小的重要因素，讨论所得税的问题必然会涉及折旧问题。

（1）所得税对投资现金流量的影响。投资现金流量包括投资在固定资产和流动资产上的资金。由于投资在流动资产的资金一般在项目结束时全部收回，不涉及企业的损益。因此，不受所得税的影响。如果企业以原有旧设备进行固定资产投资，在计算投资现金流量时，一般是以该设备的变现价值作为其现金流出量。此外，还必须注意企业由此而可能支付或减免的所得税。

（2）所得税对营业现金流量的影响。缴纳所得税是企业的一项现金流出，这就成为一项成本，但是由于它不需要支付现金，可以因此将它当作现金流入。扣除了所得税影响以后的费用净额，称为税后成本。与税后成本相对应的概念是税后收入。企业实际得到的现金流入是税后收入。

（3）所得税对项目终止阶段现金流量的影响。项目终止现金流量包括固定资产的残值收入和营运资金的收回，由于营运资金的收回不涉及利润的增减，因此也不受所得税的影响。固定资产的残值收入如果等于预定的固定资产残值，那么，也不受所得税的影响。如果两者不等，它们之间的差额会导致企业的利润增加或减少。因此，在计算现金流量时，要考虑这部分的影响。

6. 通货膨胀对现金流量的影响

通货膨胀是指在一定时期内物价水平持续、普遍上涨的经济现象。通货膨胀会导致货币购买力下降，从而影响项目投资价值。通货膨胀对资本预算的影响主要表现在两个方面，即影响折现率的计算和现金流量的估计。

（1）对折现率的影响。通常，企业用利率作为折现率，利率一般是以名义利率而不是有效利率来表述的。

（2）对现金流量的影响。如果企业对未来的现金流量的预测是基于预测年度的价格水平，并除去了通货膨胀的影响，那么，这种现金流量称为实际现金流量，包含了通货膨胀影响的现金流量就是名义上的现金流量。

在资本预算的编制过程中，应该遵循一致性原则。名义现金流量用名义折现率进行折现，实际现金流量用实际折现率进行折现，这是评价指标计算的基本原则。

四、建筑施工企业项目投资决策评价指标与评价方法

（一）项目投资决策评价指标

项目投资决策就是对各个方案进行可行性评价以及对各个可行方案进行分析和评价，并从中选择最优方案。投资决策评价指标是指用于衡量和比较投资项目可行性，进行方案决策的定量化标准和尺度，主要包括静态投资回收期、动态投资回收期、投资收益率、净现值、净现值率、获利指数、内含报酬率等。

按照是否考虑资金的时间价值，投资决策的评价指标可以分为两类：一类是折现指标，即考虑了时间价值的指标，主要包括净现值、净现值率、获利指数、内含报酬率和动态投资回收期等；另一类是非折现指标，即没有考虑时间价值的指标，主要包括静态投资回收期、投资收益率等。

按数量特征分类，投资决策的评价指标可以分为正指标和负指标：正指标意味着指标值的大小与投资项目的好坏成正相关关系，即指标值越大，该项目越好，越值得投资，如

投资收益率、净现值、获利指数、内含报酬率；负指标意味着指标值的大小与投资项目的好坏成负相关关系，即指标值越小，该项目越好，越值得投资，如静态投资回收期和动态投资回收期。

（二）项目投资决策评价方法

项目投资决策评价主要有以下几种方法：

（1）静态投资回收期法。静态投资回收期法比较容易理解，计算简便，可以表达项目风险的大小。不过，它没有考虑投资回收期以后的收益，有可能把后期效益好、整体项目效益也不错的项目舍弃，进而导致错误的决策。事实上，有战略意义的长期投资往往早期收益较低，而后期收益较高。静态投资回收期法优先考虑急功近利的项目，可能会导致放弃长期成功的方案[①]。

（2）投资收益率法。投资收益率法（平均投资报酬率）易懂易算，能够反映项目的盈利水平，与静态投资回收期法相比，它能够全面考察项目整个寿命期内的现金流量。不过，非折现评价方法都存在一个致命的缺陷，那就是未能考虑资金的时间价值。因此，一般在决策过程中，只将其作为辅助评价方法，如静态投资回收期法主要用于测定方案的流动性而非营利性。

（3）净现值法。净现值法具有广泛的适用性，在理论上也比其他方案更完善，是目前应用最多的一种投资决策评价方法。这一方法考虑了资金的时间价值，能够反映各种投资方案的净收益。净现值法应用的主要问题是如何确定折现率：一种办法是根据资本成本来确定；另一种办法是根据企业要求的最低资金利润率来确定。尽管净现值应用较多，但是它也存在着不能揭示各个投资方案本身可能获得的实际报酬率的缺陷。

（4）净现值率法。净现值率法适用于投资额相等或相差不大的互斥方案之间的比较，它是相对指标，反映了单位投资现值所能实现的净现值的大小。对于独立方案，净现值率说明了项目运用资金的效率，便于同行业之间进行比较。

（5）获利指数法。获利指数法的优点是可以进行独立投资机会获利能力的比较。如果方案之间是互斥的，当然选择净现值大的项目；如果项目是独立的，哪一个应该优先予以考虑，可以根据获利指数来选择。获利指数可以看成是原始投资可望获得的现值净收益，它是一个相对指标，反映投资的效率。而净现值指标是绝对数指标，反映投资的效益。

（6）内含报酬率法。内含报酬率法考虑了资金的时间价值，反映了投资项目的真实报酬率。不过，其计算过程比较复杂，特别是每年净现金流量投资不同的项目，一般要经过多次测算才能得出结果。内含报酬率存在“多值性”，且不适用于互斥方案的分析评价，因为内含报酬率是相对量指标，只能说明项目报酬率的相对水平，反映不出项目未来

① 张兰，李净净．建筑工程项目投资的风险分析与管理[J]．居舍，2018（20）：188+201.

全部报酬规模的大小。因此，内含报酬率大的项目获得的总报酬不一定大，这时需要用净现值法进行决策。另外，净现值法随资本成本变动而变动，内含报酬率不考虑经济环境的变化。也就是说，企业的资本成本在内含报酬率上没有反映，这显然不符合要求。此外，还要注意的是，用净现值法和内含报酬率法对互斥项目进行决策可能产生冲突。如果产生冲突，则要以净现值法为标准。

（7）动态投资回收期法。动态投资回收期法弥补了静态投资回收期没有考虑资金时间价值的缺陷，这也是一种常用的方法。

总的来看，企业在进行投资决策时，以折现评价方法为主，非折现评价方法为辅。在折现评价方法中，净现值法和内含报酬率法应用得最广，但是两者会产生冲突。对互斥项目进行评价时，应该以净现值法为主要方法。对独立项目进行评价时，则应该利用多种评价方法，考虑企业的实际情况，进行综合评定。

第五章　建筑企业投资PPP项目管理研究

积极探索提升建筑企业投资PPP项目能力的对策，是建筑企业解决未来生存和发展问题的关键，对建筑企业实现转型升级目标具有十分重要的现实意义。本章探索建筑企业投资能力的提升、建筑企业投资PPP项目的F+EPC模式分析、建筑企业投资城市轨道交通PPP项目风险管理。

第一节　建筑企业投资能力的提升

随着基本建设行业投资业务的快速发展，重资产、薄利润的建筑企业投融资责任日益增加，以往高速增长的态势逐渐放缓。同时，建筑企业人才培育与引进、装备水平提升、技术创新、综合性投资战略的实施，都离不开大量的资金支持。这对建筑企业投资能力的提升提出了更高的要求。

一、建筑企业投资能力

现阶段各建筑央企二级子公司的投资业务以项目投资为主，因此项目管理水平与盈利能力是支撑企业投资能力的基础和前提，融资能力是维持企业投资能力的保障，营运能力是企业投资能力水平的体现，偿债能力是企业投资能力可持续性的重要表征。现具体分析如下：

（1）项目管理水平分析。建筑企业通过不断努力培育、发展各自的核心技术，形成了一批特有的具有国际先进水平的施工技术和工艺，取得了各自施工领域的突破和竞争优势；通过构建高素质、精管理、高效率的管控体系，为其投资项目能够按照既定时间节点完工提供了有力保障，促进了投资项目预期收益的顺利实现。不过，现阶段投资项目建设成本与绩效考核挂钩已经成为刚性要求，这对建筑企业项目管理水平提出了更高的要求与挑战。

（2）盈利能力分析。盈利能力是建筑企业投资能力得以维持的关键性因素。建筑企业通过不断完善技术标准、管理标准和作业标准，运用标准化管理原理和方法，对项目的工期、质量、环保、安全等管理工作进行规范，全方位建立标准化的运行秩序，从而有效保证项目管理、质量、效益等处于较优水平。不过，随着传统基本建设领域竞争的日益激烈，建筑企业的盈利水平呈明显下滑趋势，项目精细化管理水平亟待提高，提质增效工作刻不容缓。

（3）融资能力分析。近年来，随着投资业务的不断扩张，建筑企业根据发展需求，积极探索并成功运用了多种融资方式，改善了债务结构，拓展了融资渠道。同时，也探索了财务公司、控股信托公司、产业基金等产融结合模式，为企业的发展提供了有力的资本支撑。不过，对于建筑企业而言，目前产融结合的模式尚不成熟，仍然需要进一步探索创新，产融结合领域仍然有拓展空间。

（4）营运能力分析。在产出水平既定的情况下，营运能力高低取决于投入的规模，也就是投资能力的运用水平，营运能力是企业投资能力的重要反映。建筑企业因生产周期长、结算难等因素影响，资产流动性较差，近年来通过办理融资租赁、债权保理业务，盘活了部分固定资产、应收账款等存量资产，增强了资产流动性，有效降低了“两金”占用，提高了资金利用率。

（5）偿债能力分析。是否有足够的现金偿还刚性债务，是建筑企业能否健康生存与发展的重要衡量指标，也是投资能力是否可持续的标志。目前，由于受生产和投资规模扩张、盈利水平下降、结算期和回款周期拉长、资金占用成本增加、房地产开发项目与存量投资项目自有资金投入量大等因素影响，建筑企业的偿债能力呈下降趋势[①]。

二、提高建筑企业投资能力对策

（一）夯实项目生产管理

持续夯实项目生产管理水平对提高投资能力有重要的现实意义。为此，应该加强项目质量、安全、环保等要素的管控，防止发生行政处罚，以避免影响企业在建筑市场上的信誉评价和在金融市场的信用评价。

根据对PPP项目的管理要求，PPP项目建设成本参与绩效考核，且与绩效考核结果挂钩部分占比不得低于30%，项目建设质量好坏将直接影响项目绩效考核结果。项目生产管理水平的高低直接影响项目施工利润的实现，进而影响项目整体投资效益水平。

较好的项目管理质量，有利于树立企业的品牌形象，使之在激烈的投资市场中获得更多竞争优势。因此，应该全面统筹、监督和落实项目策划、合法合规性、开复工、产值进度、环保、安全、完工等各项管理工作。对制度建设、管控模式、关键节点、预期目标等进行针对性的策划、及时跟踪执行落实情况。

（二）提升财务精细化管理水平

要想提升财务精细化管理水平，主要要做好以下几项工作：

① 程卫国，鲁露. 有效提升建筑企业投资能力探究[J]. 国际商务财会，2019（03）：52-54.

（1）强化现金流管控。强化现金流管控主要为：加强现金流策划与资金计划管理，保持资金有序均衡流动，实现经营性现金流和资产负债率两项指标的平衡管控；加快项目计量与结算的办理进度；加强债权清收，强化专项惩罚考核工作；按计划开展保理、资产证券化等业务，盘活存量资产；大力开展供应链金融等表外融资业务；对投资项目在经营环节高度关注项目的可融资性，坚持做到融资未落实前不实质性开工；保持适度比例的参股投资项目，加快参股投资项目的实施进度与计量结算工作。

（2）增加权益性融资，控制带息负债。积极拓宽融资渠道，灵活应用权益性融资方式，控制带息负债规模。

（3）保持适度的资本金规模，重视发展质量。向股东申请适量增加注册资本，重视对分（子）公司的合理注资安排，均衡绩效考核，引导分（子）公司重视、提高发展质量。

（4）提质增效，提高盈利水平。深入开展提质增效工作，强化成本管控意识，提高精细化和集约化管理水平，通过加强人工费用控制、采购与使用过程的成本控制、期间费用管理、分包管理等措施，来合理控制项目成本，提高企业生产运营质量与盈利水平。

（5）控制自有资金投入。控制自有资金投入可以从以下两方面着手：一方面，要加快投资项目合规手续办理，促进融资快速落地，避免对投资项目投入股东借款；另一方面，对控股的投资项目，则要在满足所需控制的前提下，适当减少出资比例。

（三）提升投资决策水平

1. 合理优化投资计划

根据企业发展规划与发展目标，分别制订中长期投资规划与短期投资计划，并结合实际情况，适时调整。

在制订投资计划时，应该综合考虑投资项目业主集中度、投资业务区域选择、投资业务品种配置等因素。与此同时，要谨慎协调深耕区域和分散风险之间的矛盾，关注企业投资项目的业主集中程度，重点关注集中程度较高的地区，防止因宏观经济变动导致的部分业主资金周转困难给企业整体投资业务的稳定造成过大影响。此外，还要严格按照项目优选标准，对于收益水平欠佳、区域层级较低的项目谨慎介入，将有限资源投入优质项目。而在选择投资业务时，要更多关注与国家战略、集团战略、宏观政策的契合度，在尽量选择与企业主业紧密相关的项目的同时，通过投资业务品种多元化配置，实现投资风险的分散，从而保障企业投资能力的持续稳定。

2. 提升投资可行性分析水平

编制可行性研究报告前要充分进行市场调研，充分分析投资必要性和可行性，了解合法合规性、可融资性、存在的各种潜在风险与可采取的规避措施，提高效益指标预测的准确性和可参考性。可行性研究报告需履行联合评审手续后，供投资决策。

（四）提升投资项目运营管理水平

项目公司作为投资项目的运营管理主体，在通过提供公共服务获得政府付费、使用者付费+可行性缺口补助，偿还项目融资、回收投资成本、获取投资收益，还要接受项目实施机构与社会公众的全过程监督。因此，PPP项目运营管理的好坏对各参与方来说，都是至关重要的。

为做好项目运营管理工作，项目公司应该坚持“运营管理前置化”和“表外运作、表内管理”的原则，提前储备和培养一批满足企业发展需求的运营管理团队，维持并提升企业的核心竞争力。

对运营期各项可控成本，可以采取技术、经济、组织等手段，用事前合理预测、实施过程严格管控、及时考核完善等方法，完成预期成本控制目标，最大限度地实现运营成本的结余。

对于准经营性和非经营性项目，应该及时办理项目结算、督促政府及时将付费责任纳入年度财政预算，重视收款工作机制，落实责任人，与绩效考核挂钩并制定相应奖惩措施，定期督促结算办理与收款完成进度，及时针对存在的问题采取必要的措施。

对于经营性项目，应该重点关注特许经营权的排他性，如对于政府违背承诺在竞争范围内修建平行通道，应该提前沟通协调，防范对项目收益权的损害，或争取补偿。要加大项目的宣传力度，提高项目公司收入水平。此外，企业还应该加强对项目公司运营情况的日常监控，实时关注异常变动情况，加强对监控数据的积累、分析、预测和运营绩效考核力度。

（五）深化产融结合和创新

（1）开拓市场化手段，提高资产流动性。现代产融结合的核心是轻重资产的分离，建筑企业应该充分发挥企业自身的运营优势，为金融提供基于价值创造的运营服务；而金融将充分发挥低资金成本和分散化投资的金融优势，为行业注入长期资本和套利资本。建筑企业需要进一步积极开拓市场化手段，盘活存量资产，形成资产转换的稳定渠道，增强资产流动性管控，通过产融结合给投资业务发展不断减压。

（2）提升资本市场议价能力，持续优化提升直接融资。要做到这一点，建筑企业需要做好以下工作：进一步加强与信用评级机构的日常沟通、提升主体信息评级，提高资本市场融资议价能力；进一步拓宽自身融资渠道，从单一的、间接的、封闭的市场不断走向多元的、直接的、公开的市场，与资本市场接轨，树立并维护自身公开市场形象；对已持有的资产进行精细化梳理，明确资产类别、资产规模、资产特征；针对不同类别资产，积极探索存量资产盘活手段，尝试资产证券化业务的匹配引入。此外，还要积极寻求借助资产证券化实现资产盘活，从而不断释放投资动能，增强滚动开发能力；通过对不同品种资产证券化产品的尝试，搭建资产出表、流动性转换的畅通渠道。

（3）深化金融资本合作，引领产业持续发展。建筑企业要进一步深化与金融资本、产业资本合作，积极探索联合产业资本以股权投资等方式发起设立产业投资公司，联合地方产业资本、金融资本发起设立引导投资母基金等多元化“借融促产”合作模式。通过顶层融合搭建投资平台，建立信息共享，引导投资落地，将传统的一个项目一次合作的模式转化为长期稳定的合作机制，助力公司战略转型。

第二节　建筑企业投资PPP项目的F+EPC模式分析

在经济新常态和政府地方债务高起的背景下，我国大力推行PPP模式。从不同社会资本参与PPP项目的情况来看，建筑企业是PPP项目的主要参与方。建筑企业正处于转型升级阶段，由施工业务向其上下游延伸，开拓金融、城市综合开发、投资、运营等业务领域，在PPP项目中进行融资和承揽全部或部分设计施工任务。在总结建筑企业参与PPP项目的实践后发现，大型建筑央企正在探索以融资+工程总承包（“F+EPC”）为主要模式投资PPP项目。不过，对大多数建筑企业而言，如何实现融资+工程总承包尚处于摸索阶段。

一、“F+EPC”模式的优势

从参与PPP项目实践经验来看，建筑企业作为社会资本，不仅以投资商的身份与政府出资方代表共同组建项目公司（SPV公司），负责PPP项目的投融资、建设管理、运营维护等，还以承包商的身份承揽全部或者部分项目设计、施工、采购任务，并按合同约定对工程进行全面控制。基于此，产生了建筑企业投资PPP项目的“F+EPC”模式，即政府部门根据PPP项目的特点，完成项目的可行性研究和初步设计，在正式获批之后，针对项目的建设范围、投资计划、施工要求等，通过招标确认社会投资人，同时作为工程总承包单位，即具备资质的建筑企业或联合体。而在PPP项目运作过程中，建筑企业或联合体投资人同时承担项目投融资（Finance）和工程总承包（EPC）职责的模式，称为“F+EPC”模式（融资+工程总承包）[①]。

（一）“F+EPC”模式与“PPP+EPC”模式的区别

“F+EPC”模式与目前学术界经常提到的“PPP+EPC”模式既有联系又有区别。“PPP+EPC”模式是从市场或者政府的角度出发，在解决资金问题上融合社会资本，建设上采用 EPC 模式的组合。

① 岳亚军，郝生跃，任旭. 建筑企业投资PPP项目的F+EPC模式研究[J]. 工程管理学报，2018，32（06）：17-22.

本节主要“F+EPC”模式与“PPP+EPC”模式的区别进行分析，具体内容如下：

（1）研究视角不同。“F+EPC”模式是站在作为社会投资人的建筑企业的视角上，是建筑企业内部投资PPP项目的具体运作模式，而“PPP+EPC”模式是站在市场或政府的视角上，是市场或政府根据项目的特点，直接通过招标确定社会资本和工程总承包方的方式。

（2）与PPP模式的关系不同。“F+EPC”模式是建筑企业参与PPP项目的形式，在理论上属于PPP模式的一种，而“PPP+EPC”是PPP模式和工程建设总承包EPC模式的融合，不属于PPP模式。

（3）参与的社会资本不同。“F+EPC”模式的社会资本特指建筑企业或建筑企业联合体，而“PPP+EPC”模式的社会资本方除了建筑企业外，也可以包括其他社会资本，如银行、信托、基金公司等金融机构。

（4）社会资本在PPP项目中承担的责任不同。在“F+EPC”模式中，建筑企业必须具备相应资质，同时承担投融资和工程总承包职责，而“PPP+EPC”模式中，社会投资人不一定承担工程总承包职责，具体要视社会资本的资质情况而定。

（5）政府招标次数不同。“F+EPC”模式政府只需要一次招标就可以确定具备条件的建筑企业，而在“PPP+EPC”模式中，当社会资本不具备相关资质时需要进行二次招标。

从某种意义上来说，当社会资本与参与建设的工程总承包方为同一家建筑企业或者建筑企业联合体，那么，此时“F+EPC”模式也是“PPP+EPC”模式中的一种。

（二）建筑企业应用“F+EPC”模式的优势

（1）拥有雄厚的资本和全面的资质优势。PPP项目大多集中于资本密集型的城市基础设施领域，无论是项目公司的设立、项目建设以及后期运营都需要庞大的资金支持。而作为社会投资人的建筑企业经过长期的发展和运作，已经拥有雄厚的资本条件，具备同时投资多个PPP项目的实力。另外，建筑企业以“F+EPC”模式投资PPP项目，必须具备相关设计或施工总承包资质。大型建筑央企一般都具备建设施工领域较为全面的顶级资质和经验，如施工总承包特级资质、专业承包一级资质等，这样建筑企业不仅能够投资不同领域的PPP项目，也能够拓展国家政策支持的新兴业务，为其主导PPP项目的建设和运作提供便利。可以说资本优势和资质优势是建筑企业运作“F+EPC”模式的基础。

（2）资信等级良好，充分发挥融资优势。在“F+EPC”模式中，建筑企业是主要融资方。这主要有两方面的原因：一方面，就大型建筑企业或者联合体而言，其有专业的工程建设和管理团队，项目的投资、工期和质量能够得到有效控制，保证了项目的实施进展和未来运营收益，故以项目为基础进行融资更加有保障。大多建筑企业在PPP项目筛选的过程中，将融资方案的可行性作为项目可行性研究的一部分，在项目源头保证了项目融资；另一方面，建筑企业或联合体本身经济实力雄厚，能够发掘各方融资能力。建筑企业在长的发展过程中，因其良好的信用记录、经营状况和盈利能力，已经具备优质的资信等级，这可以为其进行多元化融资提供强有力的保障。目前，大多建筑企业已经与各大金融机构形成战略合作关系，能够获得银行、基金公司、保险公司等具有投资实力的金融机构的资金支持，而且其金融业务本身就可以成为低成本的资金来源，能够保证项目建设资金及时到位，推动PPP项目及时落地。

（3）企业业务领域广泛，全产业链优势突出。这可以从两个方面来理解：一方面，在PPP模式的推广下，建筑企业已经实现横向业务多元化和纵向全产业链的转型发展。在横向业务上，不同建筑企业在业务结构上各有专长，随着市场竞争的日益激烈，建筑企业已经实现业务多元化发展，在基础设施建设（道路桥梁、城市轨道交通、港口隧道等）、城市综合开发（海绵城市、综合管廊等）、绿色环保业务（环保水务、垃圾治理等）以及特色小镇等领域实现了合理布局，而这些产业都是PPP项目的主要应用领域。在纵向全产业链上，建筑企业在施工业务的基础上向其上下游发展，已经逐步发展成为集投融资、设计、施工、集采、运营等为一体的综合性服务商。在PPP项目中，通过采用“F+EPC”模式，建筑企业能够以投资为引擎，聚焦其相关业务领域，真正发挥其在“投资拉动主业”中的天然全产业链优势，促进相关产业板块的同步发展；另一方面，根据项目前期投资情况，可以实现项目超前布局、统筹发展、分步落实，逐步构建建筑企业在项目前期策划、招投标管理、合同谈判、项目实施与管理全过程的操控能力，并制定投融资阶段和工程总承包阶段的风险应对措施，以提高整个建设过程的抗风险能力，最终实现以投资拉动主业，发挥建筑企业全产业链优势，提高竞争力的目标。

（4）具备投融资、设计、施工一体化优势，缩短项目建设周期。这可以从以下两方面来理解：一方面，在“F+EPC”模式中，建筑企业或联合体作为PPP项目的业主，也可能存在建筑企业同时是投资商、设计方、承包商的情况，这时项目的责任主体在项目实施过程中出发点一致、目标一致，各环节责任明确。同时，项目资金运作、设计、采购、施工、运营等各项目阶段能够实现有机结合，衔接紧密有序。建筑企业成立总承包管理部后，不需要招标或者只需要进行一次招标就可以确定各方任务主体，减少了招标环节。设计、施工、采购等工作都由工程总承包管理部协调，避免了各方主体不配合的情况，缩短了工程变更审批时间，能够最大限度地缩短项目建设周期；另一方面，建筑企业能够以投资人的视角把控资金使用情况，并根据项目进度确定合理的融资方案。设计方和施工方提前介入，设计方能够主动关注施工现场和相关技术指标，推动设计标准化、动态化、精细化，以避免出现较大的设计变更，从而有效地控制成本。施工方可以根据设计方的要求做好施工前期工作，提前进入施工现场，并且拟订施工方案。与此同时，采购方能够及时根据施工进度提供和调整采购计划，真正实现融资、设计、采购、施工一体化。

（5）建筑企业品牌优势突出，盈利模式多元化。这可以从以下两方面来理解：一方面，PPP项目从投资建设到运营交付，周期一般在10~30年，建筑企业不会在项目建设周期结束便离开，转移到下一个项目，而是在项目所在城市，与政府出资方代表——地方有实力的平台企业建立长期合作。随着PPP项目的不断增多，经验的不断积累，其品牌已经得到业界的广泛认可。另外，建筑企业还能够实现以点带面、深耕城市，不断树立品牌优势，从而获得更多优质项目，为建筑企业竞争力的提升打下基础；另一方面，在传统的施工业务中，建筑企业只能获得占比较少的施工利润，而在“F+EPC”模式中，建筑企业或联合体作为投资方不仅可以分享投资收益，作为工程总承包单位，还能够获得工程设计阶段、施工阶段的利润与整个过程的管理利润等。为此，建筑企业在投资PPP项目过程中开始重视项目的长期回报，逐步关注优质的经营性项目，通过良好的运营获得长期稳定的运营收益，从而实现企业收益最大化。

二、“F+EPC”的运作模式

PPP项目是建筑企业新建工程项目和拓展业务领域的主要来源，而以“F+EPC”模式参与PPP项目是建筑企业未来的发展趋势。

（一）建筑企业的组合形式

（1）单一建筑企业。单一建筑企业，即企业同时具备设计和施工总承包资质，其本身能够承担融资和工程总承包的运作模式。这种模式对建筑企业的综合业务能力要求较高，尤其是资本运作能力、协调管理能力等，更适用于同时具备投融资和工程总承包能力的大型建筑央企。而中国建筑、中国交通、中国铁建、中国电建、中国葛洲坝等，都已经以“F+EPC”模式投资建设了城市轨道交通、市政道路、城镇化建设、园区开发、污水处理等PPP项目。对建筑企业而言，独自承担PPP项目风险压力较大，应该在对PPP项目规模与自身资金实力进行评估研判的基础上合理运用，如中国电建集团投资建设成都地铁18号线PPP项目，中国电建集团作为投资商及设计施工总承包方，承担项目融资、施工图设计、施工总承包以及采购等相关工作。

（2）建筑企业联合体。对于大多建筑企业而言，并不同时具备项目投融资、设计、建设、运营等能力，往往需通过组建联合体实现能力的“强项”叠加。建筑企业联合体可以由建筑企业母公司和子公司“内部联合”，也可以与外部企业联合。建筑企业联合体的主要形式有：①依托母公司强大资源和综合实力，形成“母公司+子公司”投资主体；②大多施工设计企业融资能力有限，需要联合专业的投资平台才能缓解资金压力，这样就可以以“投资公司+”的方式，联合企业内部兄弟单位或者外部建筑企业，如投资公司+设计单位+施工单位、投资公司+施工单位等；③大型设计施工单位凭借自身实力，丰富的资金来源，可以通过企业间“强强联合”，充分发挥各方资源优势，并且实现最优风险分担模式，如设计单位+施工单位，施工单位+施工单位等。及其全资子公司中铁开发投资公司、中铁资本、中铁七局、中铁电气化局等组成了联合体（母公司+子公司），中标武汉江南中心绿道武九线综合管廊工程PPP项目，由中国中铁与所属子公司负责统筹项目的投融资+工程总承包等工作。

（二）建筑企业承担融资职责

以“F+EPC”模式投资PPP项目的融资问题如何解决是建筑企业首先要面临的挑战。对于融资，建筑企业需要解决两种资金：一是与政府出资方代表共同出资成立SPV公司所需的融资——股权资金；二是建筑企业或联合体代表SPV公司以PPP项目进行的融资——债务资金。对于股权资金，有实力的建筑企业可以以自有资金出资，也可以通过设立专业的投资平台，如中国交建发起设立的专注战略性产业投资和资产管理的产业投融资平台——中交基金，中国中铁设立的以股权投资、金融投资等为主业的全资子公司——中铁资本公司等。对于债务资金，主要以PPP项目资产和未来收益为基础，虽然融资主体是SPV公司，但是实际上主要由建筑企业协助SPV公司融资。

（三）建筑企业承担EPC职责

对于PPP项目的建设，政府多以EPC工程总承包的方式发包。EPC管理模式是指在项目决策后，承包商受业主委托，按照约定负责工程项目的全部或者部分设计、施工、采购任务。而在“F+EPC”模式中，建筑企业或联合体要作为承包商，与SPV公司签订EPC工程总承包合同，通过成立工程总承包管理部，代表建筑企业或联合体完成整个项目的EPC任务，协调联合体中设计单位和施工企业以及第三方供货商的关系，并且按照合同约定完成工程。如果建筑企业同时投资多个PPP项目，便意味着要成立多个工程总承包管理部，分别协调管理PPP项目的设计、施工等工作。

三、建筑企业应用“F+EPC”模式的建议

（一）加强“F+EPC”模式运作，推动PPP项目的开展

在“F+EPC”模式下，建筑企业既是“投资商”“总承包商”，又可能是“分包商”，多重身份不仅增加了建筑企业的责任，还由此带来了错综复杂、难以理清的管理关系。另外，建筑企业以联合体形式运作“F+EPC”模式是众多企业的选择，其内部各单位的职责和利益分配问题将是影响“F+EPC”模式成功的关键。

（1）树立市场化管理理念，明确身份与管理关系。这主要从以下两个方面来理解：一方面，建筑企业应该提高对SPV公司管理的认识，摆正位置，按照出资比例和对应的控制权对SPV公司进行市场化、公司化管理；另一方面，建筑企业可以制定相应的规定，对公司管理人员的职责范围作出明确规定，避免出现将其划为子公司管理的情况。另外，建筑企业应针对不同的身份分别配备不同的管理人员，做好任务分工，严格按照合同执行相关职责，区分“业主”和“工程总承包管理人员”，严格执行SPV公司的管理流程和决策

程序，避免出现“内部决定”的现象，以确保“F+EPC”模式的正常运转，从而推动项目融资和工程总承包有序开展。

（2）明确合作方职责，建立合理的利益分配机制。其具体内容为：①项目公司组建完成后，在签订的协议中应该明确各参与方出资比例，按照专业能力和出资比例进行职责分配，并且明确总承包方的职责范围、权责分配等核心条款。在实践中，如果是投资公司+施工单位+设计单位的联合体，各参与方都具备相应的投融资能力，应该以投资公司为主，负责项目公司的融资；项目设计应该主要由设计单位负责，并且在工程总承包管理部的协调下，不断优化；施工单位是项目建设的主力军，而且一个项目可能不止一个施工单位，可以根据专业程度和出资比例分标段承揽施工任务，以避免发生为了各自利益相互争夺的情况；②合理的利益分配是建立合作的基础，在利益分配时可以按照资金投入比例、对项目的贡献程度（如承担的设计施工任务等）、风险分摊以及合同履约情况等建立公平合理的利益分配机制，在保证项目整体效益最大化的同时，保证各方利益的最大化。

（3）加强SPV公司监管体系建设，增强实际管控能力。建筑企业要不断加强对SPV公司和PPP项目的实际控制力度，可以在企业内部设立专职SPV公司管理机构，制定全过程监管框架，派专人对接建筑企业投资的每一个PPP项目，全程跟踪和实时监管SPV公司运行情况。当然，也可以在SPV公司和总承包管理部成立时在其管理层设置管理人员，以不断加强建筑企业的控制权和监管力度，从而实现对项目公司监管和PPP项目全过程管理的目标。

（二）强化风险管控措施，优化风险分担机制

“F+EPC”模式在给企业带来利益的同时，也会给建筑企业带来很多风险。从外部环境的变化来看，我国PPP项目处于起步阶段，相关法律法规还不够健全，相关政策不断变化，存在未知的风险与隐患。因此需加强措施，防范风险，具体内容如下：

（1）加强风险管理体系建设，强化风险预警机制。建筑企业应该为PPP项目制定一套完善的风险管理体系，确定合理的风险识别、评估、响应、处理等高效清晰的风险管控流程。为不同类型的风险制订不同的处理方案，并且将风险控制工作落实到岗位和部门，保证每一步的风险管理工作没有疏漏。要强化风险预警机制建设，针对风险类型，科学合理地制定预警红线，实施动态监控，随时对风险做出回应，对将要达到红线的风险进行有效控制，最终实现全过程风险监测。

（2）完善PPP项目筛选机制，制定科学决策流程。建筑企业实施“F+EPC”模式，应该坚持量力而行的原则。在项目筛选上，应该尽量优先选择国家公布的PPP项目库中的合作项目，并且提前做好可行性研究和风险评估论证，对项目背景、建设模式、交易结构、投资效益、未来运营状况预测等方面进行全面系统的评估研判，筛选出风险可控、收益可观、资金易退出的优质项目，并为投资决策提供科学可靠的依据。在项目决策上，企业内

部应该设置科学的项目决策流程和审批程序，同时对重大项目决策组织专家论证会，确保决策有章可循、高效准确。对于存在风险隐患的项目要慎重选择，并在项目运行过程中时时进行监控，以避免较大风险的出现。

（3）降低合同风险，实现风险合理分担。这要从两方面来理解：一方面，建筑企业在签订相关协议阶段，在谈判过程中要对合作方资信情况做好审查工作，尤其是政府的履约能力、其他社会资本的资质条件和投资意图。与此同时，合同要充分体现决策阶段的意见，反复协商合同条款和细则，从合同层面合理化解和分散风险。在合同履行过程中，动态监测和排查合同履约风险，并且做好合同后评估工作；另一方面，在与政府和其他建筑企业合作过程中，要坚持风险由最适宜的一方来承担、不确定风险共同承担的原则，并且按照风险承担比例获得预期回报。另外，还可以通过不断加强与投资公司、设计单位、咨询机构、金融机构以及其他社会资本的合作，充分发挥自身和合作伙伴的资源优势，达到强强联合、分散风险的目的。

（三）加强与融资机构的合作，拓宽融资渠道

PPP项目投资期较长、资金需求量大，由于投资的不确定性，金融机构对PPP项目的投资审核较为谨慎严格，加之PPP项目中非经营性项目居多，难以形成长期收益，因而其融资价值有限。建筑企业与金融机构合作时，金融机构为降低风险往往要求企业提供担保，从而导致PPP项目负债与企业负债并表，资产负债率偏高。另外，建筑企业融资渠道较为单一，单纯依靠银行等金融机构的融资方式已经不能满足PPP项目的资金需求。而要想与银行之外的其他金融机构合作，建筑企业必须从以下几方面入手：

（1）真诚与金融机构合作，形成长期战略伙伴关系。建筑企业应该制订有效的“金融合作计划”或者“金融长期合作战略规划”，以通过严格筛选的风险可控、收益可观、资金易退出的优质大项目，来吸引银行、基金公司、保险公司等具有实力的金融机构或有实力的投资公司的资金，通过真诚合作的方式，获得银行等大体量授信额度，并且在资信状况不断提升的过程中与多家金融机构发展长期战略合作伙伴关系。

（2）制订优质融资方案，加快融资进程。在项目前期，建筑企业要准确分析项目的融资需求和企业的融资能力，根据项目风险的大小建立不同状态股权结构设计、金融工具设计等综合一体化设计，选择全方位、多元化的组合融资方式与方案，并且探索更加成熟的融资产品；要根据不同区域不同领域的项目特点，制订相应融资方案，对重点项目制订专项融资方案，从而有针对性地进行融资，加快融资进程。

（3）积极拓展融资渠道，提升融资能力。这主要从以下两个方面来着手：一方面设立PPP产业基金。PPP产业基金具备融资风险小、成本低的优势，建筑企业可以联合其他社会资本如银行、基金、其他融资平台等设立PPP产业基金，扩大资金募集渠道，形成长期有效的资金链供应体系；另一方面，积极探索PPP项目资产证券化。资产证券化能够盘

活存量PPP项目资金、吸引更多社会资本投入PPP项目。为此，建筑企业要加强与证券公司、基金公司、融资平台的合作，设计与PPP项目特点相匹配的资产证券化产品，拓宽资本市场，提升杠杆效应，丰富融资渠道，从而提高企业融资能力。

（四）培养复合型人才，优化人才队伍

培养复合型人才，优化人才队伍，需要做到以下几点：

（1）加快转变思想，培养全周期管理理念。“F+EPC”模式不同于以往建筑企业单纯的项目施工管理模式，这就要求建筑企业加强对现有人才的培训，尽快转变他们的思维，使之从原来单一的施工思维转变为“融资+工程总承包”（业主+承包商）全过程管理思维；制定PPP项目全周期管理文件，定期组织学习分享交流会，加快员工适应建筑企业新发展模式的步伐。

（2）加强人才储备，培养全方位人才。一方面，在“F+EPC”模式中，金融专业人才和运营人才等储备不足，会使建筑企业在投融资和运营过程中遇到阻碍。因此，建筑企业应该制订专项人才引进计划，拓宽人才引进渠道，不断加大对专业化投融资人才、工程管理人才、运营人才队伍的引进和储备；另一方面，建筑企业可以采取内部激励措施，通过引进专业人才，以点带面，带动企业内部人才提升，并且通过不同专业人才的融合，培养一批既懂金融，又懂工程的全方位综合型人才。

（3）逐步完善人才培训体系，提升人才质量。建筑企业应该根据自身发展情况，尽快制定科学合理和形式多样的“人才培训体系”。针对不同层次、不同专业、不同级别的人才制订培训计划，为其设计不同的发展路径，使之快速适应“F+EPC”运作模式。通过与高校和培训机构等进行长期合作，定期输送投融资人才、运营人才等，使之接受专业化学习和培训。当然，也可以通过派驻到PPP项目等方式，提高其综合能力，从而促进建筑企业人才队伍整体能力的快速提升。

PPP项目是建筑企业迅速占领市场份额的有效途径，建筑企业以“F+EPC”模式参与PPP项目是企业拓展上下游领域，加快转型升级，实现以投资拉动主业目标的最佳方式。因此，建筑企业要尽快针对PPP项目建立一套成熟完整的“F+EPC”模式运行机制和办法，不断提高企业撬动各方资源的能力与自身综合实力，合理选择运作模式，充分发挥建筑企业融资+工程总承包的优势，不断开拓业务领域，最终实现建筑企业稳健和可持续发展目标。

第三节 建筑企业投资城市轨道交通PPP项目风险管理

一、PPP项目风险解读

在经济学和其他学术领域中，“风险”一词并无任何技术上的内容，它意味着损害的可能性。风险的核心含义是未来结果的不确定性或损失。工程风险是指企业对未来工程的决策及实施过程中，所产生的实际结果与预期目标的差异性以及其发生的概率，而风险的差异性则包括损失的不确定性和收益的不确定性。概括来说，风险具有不确定性；风险是损失或损害；风险是预期和后果之间的差异。

PPP项目风险是指在整个项目的运作过程中，因从立项、融资、工程施工到最终项目的运营与移交期间产生与原有设想产生距离的问题，导致出现项目无法为公众提供正常服务，或是出现项目参与方利益受损的情况。PPP项目的风险种类众多，既有因合约而产生的问题，又有因项目实施工程中参与方合约履行不到位而产生的问题。同时，外部环境的变化也会对项目的顺利开展产生干扰。

来自合约的风险主要有合约对参与各方的义务和收益分配不明确、参与方对合约的理解产生误差、某个参与方不按合同要求履行合同等。

项目实施过程中的风险主要有工程设计产生失误、建设成本增加、建设进度拖后、运营成本提高、经营收益低于预期等。

外部环境的风险主要包括政策和法律环境、经济金融形势的变化以及自然灾害等风险。其中，政策和法律环境风险主要是指由于国家政策法规的突然变化，使得项目的继续推进受到干扰，甚至出现正在推进的项目成为不合法项目的情况。而经济金融形式的变化风险主要有经济危机的发生，利率与准备金的非预期性调整，银根的紧缩等，这些因素会对项目的融资造成不利影响，从而导致融资难、利息成本上升等问题。除此之外，自然灾害对项目的影响也非常大，如在项目工程即将竣工的时候被灾害摧毁，丧失实际功能，不能再为社会公众提供服务，从而出现合作协议无法履行。

总而言之，PPP项目风险贯穿于目标项目的全过程，项目融资、工程建设和项目运营等都存在不确定性，这种不确定性可能导致项目在实施过程中举步维艰，甚至直接导致项目的失败。

（一）PPP项目风险的基本特点

PPP模式下的项目具有建设与运营周期长、参与方众多、经济风险大等特点，这些都决定了PPP项目的整个实施过程中存在着诸多不确定的因素。因此，PPP模式的运作模式、组织架构与其他特殊性，决定了PPP项目风险不仅具有一般项目风险特征，还具有自身的特殊性。总之，PPP项目风险特点具体如下：

（1）复杂性。PPP项目参与方众多，全方位涉及政府和私人部门，由于有一系列的合同、协议、备忘录、会议纪要，因而涉及的权利与义务关系错综复杂。而PPP项目中所涉及的政治、自然等外部环境与多种经济活动的影响，导致了PPP项目潜在风险因素的复杂性。此外，由于项目的利益相关者众多，其对项目期望收益表现形式和衡量方式均有不同，且均有各自的专业角度和风险考量，这就导致风险对不同利益相关者的影响方式和作用形式也具有复杂性。

（2）随机性。PPP项目风险的发生具有一定的随机性。其中，很多风险是没有任何预兆的时候突然发生的，于是，无章可循就成为风险发生的一贯方式。虽然可以通过长期实践及统计分析发现一定的风险规律，能够做到部分风险的事前控制，但是由于风险因素的多样性，PPP模式下的风险存在着很大的随机性。

（3）阶段性。PPP项目风险的阶段性是指项目风险的发生伴随项目的建设程序而具有明显的阶段性，即PPP项目建设程序在不同的阶段，项目风险的大小呈现出显著的阶段性差异。在基础设施项目建设初期，需要投入大量的资金用于购买建设材料、工程设备，支付施工费用，贷款利息等。随着目标项目的不断深化推进，在不断地投入资金到实施过程当中，目标项目的风险也随之增加。在项目建设的中后期，贷款能否偿还，各分包单位、分项单位的费用是否能够及时结算，工程质量是否符合国家标准，工程是否能够竣工验收，设计变更是否导致工程费用超支等问题，都会使得项目风险逐步增加，甚至达到一个很高的程度。

此外，PPP项目所面临的主要风险的种类也随着项目的不断推进，而发生明显的变化，如有的风险始终贯穿于项目实施的全过程，而有的风险只存在于项目的某个特定阶段。其中，政策风险、法律风险等就始终贯穿于目标项目实施的全过程，工程质量风险、竣工验收风险主要发生在项目建设阶段，经济风险、市场风险是项目运营阶段中应该考虑的。

（二）PPP项目风险的种类

PPP项目风险有很多种，可以按性质，所涉及的具体参与者、范围等来划分：按其性质来划分，一般包括自然风险、社会风险、经济风险、法律风险和政治风险；按风险所涉及的具体参与者来划分，一般包括政府的风险、承包单位的风险、金融机构的风险等；按风险所涉及的范围来划分，一般包括局部风险和总体风险；按风险的来源来划分，一般可分为内因引起的风险和外因引起的风险。

除此之外，PPP项目中的风险因素还可以从宏观、中观、微观三个层面进行划分，具体为：①宏观层面的风险源于外因中的大环境所引起的风险，即国家或行业级别以及自然类的风险。这种风险主要集中于政策和法律环境、经济环境、社会环境以及气候环境层面，应对此类风险时较为被动；②PPP中观层面的风险主要是指项目执行层面的风险，包括但不限于项目的需求层面、地址、设计PPP建造与工艺技术、质量技术标准等；③PPP微观层面的风险是指采购过程中所形成的利益关系的风险。

（三）PPP项目各主体承担的风险

PPP项目的特点是规模大、周期长、资金需求大，从项目主体角度分析出项目的风险，对于保证PPP项目的顺利建设有着重要的意义。通常，PPP项目的参与者主要有政府、社会资本、贷款方、担保方及使用方等，这些参与者都是项目的利益相关方，都直接或间接享有项目的利益，所以他们既是项目的风险分担主体，又是项目隐性风险分担的主体。

1. 政府公共部门承担的风险

政府公共部门一般是指政府机构，少数情况下也可以是政府指定的代理机构。通常，他们以提供一定的项目资本金或给予某些公司特许经营权而成为PPP项目的发起人。

对于政府来说，他们更注重PPP模式带来的公共服务以及利用私营融资来隐藏政府财政赤字的能力。建设基础设施的公共资金有限是政府邀请私营合作方参与公私合作项目的主要原因。与此同时，公私合作可以安排部门负责资本密集项目的融资建设与运营，从而减少政府的行政任务。另外，公私合作会增长社会经济效益，如创造就业机会和提供更多社会服务，完成更多基础设施的建设，以满足经济发展对社会基础设施的需求。这里所说的社会经济效益的大小，在很大程度上取决于该国家或地区对项目的需求程度。当发起PPP项目时，政府通常被要求为项目提供各种各样的支持，如财务分摊或者承担更多风险，尤其是隐性风险。至于承担风险的方式则可以灵活选择，如提供担保、给予新的特许权、延长特许期等。

通常，在PPP项目中，政府需要应对的风险主要包括以下几个方面：

（1）法律风险，法律风险指的是由于法律或规定不完善致使项目不具备合法性，以及项目建设过程中的合同协议不具备有效性等，导致项目无法正常建设，或者是建成以后无法正常运营的风险。这类风险主要是因法律法规的不完善、法律体系或监管不完善等造成的。PPP项目是公私合作的项目，既涉及行政法领域，又涉及民法领域。在PPP项目的建设上，由于我国还处于起步阶段，从设计到施工再到最后的运营，相应的法律法规尚不健全。所以，在目前的阶段，PPP项目的法律风险是众多风险中的一个主要风险。

（2）社会风险，社会风险主要包括重大社会事件引起的公众反对风险。重大社会事件引起的公众反对风险主要是指由于一些突发性的、偶然性的事件致使社会民众对某种项目十分敏感，盲目反对，导致同种项目建设的PPP项目受到冲击，从而产生法律以外的风险。公众反对而造成的社会风险还有可能是因为PPP项目不能保护公众的利益，公众的阻力导致公共服务品价格上涨非常困难，而政府为了维护社会稳定和保障公众利益也会反对涨价所造成的风险。

2．社会资本承担的风险

在PPP项目中，社会资本通常会以投入股本的方式和政府指定的股份投资机构合作，与之共同成立PPP项目管理公司。从项目承办方的角度来看，PPP项目要想实现融资目标，不仅要考虑项目工期、项目的各种成本等传统要素，还要考虑现代企业关注的技术管理和科技进步以及绩效的考核标准。在PPP项目发起的过程中，项目承办方一般会设计好在项目完成时以何种方式来经营项目，使项目在未来有着稳定的预期收益，这种设计必然要考虑到未来经营中出现的各种风险事件。

风险事件发生的可能性和对预期收益的影响会有一种专业评估，也就是风险事件发生的可能性对预期收益产生的影响，对收益期望得越高，那么经营收入的不确定性就越高。通常，在经济发达国家建设PPP项目的收益要求要比绝大多数发展中国家高，因为在发达国家建设项目所面临的风险比较低。一般来说，在国际上会采用这样一种标准，如果一个国家各种管理体系和宏观经济体制都比较健全，其资产加权成本也比较低，通常在5%～8%之间；而在风险控制能力较低且管理体系不健全的国家，资本加权成本至少要达到12%～13%。并且在一个国家体系里，不同风险等级的项目通常对应不同的投资回报，预期收益率高的项目对应的风险危害等级也就高。

具体而言，社会资本面临的风险主要包括以下五种：

（1）政府信用风险。政府信用风险是指由于政府人员的更换，新的政府机关工作人员上台后拒绝或不履行前任在特许经营合同中允诺的责任和义务，从而导致PPP项目无法继续推进，致使社会资本前期投入无法收回的风险。这种风险是社会资本面临的最主要的风险。

（2）政府决策失误和腐败风险。政府决策失误和腐败风险是指政府决策程序不规范，对PPP项目缺乏运作经验和能力，社会资本在前期投入后不能对PPP项目的决策产生实质影响，或因为政府前期的可行性研究不充分，导致信息不对称等，致使项目决策失误或者成本增加的风险。腐败风险指政府官员在PPP项目进行过程中，以不合法手段获得财物，致使项目成本上升的风险。

（3）运营风险。运营风险是指在运营阶段，生产发生故障、管理水平及经验不足、项目相关的配套工程不能按时完工等因素，都会让运营企业无法运营管理该PPP项目，导致PPP项目进度变慢或生产服务质量下降，从而影响项目收益的风险。

（4）融资风险。融资风险是指社会资本在融资过程中，融资环境受到各种不确定因素不同程度的影响，引发融资风险，进而导致融资困难，或者融资出现法律风险。这类风险主要包括金融市场不健全、融资结构不合理以及融资的可能性等因素所导致的风险。

（5）建设风险。这类风险通常包括建设成本超支风险和延迟完工风险。建设成本超支风险是指项目在建设期间成本超过预测值，其主要原因可能是原材料价格上涨、设计变更以及未预料到的项目现场环境变化等。延迟完工风险是指完工时间超出前期预测时间，其主原因是施工方案不合理材料与设备、延误与变更设计等。

3. 贷款方承担的风险

通常，由于PPP项目建设周期较长，并且整个项目是分期分阶段的大额投资，作为项目发起者的政府和社会资本前期投入的资金额只会占项目总投资金额的30%左右。因此，政府和前期社会资本投资占整个项目的总投资金额的比重都不大，剩余的70%的资金缺口需要从其他渠道融资获得，而金融机构以其提供贷款的额度大、期限长、信用好、资金到位及时的优点，成为目前绝大多数PPP项目首选的融资渠道，这种融资可以为项目的顺利进行提供有效的经济保障。

这种形式的融资属于有限追索的项目融资，贷款方可以根据项目的现金流量和资产情况向项目借款人进行追索。如果项目出现了风险问题，贷款方也不可能追索到PPP项目以外的资金、资产以及有关方所承诺的义务之外的任何形式的财产，更谈不上潜在的隐性风险问题了。这种追索可以让项目借款人在不停止项目运作的前提下，随着时间的推移和项目的偿付能力的不断改善，不断提高偿还贷款的能力。

一般情况下，除非贷款方已经清楚该项目的大部分风险，否则，就会更加谨慎，这是因为即使是较高的边际税率也有可能无法抵消过高的风险。这样的收益平衡反映出贷款方在不同项目的不同阶段，可以选择使用不同的边际税率，这也是规避项目风险的重要手段。

一般来说，贷款方的风险主要包括以下两种：

（1）银行内部风险。银行内部风险是指银行内部管理风险和经验技术风险。银行内部管理风险主要是指银行项目贷款相关人员的专业素质和道德素质的问题。经验技术风险主要是指因银行对项目知识的匮乏带来的风险。

（2）通货膨胀风险及资金用途风险。通货膨胀风险是指因通货膨胀引起货币贬值而造成资产价值和劳动收益缩水的风险，这是较为典型的系统风险，这一风险很难通过多元投资组合来化解。资金用途风险是指政府及社会资本通过PPP项目获得贷款方的贷款以后，没有将资金用在PPP项目上，而是将资金挪作他用，这种风险也是贷款方所面临的主要风险之一。

4. 使用方承担的风险

政府立项建设的PPP项目，在建设完成且进入运营阶段后，其运营的资金全部都来源于使用方缴纳的费用，并且使用者缴纳的费用既要偿还前期的贷款，又要保证私营投资方的投资回报。在发达国家，这种收费方式很容易让使用者接受，但是在发展中国家，使用者不愿意支付公众产品或者公众服务的费用，或对使用费用的价格不满，这常常会导致项目达不到预期的使用量，从而影响预期的收益。随着国家的经济政策、相关法律法规的完善，PPP项目的不断市场化，政府也开始大力支持PPP项目。因此，PPP项目运营者可以获得更多的政策上的扶持。一般来说，政府大多会采取开放项目收费定价、使PPP项目建设公开透明的措施，让项目按照市场的规律发展，这样可以让项目的使用方主动支付项目的使用费用，从而承担项目的部分隐性收益风险，达到项目建设方和使用方双赢的良好效果。

通常，使用方面对的风险主要是自然风险，自然风险主要包括环境保护风险、气候风险、地质风险和不可抗力风险。环保风险指的是由于项目具有较高环保要求所导致项目的成本增加、工期延误等。不可抗力风险指的是无法控制、无法预见、无法避免的但会给项目带来巨大损失的风险，主要包括社会政治动荡、战争、放射性污染以及火山爆发、地震这类的自然灾害等。自然风险的发生，可能会导致使用方在交付一定的使用费用后，无法享受到项目提供的相应服务。

众所周知，PPP项目公私合作的基础是由政府立项来引入社会资本。项目由政府引导，并与项目的社会资本共同合作，对项目进行投资、建设、运营以及管理。在这个过程中，政府按照特许权协议中的担保条款承担社会资本无法用市场行为应对的风险，而社会资本承担部分协议中的经营风险，双方因此合理分配了隐性风险责任。政府作为担保方以及发起人在项目中要发挥积极作用。这一作用在PPP模式建设的公众基础项目中得以突出体现。

虽然发展中国家的政治和经济体制尚不完善，但是经济却在快速地发展中，政府对于PPP项目建设有很大的热情，因为在排除了法律规章制度不健全、经济政策变化大、市场化程度不高、政府公信力较低等常见因素的影响外，这种模式能够有效地提高政府的项目建设效率，可以快速、高效地吸收优质社会资本进行投资，从而解决经济发展与公共基础设施建设无法同步的现实问题。因此，政府的担保不仅对项目的顺利开展至关重要，还对国有资本的合理利用以及公共利益的保护具有积极的意义。

（四）PPP项目的风险分担

风险分担是指决定某个项目中发生风险事件的后果由哪一方来承担，风险承担者要采取措施降低和控制风险发生的可能性，并尽可能的免收侵害。由于 PPP 项目固有的时间和空间的延伸性，外界环境与内生因素的错综复杂，使得 PPP 项目面临的风险远远高于一般建设的项目。因此，对风险进行公平合理分配，对于 PPP 项目能否顺利推进来说，具有非常关键的作用。

1. 风险分担的原则

目前，国内外对风险分担原则的核心理念是把风险分配给最适合处理风险的一方。参考大型项目建设的普遍规律并结合PPP项目建设过程中的实际状况及其自身特点，在公平合理的前提下，PPP项目风险分担主要遵循以下三大原则：

（1）风险由有最大能力的一方有效和高效地管理，将风险分配给对风险最具掌控力的一方。对风险最具掌控力意味着能够最大化地降低风险发生率和风险损失程度。由于PPP项目中不同参与方的资源配置不同，因而面对不同风险的应对能力也存在着先天差异，故各参与方应该充分发挥其禀赋优势承担相应的风险，以达到集众之所长的目的。

（2）承担的风险与所得收益相匹配，即风险与收益成正比。风险与收益相匹配符合金融市场的一般规律，也是项目双方形成利益共同体的公平前提。这就是说要充分考虑政府承担风险的损失与社会资本风险承担的意愿，在这一条件下，寻求风险的合理对价。

（3）当一种风险完全超出双方控制能力时，风险经常由双方共同承担或参加保险，即遵循风险有上限的原则。在项目实施过程中，可能会出现始料不及的风险或风险伤害，需要及时分担或转移风险，以免影响项目的进行和风险承担者的积极性。

2. 风险分担的方式

PPP项目中风险的具体分担方式需要结合实践经验，因地制宜。具体可以从以下两个方面着手：

（1）可控风险的分担。按照风险分配原则，把项目建造、运营、设计等商业风险中的可控风险分配给私人部门，私人部门可以有效控制项目的建造、运营、设计过程，最高效地管理前述风险。与此同时，由于公共部门处于比私人部门更有利的地位，因此，有些可控风险需要由具有较强控制力的公共部门来承担，如政策风险、政治风险等。

（2）不可控风险的分担。在PPP项目中，还存在一些双方都无法控制的风险，如金融风险和不可抗力风险。对这类风险，在进行分配时，应该综合考虑风险发生的可能性、政府控制的可能性、风险控制的成本、风险发生所造成的损失和私人部门是否愿意承担等。此外，由于不可控风险并非完全不可规避，所以，在实践中，可以将双方都无法控制，而且都不愿意承担的风险进行投保。这样，在风险发生时，就可以由保险公司承担风险带来的损失。从经济角度考虑，由于项目主体一般会要求承担的风险程度与自身所得回报成正比。因此，私人部门是否承担风险、承担何种程度的风险取决于政府对该类风险的参与方给予何种程度的补偿，若风险补偿成本大于公共部门承担工程风险时的成本，公共部门就会选择自己承担风险；反之，公共部门就会选择用补偿的方式将项目风险交由私人部门承担。

在这里，需要注意的是，当前我国的PPP理论与法律规范未成体系，PPP项目程序复杂且实践经验积累不足，风险分担的边界往往是以经验来确定的，无法做到定量分析，而由此导致的利益分配不均也难以界定是技术偏差的结果还是刻意的利益输送。因此，对现有实践资料分析整理，建立完善合理、高效的风险分担机制是当前推广PPP模式的重中之重。

（五）PPP项目风险的处理

1．面对风险的应对策略

从理论上来讲，PPP项目风险的应对主要有以下四种方式：

（1）风险规避。风险规避是指在完成目标项目风险分析与评价后，若发现项目风险发生的可能性较高，预期的损失也可能很大，而且无其他有效的对策来降低风险时，应该果断放弃该项目，从而避免将来极有可能发生的损失。通常，有人认为风险规避意味着放弃获得利益的机会，是消极应对项目风险的方式，但是当面对灾难性风险时，规避是最有效的风险处理方式。

（2）风险保留。风险保留是指前期发现项目风险后将其保留在风险管理体系中，通过采取内部控制的手段来化解风险。保留，意味着风险性质不变、发生概率不变，也一同保留了可能带来的损失。风险保留可分为计划中风险保留和计划外风险保留。所谓计划中保留，是指有计划地主动选择保留的风险，在这种情形下，风险管理人员应该明确进行风险识别和评价，并且制定风险化解策略。计划中风险保留应该与其他风险处理方式相结合，并且保证重大风险的工程保险或损失控制计划的落实，充分考虑风险损失期望值，以确定风险自留的目标范围。与此同时，在与工程保险的成本、服务质量和税收等方面进行比较后，再确定是否保留风险。计划外保留是由于没有意识到或者无法预测到项目某些风险的存在，只能在风险发生后将其保留在风险管理体系中。在实际操作中，对于大型、复杂的PPP项目，要风险管理人员识别出所有的项目风险几乎是不可能的，难免会出现评价失误、决策失误的情况。因此，从某种层面上来讲，风险的计划外保留是无法避免的。

（3）风险控制。风险控制属于主动作为的风险化解方式，风险控制工作一般可以分为预防风险损失和减轻风险损失两个方面。预防风险损失措施的目的是项目风险发生时降低损失发生的可能性，而减少风险损失措施的目的是降低损失的严重性和遏制损失的进一步扩大，使既成事实的损害发生在可控的最小范围内。一般来说，任何一个PPP项目实施中的风险防控都不可能实施某种单一的风险控制方案，要想有效控制风险，就必须将预防损失措施和减少损失措施相结合。

风险控制计划的制订，要通过合同、技术、经济等措施有计划性地预防损失。通常，在事先编制好灾难性的风险事件发生后，需要采取具体措施，即灾难计划，以便及时妥善地处理风险事故，最大限度地减少损失。而灾难计划的内容应包括安全撤离、伤亡人员的援救及处理、事故控制、事故后恢复等。最后，为保证项目能够尽快全面恢复，及时调整原计划的范围和内容、进一步缩小损失，即应急计划。除了采取的调整措施外，风险发生后各部门的职责范围需要明确划分，诸如项目资金审查、保险索赔程序的启用等内容。

（4）风险转移。风险转移是进行风险管理过程中十分关键的一环，再严密的风险防范体系也无法回避所有可能存在的风险，当有些风险无法回避且必须面对，而自身能力有限无法承担或者风险损失较大时，风险转移就显得尤为重要。所谓风险转移，就是通过某种方式将风险可能产生的后果连同相应的权利、义务、收益、责任全部转移给他人。因此，风险转移本身不是消除风险，而是将风险管理的责任和可能从该风险管理中所能获得的利益移转给他人，项目管理者不再直接面对被转移的风险，从而达到化解风险的目的。

2. 公共部门的风险应对方式

目前，我国PPP项目面临的主要风险有：决策失误、法律变更、政府信用、融资、市场收益不足、项目唯一性、市场需求变化与不可抗力等风险。

针对以上风险，政府作为项目的主导者、参与者和担保人需要积极应对。而要想积极应对风险，政府部门可以采取以下几种方式。

（1）需要完善PPP相关立法和相关政策支持，以公用事业特许经营法为主，辅以大中型项目单项立法，并制定配套的地方性法规、公司法、招投标法等，努力营造适宜的法律环境，加强项目运作的规范性，避免制度摩擦以降低私人部门的参与风险。

（2）政府公共部门要树立契约精神，建立良好的政府信誉，处理好政府与市场的关系，在积极推广PPP项目实施的同时，积极转变政府职能，由传统的“管理者”成为“合作伙伴”和“监督者”，在不必要的情况下避免对项目进行行政干预。

（3）在项目实施前，政府公共部门要进行充分的市场调查，掌握准确的决策信息，加快推动和落实市场价格形成机制改革。与此同时，政府还可以通过建立收费调价机制、退出接管机制等途径，确保对基础设施的控制权与保证公共产品和服务质量。此外，政府公共部门还需要提高PPP项目的大众参与度和信息透明度，公示与民众切身利益相关的问题，保证民众的知情权和参与决策的权利，提高社会积极性。

（4）在项目实施过程中，政府公共部门要根据具体情况采用差异化付费和定价调整机制，并且将之纳入政府财政预算，通过人大审批形成法律约束，结合政府财力情况控制项目支出，合理统筹。

（5）政府公共部门应该合理分配项目风险与收益，并且建立适当的风险担保机制。

3. 社会资本风险应对方式

社会资本是PPP项目的参与者，作为基础设施建设和公共产品生产、公共服务提供的实际承担人，应该做到：①进行充分的市场调查工作，不能盲目依赖政府承诺、罔顾实际市场需求，以避免带来不必要的项目风险；②遵守法律规范，不能抱有投机心理或签订有失公平的协议，更不能采取贿赂等非法手段使国有资产流失；③积极分担项目的融资和市场风险，配合政府制订相应的风险灾难计划及应急方案，并且加以落实，确保损失的最小化；④如果风险可能超出其承受范围时，可以采取风险担保或转移的方式保护自身权益，如向保险公司寻求政治风险担保及担保基金，以对抗政府不作为或违约的风险。

二、城市轨道交通PPP项目风险管理意义

城市轨道交通PPP项目实施的全过程一般包括投资决策、建设、投产运营三大阶段，由于每个阶段均涉及不同的人员、工艺、技术、工具、设备，与投资单位、设计单位、施工单位、监理单位、运营单位，以及政府相关监管部门等众多关联体，这使得项目本身成为一个复杂的系统工程。城市轨道交通PPP项目具有投资规模大、合作周期长、影响因素多、相关法规制度缺乏等特点，相较于传统建设的模式，建筑企业面临更多的风险因素，在风险管理方面所遇到的挑战更大。与此同时，随着我国市场化的逐步完善，建筑行业的竞争日趋激烈，国内建筑企业之间竞争更为广泛。此外，外企和中外合资企业大规模进入我国市场，对国内建筑企业产生巨大冲击。为增强我国建筑企业在市场中的竞争力，在提高决策、建设、运营能力的同时，也应该加强风险管理，这对我国建筑企业的发展具有非常重要的现实意义①。

具体来说，实施风险管理对于建筑企业投资城市轨道交通PPP项目的意义有以下三个方面：

（1）增强我国建筑企业投资城市轨道交通PPP项目的风险管理意识。我国建筑企业的风险管理仍然处于起步阶段。原有的“计划经济体制”使得我国建筑企业长期处于粗放式发展过程中，企业往往关注规模扩张、片面追求效益而忽视风险。在项目实施过程中，习惯依靠管理人自身经验和职业操守处理各种风险问题，缺乏一个有效且植根于发展战略和企业文化的风险管理体系，企业员工风险管理意识非常薄弱。PPP模式大范围应用于我国城市轨道交通项目的时间有限，建筑企业投资城市轨道交通PPP项目的经验普遍欠缺，项目实施过程中的风险管理意识更是有待加强。研究建筑企业投资城市轨道交通PPP项目的风险管理，可以让我国建筑企业对风险管理的本质有更清晰的认识，帮助其以更积极的态度处理城市轨道交通PPP项目的风险，提高风险管理意识与能力。

（2）完善我国建筑企业投资城市轨道交通PPP项目的风险管理制度。城市轨道交通在我国并非新生事物，但是建筑企业用PPP模式实施城市轨道交通项目尚处于探索阶段，而且由于行业内相关法律法规的缺位，导致PPP项目风险管理的相关制度体系极不健全。目前，绝大多数建筑企业仅仅在总部层面制定了个别风险管理制度，而且存在严重的形式主义，对于城市轨道交通PPP项目这类大型投资项目的风险管理更是没有基本的规定。总的来说，我国建筑企业缺乏一套相对严谨、全面并切实可行的风险管理制度体系。研究建筑企业投资城市轨道交通PPP项目的风险管理，可以帮助建筑企业完善城市轨道交通PPP项目的风险管理制度。

（3）提高我国建筑企业投资城市轨道交通PPP项目的风险管理水平。目前，国内外

---

① 张宇亮．建筑企业投资城市轨道交通PPP项目风险管理研究[D]．北京：北京交通大学，2018：5-22.

学者已经对风险管理进行了大量的理论研究，研究出了很多风险管理理论与方法，但是我国建筑企业对于这些风险管理的理论与方法仍然“消化”不足，在城市轨道交通PPP项目的实践中通常存在风险识别不全面、风险评估误差大、风险管理手段落后等问题。对国外优秀建筑企业的风险管理经验进行研究，并且在结合城市轨道交通PPP项目的特点的基础上，对风险的识别、评估、应对、监控等流程提出较为合理的方法，可以帮助我国建筑企业提高投资城市轨道交通PPP项目的风险管理水平。

因此，以建筑企业视角对城市轨道交通PPP项目的风险管理特点进行研究，对建筑企业投资城市轨道PPP项目的风险管理具有重要的理论和现实意义。

三、完善城市轨道交通PPP项目风险管理的建议

针对建筑企业对于城市轨道交通PPP项目风险管理的现状和问题，借鉴国外先进的风险管理经验，以全面风险管理理论为指导，现提出完善我国建筑企业城市轨道交通PPP项目风险管理的建议。

（一）建立风险管理体系

通常，有效的风险管理需要以合理可靠的顶层设计为支撑，这个顶层设计就是风险管理体系。目前，我国大部分建筑企业在投资城市轨道交通PPP项目的风险管理体系建设方面不够完善。为此，研究全面风险管理理论，为建筑企业及其投资的城市轨道交通PPP项目构建合理的风险管理体系，就变得特别重要。

建筑企业要构建合理的风险管理体系，必须以先进的风险管理理论作为指导。为指导企业的风险管理工作，很多国家与国际组织制定、发布了较为完善的风险管理准则或框架。新版全面风险管理（ERM）框架也对风险进行了全新的定义，并且在旧框架定义的基础上进行了延伸。

以新版风险管理框架为立足点，可以将企业战略、公司治理、内部控制、关联方利益管理与风险管理流程设计五方面的内容，作为建筑企业投资城市轨道交通 PPP 项目风险管理体系的组成部分。这五个部分是相互影响的，任何一个方面的缺失，都将极大地影响建筑企业投资城市轨道交通 PPP 项目风险管理的效果，甚至使整个体系失效。现具体分析如下：

1．明晰企业战略

建筑企业城市轨道交通PPP项目风险管理体系应该以企业战略作为引领。企业战略可以说是企业发展的最高准则，决定着建筑企业投资城市轨道交通PPP项目的风险偏好，更决定着企业的未来。企业战略涉及诸多利益相关者，它要确定的基本问题就是如何实现企业愿景、完成企业使命。与此同时，它还要持续发展，指导经营管理层利用资本实现企业的最大价值。风险管理既是对管理企业现在，更是对企业未来的管理。实现企业战略是

风险管理的最终目标。通常，传统意义上的风险管理侧重为企业损失做减量，但是经过COSO的研究拓展，风险管理已经被视作企业价值实现的最重要部分之一。城市轨道交通PPP项目由于其巨大的投资规模，将会对每一个参与其中的建筑企业产生巨大影响，如若不能做好城市轨道交通PPP项目的风险管理，便会失去实现企业战略的重要保障。

一般来说，参与城市轨道交通PPP项目的建筑企业可以从以下几个方面着手提升企业战略策划：

第一，要将风险管理纳入企业战略的大格局中，以明文的形式确定下来。以城市轨道交通项目为主业的建筑企业应该在战略中明确城市轨道交通PPP项目风险管理的重要性，通过企业战略的灌输，增强项目每一个利益相关者的风险管理意识和责任感，从而让风险管理融入企业文化中。

第二，建筑企业战略的制定必须要有专业的风险管理人员参与，包括城市轨道交通PPP 项目的专业人员等，以确保企业战略能够充分考虑城市轨道交通 PPP 项目的风险管理需求。

第三，企业战略与风险管理要相辅相成，既要通过企业高层的大力推动坚决落实风险管理，又要根据城市轨道交通PPP项目的风险管理实践不断修正企业战略。

2. 完善公司治理

建筑企业城市轨道交通PPP项目风险管理体系应该以完善、合理的公司治理作为支撑。对此，可以从以下四个方面着手：

第一，建筑企业要在总部层面和城市轨道交通PPP项目层面分别设置独立的风险管理部门，垂直管理，并且由企业董事会或企业主要领导直接管理，以专职落实风险管理的战略要求。

第二，任命专职的专业人员负责风险管理部门的日常运作，确保人员平稳交接，以使得风险管理的具体操作具有惯性。

第三，赋予风险管理部门及其人员相应的权限，使之统筹整个企业或项目风险管理的实施，并且有权直接向最高领导层报告，以保证工作落实和客观性。

第四，要明确风险管理部门和业务部门（尤其是以城市轨道交通为主要领域的业务部门）的工作界面，让两个部门彼此监督，共同进行风险控制，以实现风险管理效益最大化。

从企业价值最大化的角度来看，风险管理部门和业务部门的最终目标应该是一致的，但是在实践中，风险管理部门与业务部门职责不一，一个寻求风险最小化，一个要保证业务增量，如何解决其中的矛盾就需要企业领导层居中协调，以企业的整体利益为前提，尽可能保证两个部门行动一致，处理好业务发展与风险管控的平衡，从而减少内部摩擦成本。

3. 优化内部控制

内部控制是指由企业管理层及全体员工共同贯彻落实的，为实现企业资产安全、财务信息真实、合规经营等目标，而实施企业战略的过程。

建筑企业城市轨道交通PPP项目风险管理体系应该以协调平衡的内部控制为保障。内部控制主要涉及审计、监察、业务等部门，主要内容是监控企业和项目各项规定的制定和落实、监控各项经营环节的执行。

内部控制是风险管理的组成部分，可以从以下几个方面进行优化：

（1）建筑企业针对城市轨道交通PPP项目的内部控制行为要在城市轨道交通PPP项目风险管理体系的框架下实施，注重将风险管理融入业务拓展、质量控制、安全控制、进度控制、成本控制等各项工作中，以发挥其合力。

（2）内部控制要着眼于实施城市轨道交通PPP项目风险管理可以有效提升企业价值的重大意义，要和项目风险管理以及城市轨道交通业务发展协调。

（3）明确职责，相关业务部门承担主要的控制责任，风险管理部门作为归口管理部门，由审计、监察等部门负责对风险管理整体的有效性进行评价和监督。

（4）建筑企业应该根据城市轨道交通PPP项目业务发展的实际情况，构建相应的内部控制措施，以确保完成投资目标，并且合法合规。

在风险管理理论未正式得到确立以前，内部控制承担着风险管理的职能，随着市场环境的发展，虽然仅靠内部控制无法应对所有风险，但是其仍然是建筑企业城市轨道交通PPP项目风险管理体系中重要的组成部分。

4．重视关联方利益管理

建筑企业城市轨道交通PPP项目风险管理体系应该以恰当适度的关联方利益管理为辅助。风险管理不能只局限于企业自身，要将其外延到与相关企业关联方的整体利益上，只有多方共赢才能保证项目的顺利实施和企业的长远发展。关联方是和城市轨道交通PPP项目实施有关的所有团体和个人，主要包括政府（主要是项目实施机构、出资代表、财政部门、监管部门等）、财务投资方、分包商、材料和设备供应商、项目全体员工、行业专家、评级机构以及其他合作方等。每一个关联方都是城市轨道交通PPP项目成功的要素之一，伤害关联方利益会给建筑企业带来直接或间接的重大损失。通常，建筑企业在投资城市轨道交通PPP项目过程中，要将部分专业工程进行分包，分包工程的优劣直接影响着整个项目的成功与否，完善的风险管理体系必须要将此部分工程也纳入整体管控范围。帮助分包商管理风险，就是对项目整体的风险进行管理。另外，帮助关联方进行风险管理能更加直接地使关联方受益，从而节约了维护合作关系的成本。

对于外部关联方，建筑企业要制定专门的规章制度，加强全体员工的服务意识，以保持良好合作，与关联方实现共赢。对于内部员工，建筑企业一方面要注重强化岗位职责，合理制定考核奖惩制度；另一方面要加强人才培养以及人文关怀，设计明确的人才发展路径，让每个人能够学有所成，以提高员工对企业的归属感、自豪感，从而减少人才流动的风险。

加强关联方利益管理可提高业务黏性和稳定性，有效辅助建筑企业城市轨道交通PPP项目的风险管理。

5. 顺畅风险管理流程

建筑企业城市轨道交通PPP项目风险管理体系应该以顺畅科学的流程设计作为基础。一般认为，风险管理主要包括风险识别、风险评估、风险应对和风险监控四个流程。但结合风险管理框架和城市轨道交通PPP项目特点，仅仅完成这四个流程，并不能全面有效地管理城市轨道交通PPP项目的风险。除此之外，全面的风险管理还应该包括风险管理规划、风险管理审阅修订以及风险管理沟通报告等。

城市轨道交通PPP项目风险众多，管理工作繁杂，有必要进行整体谋划。而风险管理规划必须要置于风险识别之前，因为它主要是为建筑企业城市轨道交通PPP项目整体的风险管理工作进行统筹谋划，具体包括企业风险管理战略、项目风险管理目标以及城市轨道交通PPP项目风险管理工作的整体部署等。风险管理规划可以为城市轨道交通PPP项目风险管理工作提供有力保障。

风险管理审阅修订，主要是根据建筑企业的发展情况或城市轨道交通PPP项目的实施进展，对风险管理其他各个环节的工作进行再次的审查校核，并修订各个环节的工作内容，以保证建筑企业城市轨道交通PPP项目风险管理的持续性和有效性。根据城市轨道交通PPP项目的实施进展，忽略实际未存在的风险，补充新出现的风险，更新风险识别清单，对新风险开展评估，并制定新的应对策略和措施等属于风险管理审阅修订。

风险管理沟通报告，主要是定期或不定期对城市轨道交通PPP项目风险管理工作进行总结，编制书面的风险管理报告，并发送至建筑企业与风险管理相关的所有部门、人员以及关联方。风险管理沟通报告旨在加强风险管理的信息传递效率，鞭策和鼓励相关人员加强风险管理意识和责任感。

（二）建立健全的风险管理制度

要使城市轨道交通PPP项目风险管理体系得到贯彻落实，建筑企业必须以管理制度的形式将其确定下来，并坚决执行。

1. 建筑企业风险管理制度体系

（1）核心制度。基于风险管理制度建设现状，建筑企业应该在总部层面制定或完善全面风险管理办法，并据此在城市轨道交通PPP项目层面制定相对应的项目风险管理办法，以统筹整个企业和项目的风险管理工作。如果说风险管理体系是建筑企业城市轨道交通PPP项目风险管理工作的顶层设计，那么，风险管理办法就是风险管理工作的实施蓝图。只有风险管理办法得到执行，风险管理体系才能真正发挥其作用。

全面风险管理办法的主要内容应该包括风险管理的战略与文化、风险管理的目标、风险管理的原则、风险管理的组织机构及职责、风险管理的流程与工作内容、风险管理的监督与考核、风险管理的信息沟通与报告等。而以城市轨道交通为主营业务的建筑企业应该在管理内容中，增加关于城市轨道交通PPP项目风险管理的专门章节。

项目风险管理办法应该参照建筑企业总部的全面风险管理办法、结合城市轨道交通PPP项目特点来制定，主要明确项目风险管理的目标、项目风险管理的原则、项目风险管理的组织机构与职责、项目风险管理的流程与内容、项目风险管理的监督与考核、项目风险管理的信息沟通与报告等，并增加与重大风险编制专项预案相关的条款。

（2）配套制度。风险管理制度不是一个独立单一的管理办法，而应该是一套包括多个管理细则在内的完整、全面的制度体系。城市轨道交通PPP项目风险管理制度也应该注重与建筑企业的其他管理制度相协调，如果出现矛盾之处，则应该报请上级协调解决。同时，还要重视管理细则与制定的确立：

第一，为城市轨道交通PPP项目风险管理的组织机构设置与相关部门的职责划分制定管理细则。风险管理是关系到建筑企业未来发展和项目成败的重要工作，而风险管理的组织机构必须要进行合理科学的设置，必须被赋予相应的管理权限。同时，风险管理涉及企业经营和项目实施的各个方面，工作繁杂甚至琐碎，所以有必要为其制定详细的规定。另外，实施风险管理将不可避免地与相关的业务部门产生交集，当一个事件同时涉及多个部门时，则必须对各自的职责和权限作出清晰的划分。

第二，针对城市轨道交通PPP项目风险管理的具体流程制定管理细则。风险管理的全流程主要包含七个环节，每一个环节的工作都会对风险管理的执行效果产生重大影响，且各个环节既相互独立，又彼此连接。为了能够更精确地指导城市轨道交通PPP项目的风险管理工作，有必要对其分别作出详细规定。

第三，制定城市轨道交通PPP项目风险管理运行效果评价制度。项目风险管理工作的优劣必须通过科学合理的效果评价来确定。因此，必须制定效果评价的相关制度。

第四，制定建筑企业城市轨道交通PPP项目保险制度。为综合应对企业层面和工程项目层面的不确定性或突发风险，建筑企业应该制定全面系统立体的保险制度，避免城市轨道交通PPP项目可能发生的所有风险，既做到发生风险可以得到适度补偿，又要能够防患于未然。在这里，需要强调的是，我国建筑企业应该加强保险意识，关注国家在保证保险制度等方面的最新发展，引进专业人才或中介机构设计最有力的保险方案，除了投保常见的建筑安装一切险、建设工程意外险、第三者责任险之外，还要研究、综合运用建设工程保证保险（包含投标、履约、预付款、运营等方面的保证保险）、工程质量保险、职业责任保险、安全生产责任保险、诉讼财产保全责任保险等保险新品种。

第五，建筑企业应该就城市轨道交通PPP项目风险管理，对其他管理制度进行修订与调整。具体来说，就是战略发展部门应该将风险管理纳入企业发展战略的整体框架中；人力资源管理部门应该完善风险管理人员培养等管理规定；财务管理部门应该完善与财务、金融等方面风险管理的相关规定；信息管理部门应该完善风险信息管理系统的相关管理制度；投资部门和工程管理部门要根据城市轨道交通PPP项目的投融资和施工特点制定投资管理办法和城市轨道交通总承包管理办法；其他业务部门应该根据全面风险管理办法，结合业务工作实际修订各自的业务管理办法。需要强调的是，各项管理制度必须要具有一致性和协调性。

第六，城市轨道交通PPP项目重大风险专项预案。进入项目实施阶段后，许多重大风险已经可以预见，项目公司应该作出相应的应对方案。

由于建筑企业一般会参与多个城市轨道交通PPP项目的投资，出于统一性和简化工作量考虑，建议在城市轨道交通PPP项目层面只制定项目风险管理办法和相关重大风险专项预案，其余相关配套制度全部由建筑企业总部统一制定。项目风险管理办法必须做到综合全面，融合建筑企业的整套制度体系，并结合项目实际情况进行具体化。

2. 建筑企业风险管理制度的制定要求

建筑企业全面风险管理办法是城市轨道交通PPP项目风险管理制度体系的核心制度，应该赋予其最高的风险管理效力层级，配套制定的管理细则和项目层面的风险管理制度，必须严格遵从全面风险管理办法的相关规定，如有冲突应该以全面风险管理办法为准。

城市轨道交通PPP项目风险管理制度的制定应该遵循建筑企业规章制度制定的相关规定，制定过程必须规范化、程序化。一般来说，城市轨道交通PPP项目风险管理制度的制定应该遵循以下四个原则：坚持依法制定、坚持符合企业实际、坚持制度协调、坚持适时修订。

风险管理制度的制定流程主要包括：收集资料（法律法规及企业风险管理的相关资料）、调查研究（结合全面风险管理体系）、撰写草案、征求意见、修订草案、审批执行等。制定的管理制度应该满足全面性、准确性、可操作性、稳定性、协调性等要求。

建筑企业总部层面风险管理制度的审批、修订、废止等重大权限应该由董事会直接行使，城市轨道交通PPP项目层面风险管理制度的相关权限应该由项目公司董事会行使。之所以未将该等权限赋予建筑企业或项目经营层，是因为当前一些企业采用经理聘任制，经营层可能迫于经营压力而放松对风险管理的推进力度，而董事会相对更看重企业的资产安全和持续发展。

（三）完善风险管理机构与人才培养

由于大部分建筑企业尚未构建完善的风险管理机构和人才培养制度，而组织机构和人才对城市轨道交通PPP项目风险管理又非常重要，因而本文将此部分内容单独进行研究。

1. 完善风险管理机构设置

有效的风险管理要求建筑企业在总部和城市轨道交通PPP项目两个层面分别设置风险

管理的组织机构，并且能够垂直管理、独立运作。

（1）总部机构设置。建筑企业风险管理的最高职权由董事会行使，风险管理的最高管理机构也应该设在董事会之下，由董事会直接领导。通常，企业董事会的直属机构均设置为委员会形式。因此，针对风险管理，建筑企业可以在董事会下设置风险管理委员会。

风险管理委员会的主要职责包括：①负责建筑企业风险管理的日常工作与全局把控；②组织将各个项目的风险管理信息，如风险识别结果、风险评价结果、风险应对措施等，进行整理完善，定期形成风险管理报告；③负责风险信息管理办法的制定和风险信息管理系统的开发应用，指导各部门、各城市轨道交通PPP项目公司等分支机构落实风险管理和风险信息化管理等工作；④研究易发风险、常发风险、重大风险的处理方案优化，与业务部门通力合作，解决实际问题。

由于委员会成员一般为兼职的领导人员，而风险管理工作繁多，需要有专业部门负责处理日常事务。因此，应该在企业经营层下设置风险管理部。同时，为了使风险管理工作能够深入各个业务部门和职能部门，可以在各个业务部门和职能部门内部组建部门风险管理小组或安排专职的风险管理人员，以实现与企业风险管理委员会的工作对接，保障风险管理信息的有效沟通。各部门风险管理人员同时接受风险管理委员会或风险管理部的垂直领导。

（2）城市轨道交通PPP项目机构设置。建筑企业各个城市轨道交通PPP项目的风险管理机构设置应该参照总部执行。在投资城市轨道交通PPP项目的实践中，出于融资考虑，建筑企业一般新设项目公司来实现无追索或有限追索的项目融资。在项目公司组建阶段，应该参照建筑企业的总部机构设置，来设置风险管理委员会和风险管理职能部门，为与总部机构有所区别，可分别称之为“风险管理委员会分会”“风险管理部分部”。

2．重视风险管理人才培养

（1）人员配置。风险管理委员会成员应该由建筑企业董事会成员、经营层主要领导以及若干风险管理专家组成。由于风险管理所具有的重要性，为了更有力地推进风险管理工作，建议由建筑企业董事会主要领导担任风险管理委员会主席。

建筑企业风险管理部门的主要领导应该经风险管理委员会审批任命，部门内其他人员不仅要全面掌握风险管理工作的要点，还要熟悉企业业务经营的工作内容。因此，从各个业务部门精选并培训是人员配置的最佳途径。

城市轨道交通PPP项目公司风险管理委员会分会的主席职务应该由建筑企业总部风险管理委员会或风险管理部门委派担任。风险管理部分部直接参与城市轨道交通PPP项目风险管理的基础事务，是建筑企业风险管理的最前沿。因此，有必要着重加强此部门的人员配置力度，以保证风险管理的有效落实。

（2）人才培养。人才培养可以从以下几个方面进行：

第一，制定人才培养计划。要为风险管理人员制订科学合理的培养计划，有条件的建筑企业可以覆盖到全部员工，并且结合其专业背景、工作经验和岗位特点，为各类人员规划成长路径，注重员工结构的多元化。

第二，运用多种方式培养人才。人才培养可以通过“以老带新”模式培养新员工，既可以通过邀请公司内从事城市轨道交通PPP项目风险管理工作的专业人员或外部专家授课的形式培训，也可以通过引进方式直接建立成熟的管理团队。

第三，营造良好的学习和竞争氛围。学习的根本动力在于员工的自觉性，只有通过制度和宣传工作营造良好的学习和竞争氛围，才能让员工自觉学习知识，提高人才培养的效率。

第四，制定激励考核制度。在人力资源管理的相关规定中，为人才的成长和创新制定相应的激励和考核制度，以进一步激发员工自我学习的积极性。与此同时，城市轨道交通PPP项目公司应该依据建筑企业的相关规定，对项目风险管理工作中的优秀员工制定相应的激励措施。

第五，加强人文关怀。要想员工取得长远发展，必须增强员工对企业的信心和黏性，只有这样，才能留得住人才。为此，建筑企业应该关心员工生活，帮助员工平衡工作和家庭生活之间可能出现的矛盾，使员工在工作时无后顾之忧。同时，要尊重并保护员工的劳动成果，通过激励措施鼓励其学习和创新，增加员工的成就感和获得感。

（四）完善风险管理方法

1. 优化项目风险的组合处置

风险应对要结合风险的评估结果，选择最有效的风险应对措施以达到控制风险的目的。在大多数情况下，单一应对措施并不能达到控制风险的目的，借鉴风险管理原则，建筑企业应该运用组合处置方式来应对城市轨道交通PPP项目所产生的风险。

结合企业自身的风险承受能力和各类风险的评估结果，建筑企业应该制定合理的风险应对策略，然后根据制定的应对策略选取多种有效的具体应对措施。

（1）制定风险应对策略。对于风险应对策略的制定标准，可以对所有的风险评估值进行统计，评估值最小的20%的风险可以选择自留，评估值最大的10%的风险可以选择规避。风险应对策略的选择不应该生硬，要根据建筑企业的发展战略、风险偏好、风险的发展情况以及城市轨道交通PPP项目实际情况来制定，由企业管理者集体决策。

（2）选择风险应对措施。每一种风险应对策略，都可以根据项目过程的不同、风险来源的不同以及企业自身的风险偏好不同，分为不同的，有针对性的具体应对措施。为了方便快速地做出反应，在实施城市轨道交通PPP项目前，建筑企业应该制定较为全面的风险处置清单。由于建筑企业在参与城市轨道交通PPP项目过程中面临的风险因素非常多，风险应对措施更是多种多样。因此，建筑企业应该将风险处置清单进一步细化，既要细化城市轨道交通PPP项目的实施过程，又要细化风险类别的具体因素，从而让应对措施更有针对性。

2. 建立基于信息管理系统的风险动态监控

根据风险管理体系和风险全面识别、风险综合评价以及风险组合处置的设定，结合计算机、大数据为载体的信息处理技术，建筑企业可以通过建立城市轨道交通PPP项目风险信息管理系统将各个部分进行集成，或者将城市轨道交通PPP项目的整套技术方案纳入其中，并且保证信息及时录入、储存、传输，从而实现风险的动态监控。

建筑企业城市轨道交通PPP项目风险信息管理系统可以分为三个子系统：全面风险管理系统、企业管理协同系统、轨道交通项目建设运营系统。其中，全面风险管理系统主要包括五个模块（风险规划在系统外制订，风险审阅修订和沟通报告流程融入系统整体的编辑报告功能）：风险信息采集模块、风险识别模块、风险评价模块、风险处置模块、风险预警跟踪模块。企业管理协同系统主要包括四个模块：企业战略协同模块、公司治理协同模块、内部控制协同模块、关联方协同模块。轨道交通项目建设运营系统则主要包括项目建设运营全过程的技术资料、质量、成本、进度、安全等的管理模块。每一个功能模块下都有编辑、审批、输出等功能。

风险信息管理系统需要由专业人员或专业团队根据建筑企业需求和城市轨道交通PPP项目实际来开发，本节旨在提供系统开发思路，对开发过程不做详细的介绍。

风险监控需要有高度的敏感性，并且要紧紧着眼于可能给企业或项目造成损失的风险，监控指标必须合理、明确。

建筑企业城市轨道交通PPP项目风险监控首先要构建预警机制，对已经超限或即将超限的活动发出警告。因此，建筑企业必须结合城市轨道交通PPP项目的工程特点和风险偏好制定控制标准，控制标准主要包括资金控制标准、成本控制标准、进度控制标准、质量控制标准、安全控制标准、风险反应时限标准等。通过项目风险信息管理系统，对项目各个环节的风险进行实时检测，一旦超限立即警示相关人员。信息管理系统应该能够识别风险重要等级，将重大风险信息提报给领导层。此外，系统还应具备记忆跟踪功能，对超限活动进行后续追踪监控，以保障风险可以得到合理管控和处置。

对于预警机制，每一个控制模块都应该设定好限值，当相关活动导致的风险评估值超过或即将达到所设定的限值时，预警机制就被激活，从而向相关人员发送警示，规避或降低风险。系统应进行二次开发，根据企业发展的实际需求和城市轨道交通PPP项目的风险管理需求，相应调整更新预警机制，甚至是各大功能模块，从而使得系统常用常新。

（五）进行风险管理效果评价

风险管理体系的运行效果如何，需要通过一套评价体系来进行评价。在此，本节研究建筑企业城市轨道交通PPP项目风险管理运行效果评价。

风险管理体系应该由企业内部审计部门负责风险管理工作的监督与评价，主要内容是研究提出风险管理的监督评价体系和制度，开展监督与评价，出具监督评价审计报告。因此，建筑企业城市轨道交通PPP项目风险管理运行效果评价应该由内部审计部门负责，由其制定评价标准，制定相关评价制度，开展评价并出具评价报告。

建筑企业应该根据行业特点与城市轨道交通PPP项目的特点来构建风险管理效果评价指标体系。有条件的建筑企业，可以对城市轨道交通PPP项目风险管理效果评价体系的指标层再次拓展细化，形成二级指标层，以确保评价人员对评价内容有更准确的把握。

（1）效果评价标准。为了将风险管理效果评价指标的评价结果定量化，建筑企业需要研究并制定建筑企业投资城市轨道交通PPP项目风险管理效果评价的标准。

风险管理效果评价的标准可以分为五级，分别为非常满意、满意、一般、不满意、非常不满意，并赋予其对应分值。

（2）效果评价过程。针对城市轨道交通PPP项目实际，建筑企业在建立了项目风险管理效果评价指标体系后，可先利用层次分析法和专家调查法分别为评价准则层和评价指标层标定权重。接下来，通过专家打分法和问卷调查法等对项目风险管理的各个指标进行满意度打分。然后，通过指标层相对准则层的权重计算准则层的评价结果，准则层相对总体评价的权重计算项目风险管理的总体评价结果，对照制定的评价标准给出项目风险管理效果的最终的总体评价。

通常，建筑企业不同、城市轨道交通PPP项目不同，指标层和准则层的权重也不同。因此，建筑企业需要结合城市轨道交通PPP项目的具体情况，对风险管理效果评价指标体系进行适当更新，并且对指标权重进行重新标定。

对项目风险管理的各个指标进行满意度打分时，为保证打分结果的可靠性，专家调查法或问卷调查法的调查对象应该选择待评价项目的参与人员或熟悉项目实施情况的关联方人员，并且在调查时做到全面广泛。

风险管理效果评价工作应该由建筑企业内部审计部门独立开展，与风险管理机构不应有相应的上下管辖关系。城市轨道交通PPP项目风险管理效果评价的结果可以作为相关风险管理机构的绩效考核指标，在建筑企业整体的绩效考核相关管理办法中予以明确。

第六章 PPP模式下建筑企业经营与投资

在PPP实施过程中，对建筑企业参与PPP模式的经营与投资进行分析，以期建筑企业融资结构更为融合，管理更为精细。本章对PPP模式下建筑企业经营的特点与融资风险、PPP模式下建筑企业投资项目造价控制管理、PPP模式下建筑企业参与高速公路项目投资分析三个方面进行探究。

第一节 PPP模式下建筑企业经营特点与融资风险

近年来，基础设施和公共服务行业迎来了PPP投资热潮，在加大基本建设投资稳增长与规范政府举债防风险的双重宏观政策目标下，公私合作（PPP）模式成为解决两者矛盾的有效路径。建筑企业，尤其是资质等级高、技术管理能力强的大型建筑企业集团成为社会资本的重要力量。与传统建筑业务相比，PPP模式不再局限于项目建设环节，而是贯穿项目全生命周期；投资期限长，不确定性较大；参与主体多元、合同体系复杂。而在项目实施过程中，传统银行信贷、投行、产业基金的深度融合，使PPP项目的融资结构更为复杂，管理更为精细。[①]

一、PPP模式下建筑企业的经营特点

（一）适应PPP模式下的建筑企业角色定位

目前，国内PPP实务主要集中在各新建市政工程、棚户区改造、城市轨道交通等公共服务项目上，国内规划设计、施工建设、运营及维护技术成熟，市场竞争充分，较高的工程资质等级和资金门槛为建筑企业，特别是大型土木工程建筑公司利用PPP模式介入市政施工项目、跨区域整合市场资源和提升公司业绩提供了重要的契机。

PPP项目主办人是项目存在的前提，影响项目成败的是主办人三项关键能力，即财务能力、设计与建设能力、运营管理能力。在项目的发起阶段，不同背景的主办人以单独或组成联合体的方式，获得政府特许经营协议。而工程承包商等专业公司作为股东的参与，有利于增强包括政府、金融机构在内的各方对项目成功的信心。具体原因如下：

① 卢洲．PPP模式下建筑企业经营特点与融资风险分析研究[J]．财富时代，2019（11）：79.

首先，作为 PPP 项目的重要股东，承包商具有广泛代表性，特别是在项目发起阶段，即从立项到施工建造、设备安装基本完成的阶段，融资、建造、技术等不确定性因素较多，而拥有丰富经验、土木工程和安装专业综合资质等级高的工程承包商适用于不同的项目类型。

其次，对于大型的PPP项目，由于工程承包合同金额高、承包盈利空间和规模大等因素，工程承包商往往是公路、桥梁、铁路等固定资产投入高的公共基础设施项目的社会资本合作方，并且常常偏向于获得控股权，以确保项目权益的获取。

再次，建造和财务是PPP项目的两大风险类型，工程承包方作为主办人有利于从技术层面，加强对项目可行性的论证，降低投资风险。从管理层面来看，则有利于保证项目进度、质量和安全、成本控制，规避建设风险，确保项目顺利完工交验。

最后，股东结构的适时调整是PPP模式的重要特点。在不同阶段，不同主办人根据自身能力和目的进行适当调整，新股东的进入以及原股东的退出，能够有效地提高项目公司全生命周期的治理效力和管理水平。进入项目运营阶段后，建筑企业既可以继续充当控股股东，以获取长期投资回报，并将承担运营风险；也可以向专业营运管理商或金融投资机构进行股权转让，以实现期望利润的最大化。PPP项目主要是公共基础设施类，以BOT特许经营为主，投资规模大、回收期较长。根据自身资金、技术管理能力，选择合适的投资策略和社会资本合作方，是建筑企业参与PPP项目应该考虑的重要内容。

（二）建筑企业参与PPP项目的必要性及其核心能力

经济发展进入新常态，建筑业作为国民经济的支柱产业面临着多重压力与挑战。这主要从两个方面来理解：一方面，传统建造施工业务量萎缩、市场竞争加剧，建筑施工企业压价投标、垫资施工等情况更加普遍，这时建设业主的资金压力必然向下传导，进而影响施工质量、安全；另一方面，城镇化建设仍然是建筑业可持续发展的市场机会，原有城镇化建设主要依赖财政，土地的投融资体制弊端已经显现，难以持续。积极参与PPP投融资体制和工程项目管理模式的创新，是建筑企业转型发展的重要机遇。[①]现具体分析如下：

首先，推进PPP模式是国家支持新型城镇化建设的重要手段，建筑企业必须顺应市场变化。地方存量债务与城镇化和基本建设投资新增融资需求，是推动我国加速推进PPP模式的核心原因，PPP模式凭借“公私合作”特性促使政府、社会、企业共赢，也为各方带来实际利好。对于建筑企业来说，需要适应市场的变化与发展，在PPP融资模式下，建筑企业由施工业务开始向项目的前期和上下游发展，实现设计和施工相结合，设计和前期研究相结合，承担工程建设与后期的设施维护和运营管理相结合的多重角色，适应当前建筑市场的发包模式和需求的变化，以增强企业竞争力。

---

① 邓源，罗玮. 基于PPP模式的建筑企业经营特点与融资风险分析[J]. 产权导刊，2017（05）：43-47.

其次，通过发展PPP项目，以投资带动工程总承包，提高自身竞争力。PPP模式的运作将提升建筑企业的资本运作和融资能力，特别是对于基础设施项目全过程参与的能力。建筑企业由工程承包转向提供包括咨询、设计、施工、运营、维护等业务在内的综合业务，业务间的协同及互补效应，将为企业在增量市场的占有率提供保证，帮助其找到新利润渠道。同时，PPP模式的特点也要求投资人具有一定的项目融资、项目管理和运营能力。从近年国内PPP项目实践来看，中国建筑、中国交建、中国铁建等大型央企从传统的工程承包向产业链高端延伸的趋势渐趋明显，采取BOT等模式分享投资收益，提升工程建设项目的盈利水平，并且进一步优化企业资产结构。与此同时，原来建筑企业在工程承包市场的竞争也将逐步转变建筑企业之间融资、管理、运营等综合能力的竞争。

最后，建筑企业参与PPP项目的核心能力主要体现为施工控制力、管理水平等专业能力。PPP项目不仅是融资手段的创新，还是动员社会资本投入到公共服务领域的机制。当前社会资本充裕，银行、保险、产业投资基金等投资机构对有稳定现金流的PPP项目都有很高的积极性，机制的瓶颈在于如何保障项目正常运行，以实现预期投资收益和本金安全的目标。从投资的角度来看，项目施工的成本、进度、质量、安全等因素是影响投资资金占用周期和成本的重要风险。大型建筑企业在PPP项目实务中之所以占有很大的优势，其融资能力强、融资成本低无疑是一个重要原因，但是管理规范、对项目责任感强，施工控制力和保障力，信誉度高等长期形成的“无形资产”，更能体现其核心竞争优势。通常，充足的技术力量、具备建造和管理类似工程的业绩和经验，是金融机构选择PPP项目合作伙伴时，必不可少的优先评判因素。

二、PPP模式下建筑企业融资的主要特点

建筑业是国家支柱产业，传统建筑施工以承接工程合同为生产载体，按合同对质量、工期和投资、安全等要素履约，完工后收取业主支付的工程款，赚取利润。而PPP模式不再局限于项目工程承包环节，它是一种集投融资、设计、建造和项目管理于一体的综合方式，其在融资方面与传统建筑施工有明显区别。这一明显区别具体表现在以下几个方面：

（一）融资需求发生转变

首先，传统建筑施工的融资需求以合同订单为核心。获取订单是建筑企业正常经营及盈利的前提条件，是建筑企业经营链条的重要环节，融资需求主要集中在两大方面：一是在建造施工中，由于资金投入与回收的期限差异导致的资金需求。施工企业相对于建设业主往往处于相对弱势地位，这主要体现在付款比例低、结算付款周期长、资金占用量大等方面，这就决定建筑企业需要一定的流动资金投入；二是在项目投标与施工的完整周期，需要依次开立投标保函、履约保函、预付款保函、质量保函等。

而PPP模式是建筑企业项目管理模式上的重大创新，由“乙方”施工转为“甲方”项目业主，向产业链高端延伸是提高盈利能力和改善资产结构的重要途径。但是由于项目总投资大，期限长，不确定性较大，也需要建筑企业具有完善的项目风险评估和决策能力。

（二）由企业融资向项目融资发展

首先，融资主体不同。一般建筑业授信的融资主体是建筑企业本身，授信安排更多考虑的是主体自身的信誉、资产状况、财务和担保情况。而在采用PPP项目融资模式时，项目主办人通常会为项目的投融资、开发建设、经营管理成立一家专门的项目公司，并且以该项目公司为主体，以经营项目本身的现金流和全部收益作为偿债资金来源。PPP项目融资的融资主体是项目公司，贷款人或资金提供方是以项目公司的资产状况与该项目完工运营后的盈利能力，作为提供融资的条件。

其次，融资方式和资金渠道更趋多元化。一般建筑企业融资主要用于施工业务中的经营周转，商业银行是主要债务资金提供方，融资渠道和融资结构较为单一。PPP项目主要分为项目识别、项目准备、项目采购、项目执行、项目移交5个阶段，在不同的阶段存在不同的资金需求。除了固定资产贷款等传统融资渠道以外，国家产业政策鼓励金融创新，产业基金、投资理财等资管业务，可以以股权投资作为项目资本金投入。融资主要渠道有政策性银行、商业银行、政府基金或补贴、保险公司、各类投资基金等，而不同的投资方可以通过项目公司的资本结构的选择性安排，来设定相对灵活的退出路径。

再次，还款来源和追索权特征不同。传统建筑业流动资金贷款重点关注施工项目工程回款的可靠性和及时性。建筑企业融资主体的资信状况、市场竞争能力、运营和财务管控能力以及资产负债表反映的偿债能力、盈利能力的可靠性是授信关注的要点。PPP项目以经营项目未来的现金流和全部收益作为偿债资金来源，项目现金流按照构成主要为使用者付费、政府提供补贴或政府购买服务产生收入以及资源开发收益。对于使用者付费类项目来说，主要由项目自身产出的产品或服务的数量和质量，来决定项目还款能力。对于政府补偿类项目来说，政府公共预算资金、专项基金和特定资源开发收益权补偿，将作为缺口补助和购买服务资金，成为项目收入的主要来源。

最后，常规建筑业信贷属于传统的公司融资，以融资主体的所有资产和业务收入为第一还款来源，一般还会要求借款人提供资产抵押、股东保证等担保措施。在PPP模式下，政府和社会资本具有较为复杂的法律保证结构体系，合理分担风险，实现各自的最优目标。建筑企业作为项目发起人，有通过项目公司的有限追索权来实现风险剥离、降低公司债务的愿景，为项目融资提供大额的担保的意愿普遍较弱，更倾向于按照认缴项目公司权益资金和认购其从属债务比例承担有限追索权。

三、建筑业实施PPP模式融资风险分析

PPP 模式的融资风险存在于项目从前期融资、建设、运营和移交的整个过程中，与融资结构、运作过程等都有着密不可分的关系。回归 PPP 模式的基本属性，即政府和社会资本在基础设施与公共服务领域建立的一种长期合作关系，应该从项目参与方、项目本身情况和市场环境及政府实力三个维度分析 PPP 项目的融资风险。建筑企业是主要社会资本，重点参与的是市政工程、棚户区改造、城市轨道交通等公益性基础设施建设 PPP 项目。

通常，建筑企业主要面临以下五种风险[①]：

（一）建筑企业资信实力方面的风险

PPP项目是由社会资本承担设计、建设、运营与维护的责任，这就要求社会资本有一定的资金实力，有充足的技术力量、具备建造和管理类似工程的业绩和经验，满足政府部门在标书中要求的条件和国家法律法规所规定的合法投标主体所必需的资格条件。一般来说，能够中标政府PPP项目并且作为主办人组建项目公司的，基本上都是具有较强竞争力、行业中的大型建筑企业，但是商业银行仍然需要对其投标资质、项目经验、偿债能力和信用风险等进行全面的审查。

（二）合同体系、责任分担方面的风险

PPP项目边界条件，主要包括权利义务、交易条件、履约保障和调整衔接等，必须以完整的合同体系界定。今同体系主要包括PPP框架协议、特许经营协议、股东协议、融资合同、工程承包合同、运营服务合同和保险合同等。合同体系的完备性、合同内容的完整性和合理性是整个PPP项目赖以运作的基础，也是PPP融资（包括权益性的股权融资和债务性的项目长期贷款）的基础。商业银行首先审查项目边界条件是否明确，主要包括：合作双方权利义务是否明晰；建设过程中的建设条件要求、工程后期验收、保修和监管条件；项目进入运营期的条件、服务标准和要求、收入及价格调整机制、违约责任认定、不可抗力事项是否完备。与此同时，还需要判断该项目的风险识别和分配是否在合同内容中落实，社会资本承担的公共责任、政府和社会资本风险分担的结构设计是否合理，有无利益冲突的动态调整机制。

（三）项目手续的合规性风险

PPP项目属于政府投资的公共基础设施和公益性投资项目，项目建设是以满足公共需求和提供社会性服务为最终目的而实施的，社会资本保持与政府合作关系的长期稳定和获得合理投资回报的前提是项目的合规性。PPP项目合规性应该关注两点：一是具备政府审批和公开程序获得的建设手续批复和许可文件，项目经政府有权部门批准，立项手续齐全；借款主体资格满足监管需求；项目符合国家有关环保政策要求与国家有关产业政策要求。二是采用PPP模式项目已经进入有权部门公布的PPP项目库的证明文件，在项目识别

① 施仲波. 基于PPP融资模式下的项目风险管理[J]. 商业会计，2016，（9）：49-50，51.

阶段，取得物有所值评价和财政承受能力论证报告。

（四）建设完工期限和费用方面的风险

建设风险包括建设费用超支、完工延期、因质量问题建设项目终止等风险。建设风险主要由社会资本承担，以上情况都将直接影响到融资本息的收回。与传统建筑施工业务不同的是，建筑企业作为社会资本，需要在投资和项目管理双重职责上分担建设风险。在一般情况下，项目投资以中标价格为依据，如果承建方不能保质保量，按时完成任务，就必须依据违约条款承担责任。因技术攻关的成本增加、通货膨胀的影响、管理费用的上升、建造技术不成熟、设计质量原因或设计变更等造成的费用增加，由社会资本承担。在PPP模式下，“低标高索赔”的投标策略将给企业带来更高的经营风险。融资方案中项目总投资的确定，需要结合标书、合同、协议等文件进行相互验证。对于建筑企业以明显低于项目建议书或项目可行性研究报告的投资金额中标行为，应该深入分析其合理性，是否具有特定的核心技术、管理能力或资源优势，能够覆盖风险成本。

（五）地方财政支付能力方面的风险

构建有效现金流是PPP项目融资的财务基础。项目收入的来源方式，主要包括使用者付费、政府财政补贴和政府购买服务等，从当前PPP实务来看，以公益性基础设施项目为主，即使部分准公共项目有一定的经营收入，当不能覆盖服务成本和合理利润时，仍然需通过政府购买服务或财政补贴等来充实现金流。因此，公共基础设施和公共服务领域的PPP项目与地方政府财政支出责任密切相关。财政部文件要求，每一年度全部PPP项目需要从预算中安排的支出占一般公共预算支出的比例应该不超过10%。商业银行需要在项目已经通过主管部门财政承受能力论证的基础上，进一步分析财政支出对当年与今后年度财政收支平衡状况的影响，对地方政府足额、准时偿还债务的能力和意愿进行综合性评价。此时，不仅要测算政府债务率、政府总债务率等以存量债务余额为依据的静态偿债能力指标，还需要建立以GDP、财政收入、政府债务率、不良贷款率、居民可支配收入等多指标体系的动态评价，以有效判断地方政府支付能力。

第二节　PPP模式下建筑企业投资项目造价控制管理

随着国内推行政府与社会资本合作（PPP）模式的逐步成熟与深化，建筑类企业逐步根据项目拓展需要，提升投资能力。根据国家有关规定，如取得投资建设特许权的企业具备自行建设的资质和能力，可以自行建设实施，不必另行招标。因此，建筑类企业，尤其是具备投资、设计、建设和运营等综合能力的国有大型建筑类企业，在参与PPP项目投资时，往往采取“投资、建设、运营一体化”模式，利用其全产业链优势提高项目收益，规避各环节风险。然而，随着国内投资项目PPP模式推行的逐步成熟，传统造价管理模式对建筑类企业不再具有完全有效的控制作用，也不利于项目全生命周期收益最大化和投资企业整体效益最大化。因此，创新造价管理方式、转变管理理念对建筑企业的发展具有重要意义。①

一、PPP模式下建筑企业造价控制管理的转变与需求

传统造价控制管理的含义主要由造价的概念延伸而来，主要指投资者、承包商等各参与方对一项工程预期开支和实际开支的过程控制和总体控制管理。在基础设施领域，政府主管部门或业主在项目立项、初步设计、技术设计、施工图、结算和决算等阶段，对投资估算、概算等造价文件进行审核和审批，以控制工程采购的合理成本。对于建筑企业来说，传统造价管理主要是对施工阶段符合施工图设计的成本进行管理，参与编制和报批工程结算、决算等造价文件，但是在PPP模式下，由于建筑企业从施工承包商到投资方角色的转变，其介入的环节必须提前，并且对项目造价管理的控制权和影响力更大。

（一）建筑企业造价控制管理间的转变

造价管理需求的转变，来源于建筑企业自身角色定位的转变。传统模式中建筑企业作为施工承包单位，主要是在中标后的建设管理过程中进行造价控制管理，即参与承包工程的合同结算、竣工决算，不参与项目前期工作可研投资估算、初设概算。与此同时，由于施工企业定位的限制，其对于造价管理的站位角度是基本固定的，以符合规定和标准的施工利润最大化为诉求和出发点。

而在 PPP 模式下，建筑企业（或其联合体）中标成为投资方后，将身兼业主（投资方）、设计单位、施工方、运营方等多重角色，从各个角色定位出发，其利益并不完全一致，甚至有明显区别。企业针对投资项目从决策到具体实施都需要对成本和收益进行反复核算和衡量，试图从多角度实现项目造价对于项目和企业收益的优化。在项目投资决策阶段，作为投资方，其项目管理是进行系统的可行性分析，套用财务分析模型，其中投资成本是其重要的基本测算要素；在设计、施工等阶段，造价管理都将涉及项目投资成本控制和企业施工利润的获取。因此，PPP 模式下建筑企业的造价控制管理，实际是企业在多重角色下，对于项目各阶段和全生命周期的预期投资和实际投资的全部费用进行影响、控制和管理。②

（二）建筑企业造价控制管理的需求

综合考虑企业管理与项目管理目标，在PPP模式下，建筑企业投资项目的造价控制管理需求，实际上是分层次、分阶段综合的成本、价格、资金流和财务核算的管理需求。现具体分析如下：

---

① 谢玉华．PPP模式下建筑企业投资项目造价控制及管理[J]．知识经济，2020（19）：51+53.

② 陈占涛，马海玉．PPP模式下建筑企业投资项目造价控制与管理研究[J]．建筑经济，2019，40（06）：30−33.

（1）投资人作为第一层次，造价管理是其控制成本、优化资金流向和节奏的重要手段。企业在估算、概算、预算等阶段都需要对造价进行优化，对政府审批施加合理影响，实现项目建设、功能和全生命周期营运费用最低的目标，并且优化资金投入强度和节奏，在满足项目进度需求的前提下，平抑投资峰值，减轻投资压力。

（2）设计作为第二层次，是对于造价总体控制的最有力抓手。这可以从两方面来理解：一方面，设计合理可以帮助投资人降低建设成本，并且在运营期提高收益、降低维护成本；另一方面，合理设计和优化可有效降低施工难度，避免进度和成本控制风险，以保证施工方合理的利润。

（3）施工承包作为第三层次，是造价能否落实的关键，可以从两方面来理解：一方面，严格控制成本，严防成本失控，在保证项目需求的前提下预留利润空间；另一方面，按照项目投资策划来控制资金使用节奏，配合投资人实现资金投入计划，从而实现施工进度与资金注入基本匹配的目标。

（4）对于建筑企业整体而言，造价管理还涉及施工利润和投资拉动利润的内部核算问题。一般来说，分层核算不同层次和阶段的收益对于调动企业内部各实施主体积极性和绩效考核具有重要的意义。

上述的这些需求都对建筑企业的造价管理工作提出了新的要求，企业需要以新的观念和方式应对和解决相应的问题。

二、PPP模式下建筑企业造价控制管理策略

建筑企业在造价管理中必须要考虑到各层次、各阶段的盈利与考核需求，坚持“分层核算”原则。这是因为在各层次内设置相应的造价控制目标，有利于造价控制的具体执行和效果评价。不过，作为企业整体和投资方，也需要保持上下“一盘棋”的整体调控思维，要关注“项目全生命周期收益最大化”和“企业整体利益最大化”，因为项目收益是各层次收益的基础和主要来源，企业整体利益是各项工作的最终目标。

（一）项目收益与企业效益的最大化

在PPP模式下，建筑企业管理项目造价需要注意两个问题：一是实际造价超出招标价或超出初设概算的风险；二是造价管理未能实现最大化企业投资收益和施工收益。第一个问题需要企业指导项目公司，在组织前期工作时对项目投资内容做严密分析，并且对征地拆迁、材料价格、人工等影响因素保留适当的余量，对实际工程造价做出明确预期，且以此严格控制施工成本。第二个问题要求企业在各阶段造价管理中保留合理利润空间，尽早实现资金合理回流。

由于建筑企业作为投资人中标组建项目公司后，由项目公司自行组织执行设计、施工、运营，所以项目公司在造价控制和获取收益上有着天然优势。而由单纯的投资企业组

建的项目公司，一般只能依靠运营阶段获得投资收益。不过，建筑类企业从组织施工总承包与管理阶段就可以获取建设期收益。根据相关规定，在基础设施建设项目中，概算超出估算10%以内由行业主管部门批复即可，不必修编和重新审批工程可行性研究报告。建筑企业在影响概算的过程中应该趋向保持概算合理充分，以此保证项目实施资金充足，并且为后续实现施工利润预留空间。施工图预算也应该尽量接近初步设计概算，以保持概算下的资金额度。这就要求在施工过程中，遵循价值工程原理，严格控制工程成本，以实现较低的实际成本和施工利润最大化。通常，合理的施工利润不会严重推高项目造价，降低项目收益水平，而且有两大利好：一方面，合理利润不仅可以提高施工单位积极性，促进项目高标准、高质量建设，为项目运营打好基础，还可以降低未来维修、维护费用；另一方面，从财务角度来看，项目实施以实现投资人收益为目的，在建筑企业投资的项目中，适当的施工利润即是对投资人收益的合理补充。

目前，由于各大建筑类企业对于内部下属法人公司（投资单位和施工单位）执行分别核算，所以应该认识到该类项目较高的施工利润不是单纯依靠严格的施工管理能够实现的。施工单位的利润可以参照市场普遍利润率计取，剩余部分可计作施工超额利润或投资拉动收益。该核算方式的优点是，对于施工工作的正常效益可以予以保护，实现了市场普遍利润率；能够客观计算建设期投资行为对于收益的贡献，在核算上可以实现投资方早期现金回流、收回部分投资，等于在一定程度上降低了实际的投资额，这也利于提升企业持续投资的能力，使其在竞争优质投资项目时更具竞争力。

（二）阶段性控制与主动控制相结合

阶段性控制是指在造价管理的主要节点，即工程在可行性研究、初步设计、技术设计、施工图设计、招投标、施工和竣工验收等阶段，对相应的投资估算、概算、修正概算、预算、合同价、结算价、决算等造价文件进行影响和控制。目前，在征地拆迁、材料费、人工费都持续大幅上涨的背景下，建筑企业作为潜在投资人应该积极介入项目前期造价文件的编制和政府审批过程，影响政府主管部门实行适当宽松的估算、概算审批尺度，从而为后期施工阶段保留较为充足的资金额度。

主动控制指工程造价控制不只要反映投资决策、反映设计、发包和施工，被动地控制工程造价。它还应有另外两层含义：一是要能够影响投资决策，影响设计、发包和施工，主动地控制工程造价；二是不但要遵循各个阶段的造价文件，而且根据造价文件，在实际工作中积极利用关键造价因素，优化施工、节约费用、降低建设成本。

（三）全生命周期的造价管理

全生命周期的造价管理遵循价值工程的原理，强调对整个建设期的建造成本与运营期的维护成本进行综合考量，以全生命周期成本最小的方案对投资和造价进行控制。对于建筑企业而言，以往在建设阶段较少考虑维护事宜，虽然对维护工作非常熟悉，但是缺乏前后综合的成本考虑。在PPP模式下，由于投资人负责运营维护，所以更需要建筑企业发挥工程技术优势，综合考虑各类相关因素，在设计和建设阶段系统分析后期可能需要维护的重点区域、单项工程等，在方案比选和投资决策时综合考量，从全生命周期跨度进行造价优化。

全面造价管理强调全面考虑项目相关各种要素的影响、各阶段的造价、确定性和不确定性。在设计施工合同中，要设置节约奖励条款，建立较为客观、可评估的激励机制，可以将项目相关方和涉及要素纳入统一的造价管理理念中，以实现较为全面的优化。

随着参与PPP项目数量的增加和管控要求的不断提高，建筑企业参与造价管理的理念和方式仍然需要不断更新和提升。由于建筑企业在项目中的多重定位和不同阶段的参与程度，企业需要根据项目收益和企业收益对不同造价阶段制定明确的方向和目标，并且在具体执行中发挥设计、建设等技术优势，对造价进行主动控制，把握工程设计等关键环节。在全生命周期与全面造价管理的理念下，充分落实进度、质量和安全的前提下，有效控制项目造价，让投资人、施工方和项目都获得合理收益。

第三节　PPP模式下建筑企业参与高速公路项目投资分析

与其他项目相比，高速公路建设所需要的资金额巨大，项目合作周期更长。通常，在充分利用社会资本的前提下，项目建设容易产生收支失衡的情况，这就需要积极转变思路，引入PPP模式，增加政府公共部门和社会资本深度合作，充分发挥让专业的人做专业的事的优势，有效促使社会资本在市场运作机制中合理运行，从而提高项目建设的科学性和有效性。不过，建筑企业普遍缺乏投资理念和专业的投资风险识别体系，往往盲目从事与自身发展不相适应的、未来收益预期不佳的PPP项目，这势必会造成投资失败，资金链断裂，银行贷款无法偿还甚至破产的局面，于是，如何科学合理地进行项目前期可行性分析，筛选优质项目，对建筑企业来说尤为重要。[①]

一、PPP项目管理模式特点

为保证现代化基础设施建设领域项目顺利实施，建设期间资金合理化流转，PPP项目管理模式应运而生。PPP模式是一种通过政府、社会资本共同签署特许经营协议，明确彼此之间权责利益关系的现代化项目管理方法。与其他管理模式相比，PPP项目引入社会资本参与，大大减少了政府投资负担及风险。

① 吕晓菲. PPP模式下建筑企业参与高速公路项目投资的可行性分析[J]. 中华建设，2020（02）：178-179.

PPP项目管理模式具有风险高、周期长、社会资本主导、资源利用效率高的特点。在此管理模式支持下，资本合作融资模式得到了调整，逐渐成为现代化的基础性设施建设中比较常见的一种投资模式。

一般采用PPP模式的项目规划周期为10~30年，这种长周期的项目工程在项目招投标管理、资金筹措、施工规划和正式实施中，都会面临较高的风险问题。政府和社会资本通过签署特许经营协议的方式，将建设项目交由社会资本组织实施和运营，政府在此环节中仅具有监督和监管的作用。PPP模式可有效利用社会资本的资金实力和信用筹措资金，避免政府在项目建设期间将大量资金投入其中，从而降低政府负债，保证工程项目的建设质量。

二、PPP模式下建筑企业参与高速公路项目投资的可行性分析

（一）多方面筛选，争取优质项目

在投资项目前，建筑企业务必要分析梳理企业的业务方向，根据企业自身的性质特点确定参与领域，按照企业的市场定位、资源优势、现金流等多项原则，对重点项目进行细筛梳理，分层次、分重点地主动跟踪，精准发力。在项目追踪过程中，要充分调动工程、经营、财务等各项资源，必要时可以寻求第三方专家协助跟踪谈判，以努力争取优质高速公路项目，实现较高利益。

（二）回归投资本源，进行科学的经济分析测算

投资项目的决策往往都要依据财务分析，通过预测分析该项目的现金流量情况、盈利能力和盈利水平，选出合适的财务方案、技术方案，获得最佳的经济效果。一般情况下，建筑企业参与高速公路PPP项目需要重点关注的投资指标有：资本金财务内部收益率、项目财务内部收益率、项目动态投资回收期3个强制性指标和项目财务净现值一个参考性指标。

资本金财务内部收益率属于融资后的分析，考虑到了项目的资金来源，项目资金由项目资本金和债务资金组成，在现金流量表中，现金流出中包括了还本和付息。所以，此分析是在考虑融资的情况下，判定投资人对投资获利最低的期望值，即最低可以接受的收益率判定。

项目财务内部收益率是判断项目是否可行的指标，是融资前的分析，不考虑融资与融资成本时的收益率，在现金流量表中不包括借款的还本和付息，主要是用于评价这个项目理论上的可行性。

项目动态投资回收期是反映项目投资回收能力的重要指标。动态投资回收期克服了传统的静态投资回收期不考虑货币时间价值的缺点，即考虑时间因素对货币价值的影响，使投资指标与利润指标在时间上具有可比性的条件下，计算出投资回收期。

项目财务净现值是反映项目在计算期内获利能力的动态评价指标，即拟建项目按部门或行业的基准收益率或设定的折现率，将计算期内各年的净现金流量折现到建设起点年份（基准年）的现值累计数。项目财务净现值是企业经济评价的辅助指标，当财务净现值大于或等于零的时候，它表明项目的盈利率不低于投资机会成本的折现率，项目被认为是可以接受的；当财务净现值为负值时，项目不可行。①

三、高速公路PPP项目案例分析

下面以某国企参与的某条高速公路PPP项目为具体实例，进行可行性分析。

某高速公路是国家公路网规划中的G2京沪高速联络线，也是京津冀核心区域相互联系的一条重要高速干线。路线全长约12．508km，双向六车道，有互通立交2处，服务区1处，收费站2处，特大桥1座，大桥2座，桥梁占比35%。项目采用“PPP+BOT+政府可行性缺口补助”模式实施，当地政府与社会资本共同出资组建项目公司，出资比例为5%：95%。该项目在建设期可获得7亿元国家补贴，3亿元市级补贴，总投资31．65亿元，运营期（收费期）为25年。

该高速公路 PPP 项目是利用民间资本暨 PPP 项目推介会为契机，由社会资本组成营销小组，就推介会上介绍的 PPP 项目进行积极对接联系和各种渠道的信息收集，经过对多个项目跟踪研究筛选出一部分项目，并按轻重缓急来开展工作。该高速公路 PPP 项目作为重点跟踪优质项目，其主要原因如下：

（1）政治性项目。这条高速公路不仅是国家高速公路网的重要组成部分，还是京津冀核心区域相互联系的一条重要高速干线。所在区域具有较大的经济发展潜力，项目功能显著。

（2）战略性项目。该项目是当地第一个高速公路PPP项目，是当地交通运输委员会与项目所在地政府的重点建设项目，将为公司属地化发展、区域化布局产生重大影响。

（3）关注度高项目。该项目于2018年11月准备资格预审，参与项目推介会的企业有40余家，包括部分意向贷款金融机构，竞争非常激烈。该项目采用两阶段招标，资格预审阶段采用合格制，投标阶段竞争报价，包括工期、可行性缺口补贴报价等。

（4）风险可防范项目。对该项目运营收益预期风险、政府可行性缺口补助支付风险、融资风险、项目合法合规性风险均进行风险评估及防范措施。社会资本委托专业机构对该项目进行实地调查，出具的详细报告充分评估项目可行性。该项目所属地方经济实力雄厚，同时该项目纳入财政部PPP项目库，对政企双方均有强力的约束和监管，原则上可以如期支付政府可行性缺口补助资金。该项目为经营性收费公路项目，融资贷款以项目公司为主体，以项目经营收费权质押等方式向银行贷款，并且该项目贷款额度较低，同时项

① 吕敏蓉．城市轨道交通项目PPP融资模式风险管理研究[J]．特区经济，2017，（4）：78-80.

目处于经济发达的地区，金融市场区位优势明显，预计可顺利实现融资落实。该项目“两评一案”已经得到批复，工程可行性研究报告也已经获得批复，具备了PPP项目招标的基础条件。

（5）效益显著性项目。该项目采用PPP模式投资，在具有政府约定年度可行性缺口补助的条件下，投资效益较为显著，且投资风险可控，具有投资价值。社会投资人按施工总承包模式负责工程施工，有利于拉动基本建设主业，提升主业当期收益能力和收益水平，符合企业整体发展战略。根据企业自行制定的评价指标基准值计算，分析各项指标均满足投资指标要求，决策参与此条高速公路PPP项目投资。

项目于2019年3月19日获取中标通知书，项目的中标意义巨大。该项目不仅是某市的第一条高速公路PPP项目，还是企业在当地区域发展的开拓性项目；该项目的顺利实施，可以充分体现该企业在PPP模式下的融资、管理、施工等各方面能力，企业在当地的PPP项目品牌也将会因此而深入人心，这为后期当地项目的开发打下了坚实的基础。此外，通过该项目，公司还可以培养一批PPP项目管理的专业人才，在当地可以获得一定的社会资源，从而为企业更好地滚动开发打下良好基础。

通过以上案例说明PPP模式下建筑企业参与高速公路项目投资进行可行性分析对项目筛选、跟踪以及最终获取投资资格具有重大意义。

PPP项目的开拓不仅需要结合企业的发展需求、投融资能力，还需要结合政府的需求与支持能力，可以说成功的PPP项目是体现政企双方互惠互利，协作共赢的合作模式。对此，相关领域的工作人员在进行项目组织规划和招投标管理中，要明确投资重点考虑因素，并对项目进行精准跟踪、筛选，在PPP模式下推动项目建设顺利进行，以获得更高的效益。

参考文献

一、著作类

[1] 刘绍敏，王贵春．建筑施工企业财务管理 [M]．重庆：重庆大学出版社，2015.

[2] 柳正权，李章波，徐勇伟，等．公私合营模式（PPP）理论与实务．武汉：武汉大学出版社，2016.

[3] 宋勇，齐景华，杨生梅．建筑企业财务管理（第 2 版）[M]．北京：北京理工大学出版社，2014.

[4] 吴维海．PPP 项目运营 [M]．北京：中国金融出版社，2018.

[5] 吴孝灵．PPP 项目私人投资决策与政府补偿对策 [M]．南京：南京大学出版社，2018.

[6] 余文恭．PPP 模式与结构化融资 [M]．北京：经济日报出版社，2017.

[7] 中国建筑业协会 PPP 模式发展研究中心，中国建筑业协会工程项目管理专业委员会．PPP 模式与建筑业企业转型升级研究 [M]．北京：中国建筑工业出版社，2017.

二、期刊类

[1] 车军．城市基础设施应用 PPP+EPC 模式研究 [J]．中国住宅设施，2017（01）：111-112.

[2] 陈占涛，马海玉．PPP 模式下建筑企业投资项目造价控制管理研究 [J]．建筑经济，2019，40（06）：30-33.

[3] 程卫国，鲁露．有效提升建筑企业投资能力探究 [J]．国际商务财会，2019（O3）：52-54.

[4] 邓源，罗玮．基于 PPP 模式的建筑企业经营特点与融资风险分析 [J]．产权导刊，2017（05）：43-47.

[5] 丁皖月．丰台科技园东三期项目夹层融资的案例研究 [D]．乌鲁木齐：新疆财经大学，2017：10-31.

[6] 冯琛星．建筑工程项目投资风险应对策略分析 [J]．财经界，2020（32）：76-77.

[7] 高笑霜，田紫晗．基于社会治理视角的建筑业 PPP 模式推进建议 [J]．建筑经济，2015，36（06）：25-27.

[8] 韩笑. 如何加强基本建设会计工作的规范化管理[J]. 中国管理信息化，2015，18（24）：64–65.
[9] 李斌．浅论建设项目全过程投资控制和成本管理策略[J]．行政事业资产与财务，2019（03）：42–43.
[10] 李丹，普毅．PPP投资建设项目全过程投资控制[J]．公路交通科技（应用技术版），2020，16（10）：391–395.
[11] 李英攀，刘名强，王芳．基于PPP大型建筑企业项目运作模式研究[J]．施工技术，2017，46（9）：107–112，130.
[12] 刘金亮．证券投资的风险规避与预防探讨[J]．山西农经，2020（07）：161–162.
[13] 卢洲．PPP模式下建筑企业经营特点与融资风险分析研究[J]．财富时代，2019（11）：79.
[14] 吕敏蓉．城市轨道交通项目PPP融资模式风险管理研究[J]．特区经济，2017，（4）：78–80.
[15] 吕晓菲．PPP模式下建筑企业参与高速公路项目投资的可行性分析[J]．中华建设，2020（02）：178–179.
[16] 梅钢．PPP模式三大特征的应用研究[J]．农家参谋，2018（17）：291.
[17] 沈建勇．S置业公司房地产开发项目夹层融资案例分析[D]．苏州：苏州大学，2014：15–42.
[18] 施仲波．基于PPP融资模式下的项目风险管理[J]．商业会计，2016，（9）：49–50，51.
[19] 孙景安．夹层融资——企业融资方式创新[J]．证券市场导报，2005（11）：66–71.
[20] 孙连涛．夹层融资在房地产融资中的应用[J]．财经界（学术版），2018（09）：45–46.
[21] 王帅力，单汨源．PPP模式在我国公共事业项目管理中的应用与发展[J]．湖南师范大学社会科学学报，2006，35（1）：85–87.
[22] 王性玉，车存保．夹层融资及中国应用问题探析[J]．金融理论与实践，2008（07）：24–27.
[23] 肖海珍．PPP项目全过程投资控制及其管理优化——以安庆产业新城PPP项目为例[J]．企业改革与管理，2020（20）：41–43.
[24] 谢玉华．PPP模式下建筑企业投资项目造价控制及管理[J]．知识经济，2020（19）：51+53.
[25] 薛小龙，窦玉丹．"PPP模式+装配式"特色小镇项目的主体关系研究[J]. 工程管理学报，2018，32（06）：40–45.
[26] 杨文博．建筑企业PPP投资管理研究[J]．铁道勘察，2019，45（03）：101–104.

[27] 杨宇东. 建设项目全过程投资控制之瓶颈与破解 [J]. 建筑经济，2011（02）：28-31.

[28] 易姣娇. 中国私募股权投资基金的概念界定及分类 [J]. 经济研究导刊，2016（25）：65-66.

[29] 岳亚军，郝生跃，任旭. 建筑企业投资 PPP 项目的 F+EPC 模式研究 [J]. 工程管理学报，2018，32（06）：17-22.

[30] 张兰，李净净. 建筑工程项目投资的风险分析与管理 [J]. 居舍，2018（20）：188+201.

[31] 张琦. 新形势下基本建设投资的导向重构、策略创新与政策优化 [J]. 湖南财政经济学院学报，2020，36（05）：22-31.

[32] 张宇亮. 建筑企业投资城市轨道交通 PPP 项目风险管理研究 [D]. 北京：北京交通大学，2018：5-22.

[33] 赵廷辰. 我国 PPP 模式的发展前景、存在问题和政策建议 [J]. 国际金融，2020（09）：68-74.

[34] 郑伟. 中小企业融资工具：夹层融资 [J]. 首席财务官，2015（22）：14-16.

[35] 周正祥，张秀芳，张平. 新常态下 PPP 模式应用存在的问题及对策 [J]. 中国软科学，2015（09）：82-95.